学前儿童感觉统合训练

张蕊翠 刘娟 吴巧巧 主编

清华大学出版社
北京

内 容 简 介

本书共分八章,以感觉统合训练的分类为线索,将基础理论与实践技能相结合,全面介绍感觉统合训练的相关理论、各类感觉器官的概念以及训练方法、儿童感觉统合失调的评估,以及感觉统合训练与幼儿园课程的融合,能有效帮助读者形成有关学前儿童感觉统合训练的基本认识。本书加入大量的案例,并且收集了多个教案,有助于读者进行案例分析和训练实践。

本书适合作为职业院校学前教育、早期教育专业的教材,同时也可为感觉统合训练的实施者以及广大家长朋友提供参考。

本书封面贴有清华大学出版社防伪标签,无标签者不得销售。
版权所有,侵权必究。举报:010-62782989,beiqinquan@tup.tsinghua.edu.cn。

图书在版编目(CIP)数据

学前儿童感觉统合训练 / 张蕊翠,刘娟,吴巧巧主编.
北京:清华大学出版社,2024.9. -- ISBN 978-7-302-67324-8
Ⅰ. G768
中国国家版本馆 CIP 数据核字第 2024WN0304 号

责任编辑:聂军来
封面设计:刘　键
责任校对:袁　芳
责任印制:刘　菲

出版发行:清华大学出版社
　　　　网　　　址:https://www.tup.com.cn,https://www.wqxuetang.com
　　　　地　　　址:北京清华大学学研大厦 A 座　　邮　　编:100084
　　　　社 总 机:010-83470000　　邮　　购:010-62786544
　　　　投稿与读者服务:010-62776969,c-service@tup.tsinghua.edu.cn
　　　　质量反馈:010-62772015,zhiliang@tup.tsinghua.edu.cn
　　　　课件下载:https://www.tup.com.cn,010-83470410
印 装 者:三河市人民印务有限公司
经　　销:全国新华书店
开　　本:185mm×260mm　　印　张:11.25　　字　数:256 千字
版　　次:2024 年 10 月第 1 版　　印　次:2024 年 10 月第 1 次印刷
定　　价:39.00 元

产品编号:101273-01

本书编写组

主　编：张蕊翠　刘　娟　吴巧巧
副主编：邹露露　李烈芝　何　丹　陈文英　祁宏大　赖丽芳　张小梨
参　编：张月丽　汪　琴　房　婷　王　娟　李晶晶　叶　丽　王孝佳
　　　　朱新言　王一辰

前言

党的二十大报告提出,加快建设高质量教育体系。学前教育是高质量教育体系中最基础和起始的环节,在高质量体系建设中具有奠基性和持续性的作用和影响。

近些年感觉统合失调越来越被人们所重视。我国的学者们对感觉统合训练也进行了很多研究,如李佳琪(2019)研究得出结论,感觉统合失调问题在我国已经成为困扰学前儿童健康成长的重要因素,由于感觉统合能力出现失调带来的症状不会随着幼儿年龄的增长而自行消失,将会影响幼儿未来的身体机能、神经整合系统、运动能力的正常发育;姚紫珺等(2022)在对学龄前儿童生长发育情况与感觉统合失调的关系研究中得出幼儿的生长发育迟缓会增加幼儿本体感觉失调的程度;沈茜(2017)对成都市781名学龄前儿童进行感觉统合能力测定调查后表明,幼儿感觉统合失调率为38.28%,男幼童失调率相对于女幼童失调率之比接近于2∶1,并认为更大的自主活动空间将会给予幼儿更多感觉上的刺激,有利于促进幼儿感觉统合能力的发展;李慧敏等(2020)在对我国幼儿感觉统合失调现状进行研究时发现,我国国内大、中、小城市中普遍存在幼儿感觉统合失调问题,失调率高达30%以上,并认为在特定时期进行干预训练将有利于幼儿感觉统合失调问题的改善;黎芹冰等(2020)对佛山市2400例学龄前儿童的感觉统合失调进行了调查分析,研究得出调查对象中患幼儿感觉统合失调问题的占比为57.33%,感觉统合失调患儿的气质水平较低,通过感觉统合训练干预对其提高效果显著;张瑾瑜(2018)对长沙市幼儿感觉统合失调状况调查发现长沙市幼儿感觉统合失调率高达40.64%,其中,郊区幼儿感觉统合失调率高达42.96%,城区幼儿感觉统合失调率为38.1%,长沙市幼儿感统失调存在郊区幼儿更易出现感觉统合失调的地区显著性差异。

《面向21世纪教育振兴行动计划》明确指出素质教育应从幼儿抓起,采用科学的方法启迪和开发幼儿智力,培养幼儿健康体质,随着健康中国建设不断发展,幼儿感觉统合问题得到了越来越多学者的关注与研究,感觉统合训练目前被广泛应用于婴幼儿家庭教育游戏、早期以及学前教育机构的教育活动和各类特殊儿童的康复训练中。因此,早期教育、学前教育专业的学生学习该门课程、掌握感觉统合训练的技能非常有必要。

本书共有八章,第一章为绪论,介绍了感觉统合训练的发展和概念、感觉统合训练的生理心理基础、感觉统合训练与儿童的发展；第二章为前庭觉训练；第三章为本体觉训练；第四章为触觉训练，第五章为视听觉训练；第六章为感觉统合失调的特征与评估；第七章为感觉统合训练活动项目；第八章为感觉统合训练与幼儿园课程的融合。

  本书在编写的过程中力求突出以下特点：第一，逻辑性。即在制定本书目录以及内容时本着逻辑思路清晰的态度，力求观点的描述、可读性等方面做到通俗易懂。第二，校企合作编写。《国家职业教育改革实施方案》中指出，在教材改革方面"建设一大批校企双元合作开发的国家规划教材"。本书由学校一线教师和在学前教育、早期教育领域有丰富经验的行业、企业相关人员共同开展，在教材内容中增加了企业的很多案例，使教材中的理论与实践相结合。

  由于编者水平和能力有限，书中难免有不足之处，敬请各位专家、学者和广大读者批评、指正。另外，书中参考和引用了许多专家、学者的著作和论文，在这里表示由衷的感谢！尽管我们力求完善各种引用资料的出处，但难免存在疏漏之处，敬请广大读者批评、指正。

编 者

2023 年 11 月

目录

第一章 绪论 ·· 1

　第一节 感觉统合训练发展概述 ················ 1
　第二节 感觉统合训练的生理心理基础 ········ 4
　第三节 感觉统合训练与儿童发展 ·············· 10

第二章 前庭觉训练 ································· 15

　第一节 前庭觉基本概述 ·························· 15
　第二节 前庭觉训练活动 ·························· 18

第三章 本体觉训练 ································· 24

　第一节 本体觉基本概述 ·························· 24
　第二节 学前儿童本体觉训练活动 ·············· 28

第四章 触觉训练 ···································· 32

　第一节 触觉基本概述 ···························· 33
　第二节 学前儿童触觉训练活动 ················ 39

第五章 视听觉训练 ································· 47

　第一节 视听觉基本概述 ·························· 48
　第二节 学前儿童视听觉训练活动 ·············· 57

第六章 感觉统合失调的特征与评估 ··········· 64

　第一节 学前儿童感觉统合失调的特征 ········ 64
　第二节 学前儿童感觉统合失调的评估 ········ 66

第七章 感觉统合训练活动项目 ················· 81

　第一节 学前教育机构专业感觉统合训练项目 ·· 81
　第二节 家庭感觉统合培训项目 ················ 119

第八章　感觉统合训练与幼儿园课程的融合 …………………………………… 142

第一节　感觉统合训练融入幼儿园课程的原则 ………………………… 143
第二节　感觉统合训练融入幼儿园课程的策略 ………………………… 146
第三节　特殊儿童训练 …………………………………………………… 155

参考文献 …………………………………………………………………………… 171

第一章 绪论

学习目标

知识目标
(1) 知道感觉统合训练的发展过程以及生理心理基础。
(2) 了解感统能力发展的要素以及对学前儿童发展的影响。

技能目标
掌握感觉统合理论的相关概念和感觉统合的神经心理机制。

情感目标
能够意识到感觉统合训练的重要性。

案例导入

多多的父母分别是金融界与计算机界的高级主管,平时工作繁忙,于是将多多托付给幼儿园,把主要精力投入在职场上。

多多读大班时,有一天爸爸去接他回家,却看到儿子双眼红肿、一副不开心的样子。原来中午多多被小朋友撞倒,头撞到地板,肿了一块,到傍晚都还没消肿。平时多多就经常跌跤,一跌倒也老是撞到头,不过脾气温和的他通常哭一会儿就没事了。然而,爸爸困惑的是,多多为什么没有因年龄增长而变得反应机灵呢?多多到底怎么了呢?

根据调查,在美国、加拿大及欧洲,约有15%的儿童因感觉统合功能失调,导致学习、情绪或行为方面出现障碍。过去,由于各界对学习、情绪或行为障碍的认识不足,这类儿童未能像盲、聋、肢体残障或智能不足儿童一样受到应有的照顾。但是近50多年来,神经心理学及感觉统合学说的发展,使学习、情绪或行为障碍的诊断及治疗方法逐步建立,加上生活水准大幅提高,家长们开始重视儿童的生活品质。所以,诸如注意力不集中、多动、动作笨拙、情绪冲动、口齿不清、不合群、学习缓慢等问题,逐渐成为父母关注的重点。

第一节 感觉统合训练发展概述

一、感觉统合的概念

感觉是指把感觉信息全部输入大脑。统合是大脑综合必要的感觉信息形成整体的过程,是个体神经系统分析、解释、整合来自不同感觉通道的信息加工过程。人的高级认知活动,如概括和理解能力、控制能力等,都要经过大脑不同部分的通力合作才能完成。

感觉统合术语是由 Shrttinhyot C. S(1960)和 Lashley K. S(1960)提出的,并广泛地应用于行为和脑神经科学的研究。艾尔丝(Ayres A. J)根据对脑功能的研究,于1972年首先系统地提出了感觉统合理论(sensory integration theory)。感觉统合训练不仅对脑神经生理抑制具有改善作用,还可以提高运动协调能力和儿童的学习能力。感觉统合教育系统将在普通学校建设普及。感觉统合是日常进行各种活动的基础,是指通过如视、听、嗅、触、前庭等不同的感觉通路输入的信息,对(收集的)信息进行筛选、加工、联系和整合并做出适应用反应的神经心理过程。就像交通信号灯控制者,在它的指挥下,"大脑"的高速公路上有条不紊地飞驰着各种信息,大脑可以协调身体感受外界的刺激并作出恰当的反应。少了它们,交通就会乱成一锅粥,就会不断发生意外。

感觉统合理论由美国南加州大学艾尔丝博士创立,本理论涵盖三个方面的内容:脑功能及其发育、学习障碍、治疗。艾尔丝认为,与大脑的成熟过程同时进行的是个体的运动能力的发展。外界消息通过脑干和前庭平衡系统在接受人体的感觉系统后,首先会分析出这些信息。随着大脑的成熟,皮质会逐渐参与整合外界的信息,在此过程中慢慢形成"运动—感知—认知"的高层次行为模式。个人最终能够形成对事物的全面的理解,从而对个人的各种行为进行有效的控制。大脑综合分析和处理来自全身不同部位的感觉信息,做了决定后,使个体活动顺畅的过程,称为感觉统合。总之,体脑协调一致的过程就是感觉统合。

二、感觉统合训练的发展历程

感觉统合理论的产生和运用,经历了一段漫长的过程。意大利教育学家蒙台梭利最早注意到感觉能力的重要性。她发现,对孩子进行感观教育,除了对孩子身体疾病有治疗作用外,对孩子的智力、人格发育也有促进作用。关于感觉统合的研究起源于1920年,也就是那时人们观察到中央神经系统自我组织的过程是从神经生理发展起来的。

1949年,赫布研究发现,人类的脑部随着感觉与动作系统的交互作用,塑造及组织了神经系统的连接,并进而发展出有功能性的行为,如思考、知觉、观念构成。赫布认为,每个人都具有无限连接的神经网,根据后天的感觉经验,组织这些神经网与外部环境相互作用。神经网的组织化是根据特定感觉经验,产生叫细胞集合体的脑细胞组织,这些脑细胞以神经生理学相互连接形成局部系列。在童年时期,若受到刺激而构成了很好的细胞组织和局部系列,到了成年时期通过这种局部系列的再配合,可以更好地形成创意性和毅力性很高的学习状态。

1950年年初,感觉统合理论的创始者美国南加州大学临床心理学博士艾尔丝开始致力于感觉统合理论的研究与发展。一开始,她利用感觉统合理论介入治疗的对象中大部分为存在学习障碍的儿童。她发现有许多儿童智力正常,但一直学不会绑鞋带,动作很笨拙,或在课业的学习上会有学习不佳的情形。后来,这一理论应用到其他有神经行为发展问题的孩子,包括智能障碍、自闭症、情感困扰、行为异常的不同表现形式,以及神经感觉基础的其他问题。

1960年开始,美国学者哈贝尔和威塞尔往感觉统合方面钻研,自1958年到1981年的二十多年里,他们在研究大脑视皮层对视觉刺激的反应方面取得了显著成绩。研究结果表明,先天机制使视觉系统内部各组成部分建立了高度特异性的联系,视觉经验对这些联系的保持和完善是必要的。视觉剥夺的实验证明,在早期生活中,视觉系统有一定的可塑性,环境影响可以调制视觉系统的联系。他们在视觉发育方面的研究,不但有理论意义,还对婴儿的抚育和幼儿的早期教育有实际指导意义,因此得到人们的高度评价。他们于1981年得出结论,即肯定感觉统合对中枢神经发展的重要性。这一研究结论使得他们获得当年的诺贝尔生理学奖或医学奖。

艾尔丝在1969年最先系统地提出了感觉统合理论。1972年,艾尔丝综合前人研究脑神经的处理发现过度敏感或迟钝的感觉统合失调时,从眼、耳、皮肤及内耳前庭器官传送的基本低级感觉中,会造成幼童学习和情绪上的重大困扰,并在感觉统合良好时才能充分运作高层次的脑认知学习。从此以后发展起来的治疗学说叫感觉统合疗法。

感觉统合理论自20世纪70年代提出以来,西方发达国家就开始普及感觉统合训练教育,其方式是"幼儿感觉统合智能训练厅"。目前,幼教领域已引入感觉统合理论,成为日本和欧美等发达国家的基本教育理论之一。在西方发达国家,每100所幼儿园中就有98家设有"幼儿感觉统合智能培训教室"。

感觉统合教育于20世纪90年代初引入中国,并在实践中做了进一步的科研验证与开发,建立了幼儿感觉统合训练室,效果令人满意,深受广大家长欢迎。目前,感觉统合培训在我国学校、家庭和医疗机构中已成为一项介入技术,应用较为广泛。然而,时至今日,中国在这一领域的发展仍面临着诸多问题,其中最为突出的就是从业人员数量少,尚未形成系统的专业培训和职业资格认定机制。目前普及率还不高,仅有数量较少的幼儿园和亲子园开设感觉统合训练课程,分布在北京、上海等大城市或东南沿海经济发达地区。

三、感觉统合训练在我国的发展

近二十年来,我国感觉统合训练研究成果不断丰富,主要表现为以下几个方面。一是调研对象覆盖面广。艾尔丝医生最初接触到的问题孩子主要是学习困难的孩子,现在已经扩大到各种特殊的或一般的孩子。此外,运动员辅助训练、老年人健身活动中也有感觉统合训练项目,甚至有人在警犬训练中使用感觉统合训练技术,在动物表演中也使用感觉统合训练技术。二是硬件设施配备较广。国内大中城市的许多幼儿教育机构都配备有感觉统合训练设备,小学、多数特殊教育学校、绝大多数儿童游乐场都有感觉统合训练设备,感觉统合训练正在被更多的人认识和接受。三是针对本地区感觉统合能力发展状况和感觉统合训练成效,全国多地开展调查研究,使感觉统合训练实践运用得到极大丰富。

感觉统合训练的理论研究方面还存在一些问题,虽然我国的感觉统合训练有了很大的发展。在理论方面,感觉统合理论涉及的脑功能研究领域非常广泛,而我国的相关研究还停留在对国外研究结果的确认上,对感觉统合原理、治疗机制等方面的讨论还比较缺乏,因此,目前我国对感觉统合理论的研究还比较缺乏。"统合"的生理心理机制研究相对欠缺,跨地域的研究相对较少,对感觉统合训练领域的基础理论建设与完善有较大的制约,因此归纳、总结、提升实际理论与训练基本技术相对欠缺。感觉统合训练发展至今,训练技术相对成熟,感觉统合训练因其实用性而被人们所认识,但从业者和相关研究者更热衷于应用研究,目前大多数培训机构或研究人员在培训中只注重对孩子本身的运动和心理方面的培训,而忽略了孩子在父母和家庭环境中所受到的影响,因此,感觉统合训练从研究对象来看,对儿童感觉统合失调的调查也仅仅停留在城市儿童,并未扩展到农村儿童,特别是对农村条件艰苦儿童的调查更是缺乏,这在我国感觉统合训练和研究中不能不说是一个不足。虽然大中城市都设有感觉统合设备,但儿童使用设备的频率和实际训练强度相对较低,未能发挥真正的训练功能,一般作为儿童游乐、休闲的活动设备。后续研究应遵循自然科学手段,如脑诱发电位技术、认知神经科学的最新进展,以便更深入地了解感觉统合。此外,亟须构建体系化的感觉统合培训与从业资格鉴定机制、培训效果评估机制等制度。

第二节 感觉统合训练的生理心理基础

一、感觉统合的生理基础

幼儿时期的大脑是一种"器械",对感觉信息等进行处理。这个时期的孩子,认识自己以外的世界依靠的是感觉。而这种对自身的感知,对周围的感知,不是单靠一个感官系统就能达到的,而是需要在中枢神经的统一调节下,由多个感官系统共同发挥作用,"感觉统合"就是这样的。这种感觉统合是人之所以能生存发展的根本,影响着人的学习和生活。其中感觉分为视觉、听觉、嗅觉、味觉、皮肤觉、本体觉、前庭觉等几个方面。

(1)视觉:视觉是一个生理学词汇。光对视器官产生作用,使其感觉到细胞的兴奋,视觉神经系统对其信息进行处理后,视觉就会产生出来。视觉是通过眼睛、视神经和视觉中枢产生的感觉。

(2)听觉:声波经各级听觉中枢分析后,作用于听觉器官,使其感觉到细胞兴奋而发出传入信息的冲动,从而引起听神经。听觉是通过耳朵、听神经和听觉中枢产生的感觉。

(3)嗅觉:一种触觉,由嗅神经系统、三叉神经系统、感觉系统共同参与。嗅觉和味觉会融合在一起,彼此发挥作用。嗅觉是实现外激素交流的前提条件。嗅觉是一种远感,它是通过长距离感受化学刺激的感觉。相比之下,味觉就是一种"贴近感"了。

(4)本体觉:指一种能告诉人们身体各部位的位置、力量、方向和动作,以及对前庭觉有帮助的感觉。

(5)前庭觉:又称平衡觉,处理前庭平衡的整个感觉系统便是前庭觉。视、听、嗅、味等感觉,头部和颈部的所有活动以及这些信息和大脑功能区脑细胞的互动,都属于前庭觉。前庭觉的在后颈脑干(脑中枢神经)前的前庭神经核部位,在传达视、听、嗅等信息的正前方,这些信息的处理中心。

在大脑后下方,脑干的前面有个微小的雷达式感应器,称为前庭神经核。它是大脑信息的"守门员",身体任何信息进入大脑,都要经过前庭神经核过滤,在婴儿出生前就开始处理前庭信息感觉功能的发育。刚出生不久的婴儿已经具备了相当的感觉能力,只是在这一段时间内还无法将这些感觉组织得很好,这是因为婴幼儿时期,各种感觉系统之间不能很好地协调和融合,孩子的各种感觉功能还处于发育和完善的阶段。整个感觉统合理论研究的基础是认识到感觉系统的协调与集成。

(一)感觉统合的功能

感觉统合的功能主要表现在以下几个方面。

1. 组织功能

大脑会在统合处理不同感觉信息的同时,反馈所输入的不同感觉刺激。利用这些复杂的感觉刺激反应,控制个体进行不同的适应性活动,只有在负责传入和传出感觉信息的不同渠道畅通和各方面功能协调时,神经系统才能发挥作用。

2. 检索功能

每时每刻进入大脑的感觉刺激信息数量巨大,种类繁多。而个人对所有的信息,在意识层面是反应不过来的,这时感觉统合功能会从大脑使用并作出适当反应的所有内容中筛选、检索出最需要的信息。

3. 综合功能

感受信息是多种多样的,输入时所接受的感受器官也是不同的。所有的感官信息都需要借助感官统合的功能,个人才能对外界有完整全面的感知。

4. 保健功能

个人在感觉统合功能良好的情况下,能很好地与环境衔接,对不同的环境也能随机应变,使个体容易处于主动的状态,对身体和精神的健康发育都有好处。

(二)感觉统合的三大系统

1. 触觉系统

最具有影响力的是触觉系统。触觉可以让孩子避免或抵御危险,是提供个人有关周围环境信息的最主要来源。同时对孩子发展心理社会化至关重要。孩子在早期通过触觉,能与母亲建立亲密关系,后期则有助于人际关系。此外,在手部动作上,建立触觉、区辨觉,对于往后认知的对象形状、大小、轻重,都能起到促进作用。

2. 前庭系统

前庭系统是感觉系统之一,主要接收器位于内耳,负责掌管身体的平衡感。当外在刺激进来时,前庭觉的神经系统可获得信息使身体做出反应。在所有感觉系统中,前庭觉在触觉之后发展成熟。当个体进行加速或减速活动时,会调整头部倾斜角度以维持身体平衡。在撞到东西或跌倒时,能够及时反应且保护身体。当身体移动时,前庭神经系统能帮助人们感觉头部位置的改变,以维持身体姿势的平衡及协调。例如,在移动时为避免跌倒,人们会用手撑扶着,肢体动作的平衡感均有赖于前庭神经系统的运作。前庭平衡与日常生活息息相关,不论走路、站立、坐下、躺卧、吃饭、洗澡、读书、写字等,都依赖于前庭觉的协调。从以上说明可知,前庭神经系统的功能失调,对儿童的姿势动作与平衡能力发展、视觉与听觉学习及情绪调控会造成极深的影响。

3. 本体感觉系统

本体感觉系统是一种来自于身体内部的运动器官——肌、腱、关节等的深感觉主要是通过肌肉、关节或骨骼等接收器的信息，维持肌肉正常收缩，使关节保持正常状态的最大功能。因为促进感觉统合发展的最主要方式是动作，所以能够自由活动，对神经系统兴奋状态有影响，使本体感觉输入增加，对感情走向正常化。此外，本体感觉还会影响个体的视觉、知觉以及身体空间概念的发展，进而影响到个体的计划活动能力。同时，由于本体感觉本身具有抑制作用，可以借助一些具有抗性的本体感觉活动，让过高活动量的孩子安静下来。

二、感觉统合的神经历程

感觉统合的神经历程包括下列步骤。

1. 感觉注册功能

感觉注册是指各种感觉刺激通过感觉接收器接收、神经通路传递前庭对信息过滤，筛选后，信息进入大脑，引起大脑的注意注册成功。儿童注意到某种感觉刺激，大脑产生记录及印象，成为感觉统合的第一步骤。

2. 感觉调节功能

感觉调节是指大脑能将感觉刺激强度调整到适当程度，使身体产生适当的反应行为。当感觉调节功能不良时，儿童会产生反应过度或反应不足的行为，如触觉防御或过度寻求刺激。感觉调节能力对儿童的生活表现和学习效率有非常重要的影响。例如，儿童能将注意力专注于老师说的话而过滤其他声音，使自己维持适当的警醒程度，专注于学习或工作。当调节功能失调时，儿童容易分心、失神或过度亢奋，导致工作效率低或无法完成工作。

3. 感觉区辨功能

感觉区辨功能是各种正确知觉能力的基础，是正确辨识各项感官知觉的能力，包含视觉、听觉、触觉、本体觉、前庭觉等，都是儿童学习过程的重要基础。例如，阅读时需要良好的视觉区辨能力，才能分辨"冯京"而不是"马凉"。

4. 姿势控制能力

维持写字时坐姿挺直、上课时坐得住，以及在玩丢沙包球时能屈曲身体，对大小肌肉活动都有掌控的能力。姿势控制能力不良的儿童容易发生驼背、上课动来动去换姿势、跑步容易跌倒等情况。

5. 运用肢体能力

儿童在面对一项新游戏、新玩具、新体能活动时的动作概念及动作计划的能力，称为运用肢体能力。运用肢体能力包含双侧协调能力、动作顺序能力、视觉动作运用能力（与建构性游戏相关）。例如，儿童爬行、语言沟通表达能力，都是运用肢体能力水平的指标。运用肢体能力不良的儿童，在体能课及游戏等活动中容易呈现动作笨拙、不会玩玩具，不喜欢拼图、乐高及建构性游戏的行为表现。

上述五项感觉统合发展的神经历程顺利成熟时，会有以下几种表现：①有正确的视觉、听觉、知觉及反应速度、学习效率佳、认知发展良好；②能灵巧地运用肢体，动作姿势优美、手眼协调；③充满自信，人格正向发展；④情绪稳定，挫折忍受度高；⑤人际社交发展顺利。

三、感觉统合发展的神经基础

感觉神经接收器将外在感觉信息传入中枢神经,经脑干网状系统传入小脑边缘系统及大脑皮质,完成感觉统合的历程。

1. 三种感觉神经系统

感觉统合发展强调三种感觉神经系统功能的重要性。

(1) 触觉神经系统辨别温度、质地、痛觉及触觉区辨力,如冷热、形状。

(2) 前庭觉神经系统辨别方向、速度、姿势及身体在上、下、左、右的位置。

(3) 本体觉神经系统辨别身体及各肢体的位置、用力的大小。

2. 中枢神经系统

脑干是掌管感觉统合的区域,包含网状系统、延脑、中脑、脑桥。以下分别介绍其功能。

1) 网状系统

(1) 过滤及淡化不重要的刺激,加强重要的刺激强度。这是中枢神经的主要过滤器,能调节神经细胞活化的阈值。

(2) 控制、清醒、入睡、专注、警醒度。

(3) 调节生理时钟。

(4) 与小脑合作,共同调节姿势张力、平衡与动作。

(5) 与边缘系统及下丘脑合作,共同维持生理平衡和内分泌平衡。

2) 延脑

(1) 上传本体觉进入小脑,下传肌肉动作控制信息到脊髓神经。

(2) 提供第 1~12 对脑神经的感觉信息。

(3) 下传心跳、呼吸、呕吐、恶心的内脏神经。

(4) 接收基底核及脊髓的信息,并将这些信息传入小脑。

(5) 接收感觉信息(本体觉、触觉、二点区辨、振动觉)。

(6) 连接眼肌神经、前庭和听觉神经,维持姿势平衡。

3) 中脑

(1) 上传感觉信息至基底核和小脑,以协调身体动作和眼睛动作。

(2) 整合眼睛和躯干动作,对突发的视觉刺激做出反应。

(3) 对听觉刺激做出反应(转头或转身体)。

(4) 第 3 对、第 4 对脑神经影响儿童眼睛动作聚焦、追视、搜寻的灵巧度。

4) 脑桥

(1) 与小脑紧密连接,功能与小脑相似。

(2) 听觉神经路径。

(3) 前庭神经核上传至前庭—小脑神经,影响反射动作和姿势控制。

(4) 包含第 5 对、第 6 对、第 7 对、第 8 对脑神经的神经核。

3. 边缘系统

边缘系统包含杏仁核（amygdala）、海马体（hippocampus）、乳头体（corpus mammillare），如图1-1所示。杏仁核是调节情绪边缘系统的第一站。当感觉刺激进入杏仁核，杏仁核会搜寻过去的经验记忆来界定这个刺激的情绪意图，进一步决定情绪反应——表现出欢欣、焦虑或害怕等。杏仁核创造情绪图谱，记载个体对环境大小事件的情绪意义。海马体主掌记忆，主要储存事件的发生，相关的人、事、物的记忆。乳头体位于下丘脑，是杏仁核和海马体的信息传递中心，主要功能为储存非长期记忆和固化长期记忆。

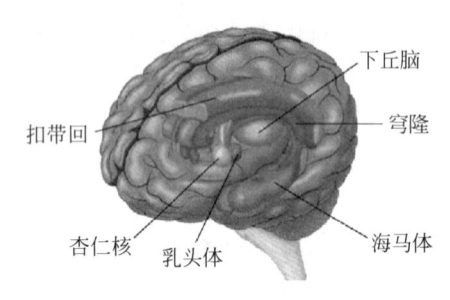

图1-1 边缘系统

边缘系统是控制情绪的中枢，也是情感建立的基地，决定一个人的心理状态是正向思考（朝向希望）还是负向思考（总是看最不好的一面）。忧郁、缺乏动机、提不起劲，就在于边缘系统的健康程度。它的主要功能包含调整动机、情绪事件的记忆、调控情绪、处理嗅觉、建立各式情感、维持社交关系。

4. 大脑皮质

大脑皮质（cerebral cortex）包含顶叶、额叶、枕叶、颞叶，如图1-2所示。

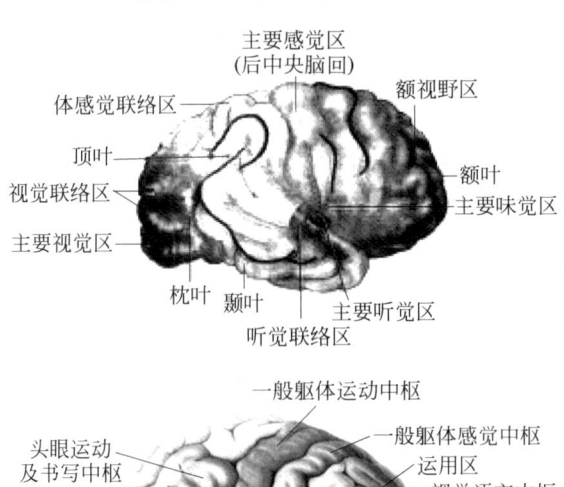

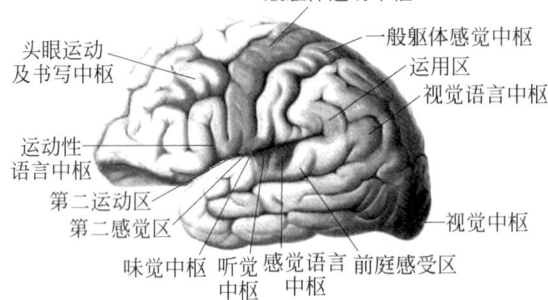

图1-2 大脑皮质

顶叶是位于头顶处的脑，负责辨识触觉信息，如身体被碰触的位置、所接触物品的质感与形状等，侦测本体觉、压觉、温度觉、痛觉，整合视觉、听觉的接收。

额叶具有前瞻能力和判断决策能力,是高级的认知管理中心。额叶是大脑的总监,掌管职责如下:专注力、控制冲动、控制情绪、预测(前瞻能力)、策划(企划、制定目标)、判断(决策能力)、组织(条理能力)、洞察(理解能力)、同理心(感同身受的能力,能从错误的经验中学到教训)。

枕叶位于后脑,负责对眼睛所看到的信息做出判断,形成视知觉,如空间视知觉、主题—背景视知觉、图形位置、视觉记忆等。视知觉与辨识环境、认字、学习几何的能力有密切关系。

颞叶位于太阳穴之下、眼睛后方,主要功能是对耳朵接收的听觉信息予以判断,具体功能如下:听力、听理解;阅读能力;称呼物品名称,说话时找到合适的词汇;解读肢体语言、面部表情、社交暗示;短期、长期记忆力;稳定情绪;音乐、说话的节奏。

5. 小脑

小脑(cerebellum)占脑重量的1/10,却拥有50%的脑神经元。小脑的功能与感觉统合密切相关,主掌处理信息的速度、时间感的认知,如图1-3所示。有许多儿童动作慢,多半是因为小脑效率不佳所致。小脑和情绪调整速度有关,也就是说能够将情绪从太过兴奋调整到安定平稳,同样取决于小脑的成熟功能。小脑更与认知和速度相关,影响学习效率和思考灵敏度,以及个体学习新技术、接受新想法的能力。若是小脑功能低落,容易陷在问题中无法跳脱,而且思考速度变慢,前瞻后顾,整理信息、判断、决定的能力会受损,较容易糊里糊涂地做出不当决定或者拖拉延迟、无法做决定。

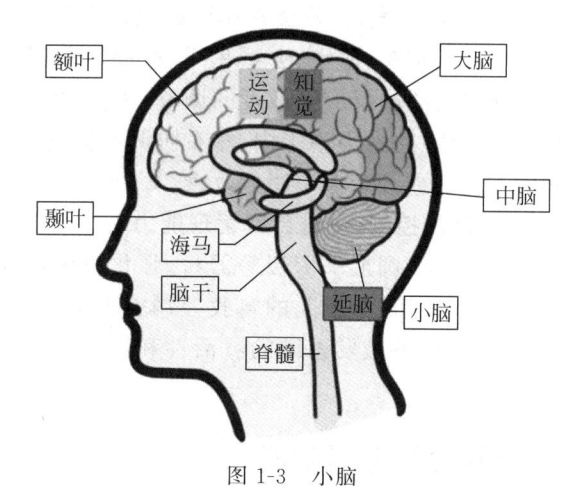

图 1-3 小脑

小脑的另一项重要功能是执行额叶相关功能,包括计划时间、组织利用时间、组织计划的能力、有规范地自我约束、控制自己不乱放东西、不拖拉时间等。目前已发现注意力缺失过动症(attention deficit hyperactivity disorder,ADHD)和学习障碍(learning disabilities,LD),有90%与小脑功能不佳有关。

小脑也与精确的动作协调有关,影响写字是否灵巧、写出来的字是否好看,以及姿势和运动时的动作协调能力。若是小脑功能不佳,会呈现出笨手笨脚、动作不灵活的反应,也会使说话速度变慢。小脑与感觉统合中的感觉调节功能十分相关,小脑功能不佳会导致对感觉的接受度过于敏感,如对碰触的感受,对声音、光线过度敏感。

总之,人们处理各种事件是建立在感觉系统、中枢神经系统及效应器相互协作和反馈调节基础上,三者的协作水平决定人们学习、工作的效益,并影响个体的情绪和情感。三大系统结构复杂,协同运行往往会出现偏差或错误,需要通过反复尝试逐步提高系统间的协作水平,在行为上表现为动作协调性和自动化水平的不断提高。

第三节 感觉统合训练与儿童发展

一、感觉统合训练对幼儿发展的价值

感觉统合训练是在儿童的神经需要的基础上,利用器材、环境等方式引导对感觉刺激作出适当反应的训练。它最核心的要点就是让幼儿充分发生感官刺激。在有内容设置的、有目标的游戏过程中充分刺激幼儿感官,从而提高幼儿感觉统合能力发展,其具体作用体现在以下几个方面。

1. 有利于提高幼儿触觉的感知能力,促进情绪的稳定

触觉训练利用大龙球、踏板、小按摩球等器材,可以加强对感受刺激的辨识,提高感应和感知能力,增强幼儿对环境的接受能力、适应能力。有利于改善幼儿好哭、情绪化、怕人触摸、注意力差、自闭等现象,促进幼儿情绪的稳定和专注力的发展。

2. 有利于幼儿前庭神经系统的发育,提高对刺激的反应速度

前庭平衡觉训练利用平衡踩踏车、吊缆、方形秋千、竖筒、大滑梯等器材,加强对感受刺激的辨识对前庭系统对外界刺激的反应灵敏度的调整,使得幼儿在语言、平衡方面的能力得到提升。通常幼儿阅读困难、注意力不集中、左右协调不佳、语言发展迟缓、视觉空间能力弱等现象在经过前庭平衡的训练后会有明显改善。

3. 有利于提高幼儿对身体的控制,促进自我管理能力

本体感训练则利用跳床、滑板、圆形平衡板等器材,强化机体神经系统对外界环境变化的感受,包括地心引力,这个训练对于幼儿的自我控制能力锻炼有很好的帮助,有利于幼儿对自身的控制能力的提升,能够激发思维的灵活性和抗压性,改善易冲动的现象,促进幼儿的自我管理能力。

二、儿童感觉统合能力的发展阶段

儿童感觉统合能力的发展过程可分成五个阶段:感觉通路的建立、感觉动作的发展、身体形象的认识、知觉运动的形成、认知学习的产生。

1. 第一阶段:感觉通路的建立

儿童学习的先决条件,是有能力接受外界的刺激。这种能力虽然依赖于感觉接收器的正常运作,如视觉、听觉、触觉、味觉、嗅觉、运动觉等,但由于上行感觉传导刺激到大脑而不正常,个体对外界事物仍不能正确理解,因此仅靠这些还是不够的。例如,视力正常、视神经通路有问题的孩子,虽然能看到外界的东西,却不能正确地把看到的东西传送到大

脑,于是有的孩子就会把 9 看成 6、21 看成 12 等。而且感觉神经路径有能力选择刺激并对刺激进行扩大或过滤。这样,我们想听到的声音,即使在异常嘈杂的环境中也能听到;我们不喜欢的谈话内容,也可以在极其安静的状态下拒绝,否则,该听到的安静的环境中听不到,不该听到的在嘈杂的环境中又听了一大堆,结果导致大脑总是处于一种杂乱无章的状态中。

2. 第二阶段:感觉动作的发展

幼儿刚出生时,四肢只会不自觉地乱动,还达不到随意取物或活动身体,慢慢地才有了自主活动的能力,直到神经反射动作表现出来的肌肉张力在三四个月后逐渐形成,等到神经反射动作成熟后,幼儿的四肢才会进行有意义的活动,如看到玩具会用手去抓,听到声音会转过头去寻找声源,都会用手去抓玩具的声音。同时,抵抗重力也逐渐增强,对外界刺激作出有意义反应的平衡感和节奏感也逐渐形成,可以从爬到坐,从站到走。

感觉动作的建立和发展:感觉动作的关键期是 0~1 岁,这个阶段除了提供丰富的触觉刺激外,给予动作上的自由,让幼儿的动作发展顺利,更是至关重要的。

3. 第三阶段:身体形象的认识

幼儿虽然有了感觉动作的发展,虽然能对外界的刺激作出有意义的反应,但要使动作更成熟,还要看幼儿认识自己身体形象的程度。当幼儿认识到各器官的位置和作用后,为了学习新的动作技能,开始逐步学习身体两侧动作的协调发展,如穿脱衣服、鞋袜之类复杂的动作。1~2 岁是认识感觉动作和形体形象的关键时期,这个阶段除了不能忽视动作的发展外,还应提供丰富多彩的视觉刺激。

4. 第四阶段:知觉运动的形成

经过以上三个阶段的积累,幼儿已经获得了相当的经验,储存在大脑中形成了知觉,所以孩子不仅能慢慢理解别人说话的意思,还能按照别人的指示做事,模仿别人的语句与人对话,还能辨认出物体的形状和大小、记住看过的画面、辨认出书的主题和背景等。反之,如幼儿没有形成听知觉,就会出现声音分辨不清、口齿不清的现象。当视知觉还没有形成类似的图形就会出现分辨不出来的情况,拼图、剪贴之类的游戏就不会玩。

5. 第五阶段:认知学习的产生

儿童在四五岁左右的时候,大脑左右两个半球之间的信息频繁交流,开始各司其职(左脑控制右侧肢体、右脑控制左侧肢体),孩子的身体发育状况及身体运动能力的强弱,会影响惯用手的建立。同时开始有了判断推理的能力,在日常生活中会讲两个东西。在共性上,运用语言表达思想的能力也逐渐流畅,加之注意力集中,运用思考的时间增长,对外界事物的观察也逐渐敏锐起来。

另外,观念的形成,以及自我控制能力的增强,懂得与同伴和平相处,这个阶段的儿童已经具备了接受课业学习的能力,也已经具备了适应群体生活的能力。

三、感觉统合能力对儿童发展的影响

孩子的发展是由个人的内因和外因互相影响的。个体自身的身心发育起着关键性的作用,尤其是中枢系统的发育。同时,感觉统合发展不可缺少的因素是,孩子所接受的环境刺激对身心发展有着重要的影响。个人感觉统合能力的发展可能会表现为阶段性与连续性的统一,就像其他能力的发展一样。

(一)感觉统合发展能力的要素

儿童感觉统合能力的发展需要自身正常发育和环境刺激丰富这两个基本要素。

1. 身心发育,尤其是脑中枢发育

从受精卵开始到成年前的十多年时间里,个体的成长表现为结构与功能相适应的发展模式,有哪种结构,就有哪种功能的表现,这种发展过程中,个体的成长在胎儿期和生长发育初期,个体的感觉统合能力水平很低,表现为平衡能力差、动作协调性低、注意力分散且难以持久、行为顾此失彼等现象,因为感觉器官、传入神经纤维和中枢神经系统的结构还不够完善。随着年龄的增长,个体的内外结构会进一步改善,活动范围会进一步扩大,知觉、认知的广度和深度会不断提高,周围知觉器官及运动器官的功能会进一步发展,中枢神经系统也会进一步发展,从而个人感觉统合能力的发展与神经系统发育水平的关系更为密切。

与人的认知、言语等能力的一样的,两者呈现出高度的一致性。神经系统的发育水平主要表现在两个方面。一是传入和传出神经纤维的髓鞘化程度以及信息传输效率。二是神经系统的发育虽然与外界环境有密切联系,但是其本身也有固有的特点,即表现为发展的连续性,又呈现出发展的阶段性(即各功能区域之间的中枢联系程度集成程度,神经系统的发育虽然离不开外界环境的刺激,但它既表现为发展的连续性,又表现为可塑性和可偿性的发展阶段)。因此,神经系统的发展有其内在的发展特征。所谓连续性是指神经系统自身的发育是连续不断的,结构和功能也会不断的完善。阶段性是指不同的神经系统的发育进程是不一样的,有其自身的关键期,错失相应的关键期就可能导致该能力发展不足,甚至终身难以弥补。神经系统又具有可塑性和代偿性。可塑性是指以其他区域的神经组织接管(或代替)被损害区的功能,其中枢(心)神经系统受损的区域会表现出某种自我修复的能力。而年龄和干预水平等因素影响神经系统的可塑性和代偿性,即年龄越早,恢复神经系统受损功能的效果越好。

2. 持续、丰富的环境刺激

儿童感觉统合能力的个体的各种能力发展是与一致的丰富的环境刺激分不开的,是个体与环境不断互动的结果。感觉系统需要使自己的解剖结构、生理机能在感受各种类型和形式的适宜刺激下得以完善,应有的机能才能进一步发挥出来。挖掘和巩固,不断提高自己对刺激的精确的感觉。如体育系统的发展和体育能力的提高是以参加各类赛事为前提的。

为此,从孩子各方面的能力发展来说,孩子应该及早接受丰富多彩的家庭教育和学校教育,多一些感受多姿多彩世界的机会。但是,要想以更灵活的形式学习各种知识,需要有更多的时间,与他人和外界环境进行充分的交流和互动,就有了更多的途径。知己知彼,以己之道知天下等。

然而,当今中国社会发展中,存在着许多不利于接受丰富刺激、影响儿童健康发展的因素。城市化与居住方式并存、数字化的进一步拓展,虽然孩子接触外界环境的方式多样化,但接触的内容呈现出模式化、类型化、单一化的发展趋势。同伴之间严重缺乏合作互动。虽然孩子的早期教育被普遍重视,但受成人职业要求的影响,教育内容比较单调。

(二)儿童感觉统合发展的阶段

虽然个体感觉统合能力的发展是有连续性的,也可能呈现出阶段性的,而且是符合阶段性的,但是这方面的研究的内容十分有限。儿童感觉统合能力的发展,根据神经系统发育的阶段,大致可分为三个阶段。

1. 初级感觉统合阶段(3 岁前)

个体完成自身解剖结构的完整构建,生理机能的完善,初步发展多个领域的基本能力,从胚胎到 3 岁前,都有与外界接触的能力,动作的基本能力,感觉、认知、言语和社交的互动能力。

2. 中级感觉统合阶段(3~7 岁)

在中级感觉统合阶段,个体体质不断增长,内外器官生理机能得到进一步发展,物质和能量的代谢水平迅速提高,各种特殊的信息传递渠道也随之增加,相互之间有更丰富的联系和沟通,有能力整合不同类型的信息。这一时期的本体感受、触觉、视觉、听觉和身体运动的各个系统都能很好地承担起系统内的任务,并能在系统之间实现协同作战,身体运动协调,感知—动作协调,注意力、记忆力、言语表达能力、意志品质和情绪管理等方面都有了较好的发展,基本能够适应自主生活、学习、交际等方面的需要。各种基本能力在这一段时间得到了发挥,感觉统合能力发展到了关键时期。

3. 高级感觉统合阶段(从 7 岁到青春期)

高级感觉统合阶段的个体结构延续了前期的发展,依然以量的累积来表现。进一步提高了运动器官的生理功能,增强了肌肉力量,增强了耐力。肌肉组织和其他物质的能量代谢水平进一步加强,感觉器官和中枢神经系统的结构已基本成熟,与成人水平趋近,在各种条件下,肌肉组织和其他物质的代谢水平进一步提高。大脑一级机能进一步发展,成为影响感觉统合能力发展的主要因素,表现为注意力、学习能力、记忆力、言语语言能力监测能力等多方面的发展。大脑各功能区域的信息处理自动化程度和区域间信息整合整体化程度已经发展到相当高的程度,能够得到有效控制。个人可以完成复杂的动作技能和认知、言语等活动,同时也可以完成低位中枢和周围器官的活动。

(三)感觉统合发展的基本原则

1. 随机应变原则

人能组织感觉,靠的是应答。在对感觉采取顺应性反应的过程中,发生了最重要的"感觉—动作组织"能力。这种反应是为了顺应他的身体和环境而创造或使用的方式,例如闻声回首,或者当碰撞到障碍物时,我们调整自己的姿态,使自己处于平衡状态,都需要很多的顺应性反应。

首先,必须先把从身体和环境中获得的感觉组织起来,然后才能顺应当时的环境刺激,直到身体采取顺应性反应。

每一种顺应性的反应,都会再次造成感官上的进一步融合;良好的应答组织能力能让大脑始终处于一种相对有条理的状态。为了感觉统合,孩子试着顺应那些感觉,顺应性反应是别人代替不了的,一定要亲力亲为。因此,包办代替孩子的一切,其实是剥夺了孩子发展自己的能力的机会。

2. 内在驱动原理

每个孩子都有相当大的内驱力来发展感觉统合,家长不一定非要告诉孩子怎么做,自然的天性会被身体里的"孩子"指挥着去做,父母应该把机会让给孩子。从观察儿童如何在环境中寻找发展的机会,如何反复努力尝试直至成功,便可发现儿童若无此内驱力的趋向感觉统合,则无法发展。

触觉、前庭平衡等能力在母体子宫内,在胎位变化的过程中逐渐发展起来。出生后,它们与感官,如视、听、嗅、味、触等,不断地互相影响着。这些感觉神经交错的程度比任何网络都复杂,在大脑中的感觉中枢是相互联系的。

新生儿能通过视、听、嗅、触等五官感受,对外界事物有一定的了解和认识。由于五感的学习是很自然的,所以一般情况下大家都不会特别重视。这种不用动脑筋却会影响我们大脑思考的学习,通常是最重要的,也是最有效的,尤其是与其他哺乳动物不同的人脑学习能力,触觉是最大的因素。

第二章　前庭觉训练

学习目标

知识目标
(1) 了解前庭觉的概念和特点。
(2) 了解前庭觉失调的表现以及对学前儿童成长的影响。
(3) 了解前庭觉失调的基本原因。

技能目标
(1) 掌握学前儿童前庭觉失调的预防方法。
(2) 能够组织与实施感觉统合训练。

情感目标
通过相关的游戏或运动形式刺激前庭的平衡能力,提高孩子的感觉综合体系和平衡感取得完全协调,正确辨识身体的空间位置。

案例导入

不会爬就不会走

美美一出生就由外婆带。外婆心疼美美,总怕她受伤,一直都舍不得让她在地上爬,美美1岁3个月仍无法行走,而且美美的专注力非常短。相关专家表示,美美出现的问题主要与前庭觉失调有关。对于婴幼儿来说,爬行是一个非常重要的活动,1岁的美美没学会走路是因为爬行的时间不够,错过了大量的运动机会。家长可与幼儿一起做俯卧推球游戏,让幼儿俯卧于地,家长用球引导幼儿,只要能让幼儿慢慢爬行,学步一定会很快。

第一节　前庭觉基本概述

一、前庭觉的定义

教育部《关于大力推进幼儿园与小学科学衔接的指导意见》的文件中指出:"要关注儿童发展的可持续性,培养有益于儿童终身发展的习惯与能力。"学习准备是幼小衔接的重要方面,《幼儿园入学准备教育指导要点》强调了关于学习方面的准备,其中之一即"专注力",培养幼儿认真专注的学习习惯,有助于幼儿入学后更好地胜任新的学习任务,且受益终身。另外,"双减"政策的推动,更加明确了家长致力于培养孩子的专注力。专注力是以训练其前庭觉为核心要素的。影响孩子专注力的最重要因素之一就是前庭觉,也叫平衡觉、静觉,是大脑功能的门槛。

前庭觉:掌管儿童平衡感形成的关键,可以避免儿童在走路时跌倒,保护好自己。从行站坐卧、吃饭洗澡、骑车搭车到看书写字,前庭平衡与日常生活密切相关,都需要前庭觉的配合。

前庭觉接收器位于内耳平衡器官,组成部分包括三个骨半规管、球囊、前骨半规管、外骨半规管、圆囊,每侧内耳的三个骨半规管分别为椭圆囊前骨半规管、后骨半规管和外骨半规管。

简单地说,前庭器官＝前庭(分为椭圆囊、球囊)＋骨半规管(前骨半规管、外骨半规管、后骨半规管),如图 2-1 所示。

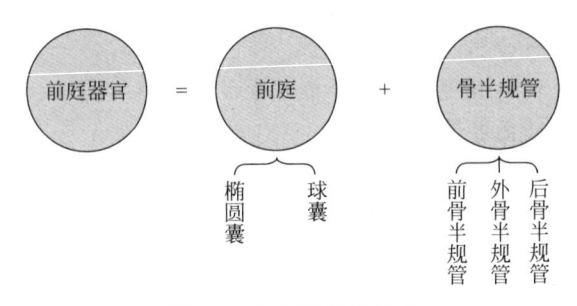

图 2-1　前庭器官的组成

前庭觉发展指标(胎儿期至 1 岁):前庭觉系统是人体的感觉系统中最早成熟的,从胎儿期开始,宝宝的前庭觉发展就十分迅速。

胎儿期:婴幼儿的前庭觉发展大概在受精 8～9 周后就已形成,10～11 周左右开始做动作,5 个月时可以感受母体的身体活动。

新生儿:新生儿对移动有明显的感觉,并会做出反应。

出生 1～3 个月:宝宝可以感受到自己身体的地心引力的作用,并且可以作出相当程度的顺应性反应。

出生 4～6 个月:宝宝头部非常有力,可以抬头和转头。6 个月时,宝宝可以抬头挺胸的同时,依靠肚子将胳膊和腿抬离地面,使整个身体处于平衡状态。

出生 7～9 个月:宝宝从俯卧转换成可以活动身体的俯卧姿势进行挪动,在这个过程中学习空间和距离观念。

出生 10～12 个月:宝宝能爬得更远,与周围的环境联系更紧密。宝宝开始站起来,学会用双脚支撑身体,并练习走路的跨步姿势。

二、前庭觉启蒙游戏

前庭觉从胎儿时期已快速发展,孩子的平衡感、反应速度和敏捷的稳定的情绪已初步形成,越早给予孩子前庭觉适当的刺激,越有益。家长要好好把握胎儿期到 1 岁间的启蒙良机,多与孩子互动。

前庭觉启蒙游戏的类型包括以下三种。

（1）多面平衡游戏，适用于 5 个月以上的婴幼儿，针对前庭进行多面平衡刺激。

（2）速度刺激游戏，适合 7 个月以上的婴幼儿，在加速或减速时促进婴幼儿的平衡，训练大脑的反应能力。

（3）悬浮式刺激游戏，适合 8 个月以上的婴幼儿，能对东南西北四个方位、上下高度和速度进行刺激，还能对不同方向进行重力反射刺激。

三、前庭觉的功能

前庭觉是大脑发展最重要的基础，也是影响儿童成长和学习最重要的系统。它的功能主要有以下五个方面。

（1）信息过滤，为大脑减负。前庭觉负责接收并过滤脸部正前方视、听、嗅、味、触的信息，让大脑降低负值，使注意力集中起来。前庭觉发育良好，有利于日后学习视听内容。

（2）人体平衡的关键因素。全身的触觉、关节活动信息，也会完全协调前庭觉需要和平衡感，通过前庭觉，达到前庭平衡，人就可以对自己的空间位置进行正确的感知。

（3）前庭系统对影响体态和平衡反应功能的肌肉张力和筋肉关节的活动都有指导作用，帮助身体确定方向和距离也会影响大脑对头部位置的判断。需要前庭觉、视觉和本体觉三者配合，人体才能保持平衡。只要其中任何一种感受器传到中枢的冲动和另外两种感受器传到人体的冲动不协调，人就会出现眩晕现象。

（4）前庭觉的发展与眼球的追视能力、阅读能力、注意力、触觉等密切相关。此外，语言发展涉及视听觉及嘴、舌、喉、声带、腹部等的肌肉动作，所以如果前庭觉失调，会给儿童语言发展带来障碍。

（5）对婴幼儿成长发育极其重要，对于成长中的婴幼儿来说，前庭觉的发展在其身体发育过程中的作用无可替代。婴儿的所有动作——抬头、踢腿、走路、挥手、摇晃身体等，都需要反复地练习，加强这种感觉认识，能使身体机能得到正常发展。

四、前庭觉失调的影响

前庭觉发育不好，会影响儿童正常的生长发育。因为姿势的平衡以及运动的进行都依赖于前庭系统的运作。如人在运动中加速或减速时，头部以及各个部位都需要保持平衡，这跟前庭系统的功能是分不开的，前庭觉对人体平衡具有重要作用，如图 2-2 所示。

前庭觉是人类学习的枢纽，是大脑功能的门槛，它的发展水平与孩子的语言、认知、社交、思维等发展水平密切相关。前庭觉失调意味着大脑不能有效地处理感觉信息，主要表现在以下四个方面。

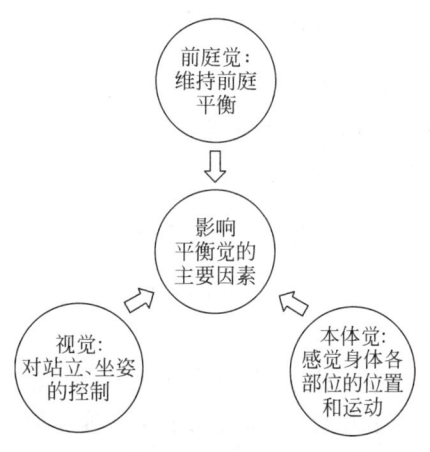

图 2-2 前庭觉对人体平衡具有重要作用

1. 影响信息处理

前庭系统可以把头部和身体的走向随时告诉我们,因此视觉回馈的信息就显得尤为重要。前庭觉发育不良的儿童,视觉很难跟随目标移动,双眼也很难从一个点移动到另一个点。眼肌和颈肌上的信息反应处理也会出现问题,使眼球的移动变得不流畅,往往以跳动的方式去捕捉新的目标,导致儿童在阅读、打球、画画时感到吃力。前庭神经会向身体的各个部位传达信息,由脊髓椎体神经系统来通知肌肉的收缩和运动,同时也会向前庭神经核和小脑传递这种肌肉和关节的信息。如果这方面功能不好,就达不到感觉统合,孩子走路时会出现摔倒或撞墙的情况,动作也显得笨手笨脚,甚至行动起来畏畏缩缩;还会对身体协调性造成影响,严重缺乏感觉信息。

2. 影响视觉空间判断能力

空间感来源于身体与重力感的联系,前庭觉发育不良,会产生视觉空间无法判断的现象,缺乏重力感的孩子,很难有空间透视感,常常无法判断距离和方向,写字时常常把数字写反或偏旁部首写反,阅读困难,容易在人多的地方迷失方向。

3. 影响注意力

前庭系统的作用在于帮助大脑保持清醒和警觉的状态,所以在身体快速转动的时候,为了保持清醒,前庭系统一定要进行快速调整,如果前庭系统的活动量较低,调整的效果不佳,孩子容易出现注意力分散的多动现象。

4. 影响性格和情绪的发展

前庭觉失调会使孩子经常遭受挫折,丧失信心,容易形成恐惧、悲伤、愤怒、过度兴奋等感觉,若不能有效地加以控制和协调,会使人格和性情的发展受到严重阻碍,前庭神经不佳,身体的左右脑的思考都会陷入混乱之中,进而造成语言发育障碍,也成为学习困难的最主要原因。

第二节　前庭觉训练活动

一、前庭觉训练的要点及目标

在日常生活中,为什么人在行进的列车上闭着眼睛也能感受到车行的方向和速度?这与人体的前庭觉有关。前面的内容中介绍过,前庭觉为了维持身体平衡的感觉,利用内耳的三对半规管和耳石,在活动中探测地心引力,控制头部的方位,如图2-3所示。

(一) 前庭觉训练的要点

前庭觉负责接收并过滤脸部正前方的信息,所以前庭觉训练主要围绕头部和颈部进行。

(1) 俯卧:幼儿在俯卧和爬行的过程中,头部和身体呈90°夹角,给颈部的前庭神经核带来刺激,从而有利于前庭神经的发育。适合的活动:爬行、游泳等。

(2) 转动:头部转动需要宝宝以颈部为支点,向各个方向,以各种角度转动,在这个过程中前庭神经核会得到刺激和按摩,使前庭神经得到发展。适合的活动:身体前后翻

图 2-3 耳内迷路

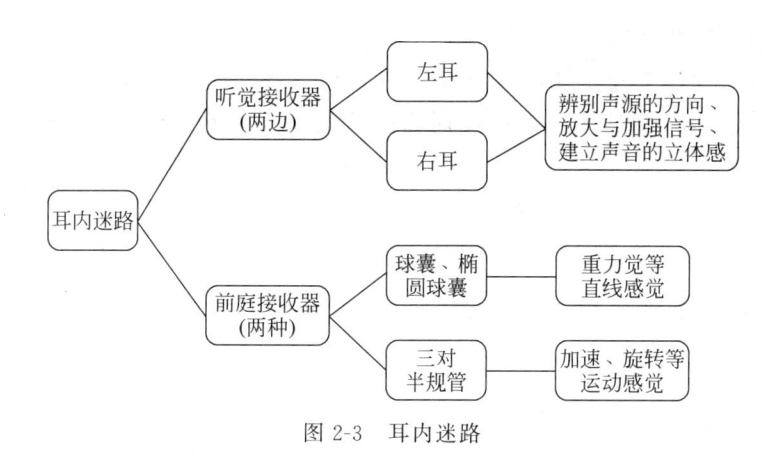

滚,突然转头,左看、右看等。

（3）晃动：身体晃动会引起头部的震动,前庭神经核得到刺激,有助于其进一步发展。适合的活动：蹦跳、奔跑、打闹等。

（二）前庭觉训练的主要目标

前庭觉是对头部位置和身体变化综合判断的一种感觉,对人的头部、眼部、四肢、肢体等作出一系列相互协调的帮助。对前庭的信息进行调整,对神经系统的自动反应进行平衡。即对前庭的信息和平衡神经系统的自动反应功能进行调整,对健全的语言神经组织也有促进作用,对前庭的平衡感和视听感受的完整能力也有促进作用。

二、前庭觉训练的方法

在做前庭觉训练时,调节姿势反应的前庭功能可以通过对前庭器官不同程度的刺激而正常化。在接受触觉刺激的同时,前庭刺激和触觉具有促进其他感觉统合的作用,所以在感觉统合训练中,前庭觉训练是优先度和重要度比较高的训练。

（一）婴幼儿时期的训练

1. 孕期训练准备

胎儿在孕期的前三个月主要是发育大脑神经系统,这需要准妈妈们适当地运动,如散步、做一些家务等,这些运动对胎儿的前庭觉发展是有好处的。

2. 日常活动中的训练

孩子出生后,可以每天做俯卧抬头、头竖直等训练。要适当地摇晃、拥抱孩子,不要总是让孩子仰卧在床上看着天花板。

3. 三翻、六坐、七滚、八爬

3个月开始训练幼儿翻身,6个月开始训练幼儿坐,7~8个月开始训练幼儿爬行,这就是1岁以内的发育过程。这些训练对良好的前庭觉发育是有益的,同时也和孩子的注意力、动作协调、语言表达能力密切相关。

4. 感觉统合训练助手

婴儿车、学步车不要过早使用，容易产生依赖性。孩子爬行的阶段也不要错过。让孩子1岁左右学会走路，然后循序渐进地训练孩子跑、跳、上下台阶、走平衡木、坐滑梯、跳绳、拍球等。

通过各种运动训练来激发平衡能力，达到刺激前庭系统的目的，需要有规律和无规律地刺激，如前后、左右、上下、旋转和停止等。

（二）训练平衡能力的主要方法

使用器材进行前庭觉训练。借用器材的辅助，可以更好地进行前庭觉训练。常见的前庭觉训练器材有吊网、滑梯、秋千、蹦床和羊角球等。

前庭是大脑的门槛，选择重要信息作为回应，需要在这里过滤触觉信息、活动信息。所以在做前庭觉训练的时候，要注意以下三个方面。

1. 控制好训练强度

前庭觉训练的强度要根据训练带来的加速度大小以及训练持续时间的长短而定。初期训练，应选择强度小的刺激方式，如摆荡、震动等加速度小的运动，然后再进行旋转、翻滚等刺激强度相对较大的运动，并且逐步地延长运动时间。

训练中注意观察孩子的反应，如果孩子出现眩晕、反胃等情况，应停止训练并休息几分钟，或改变训练项目，这样可以避免孩子对训练项目产生厌恶或恐惧的情绪。

2. 家长应陪伴在孩子身边

训练时，家长要关注训练过程，不仅可以在发生意外时给予保护，还可以对孩子的表现及时进行肯定和鼓励。初期训练，孩子不适合单独自主训练，应以被动或主动训练为主。

3. 禁忌

如果孩子有心脏病、癫痫、脑血管严重畸形等疾病，前庭觉训练必须特别谨慎，训练方式和强度要先咨询专业人士。

三、常见的前庭觉训练活动

（一）蹦床上跳跃

适宜年龄：3～6岁。

训练目标：弹跳运动是指对前庭器官能起到一定刺激作用的一种具有上下性质的直线加速运动。有助于前庭觉、本体觉的跳跃，也有助于肌肉的张力锻炼，如图2-4所示。

操作要点：

（1）注意孩子在上、下蹦床时是否需要协助。

（2）如果孩子感到紧张，家长可以先进行示范，待孩子熟悉后，再进行双脚单脚跳蹦床动作，身体控制自如。

活动延伸：孩子躺在蹦床上闭上眼睛，家长在旁边跳跃，对孩子的前庭觉调节更有帮助。

第二章　前庭觉训练

图 2-4　在蹦床上跳跃图

（二）前滚翻和侧滚翻

适宜年龄：2～6 岁。

训练目标：身体滚动翻转是一种加速运动，以旋转的方式刺激孩子的前庭器官，对孩子的前庭觉训练很有帮助，如图 2-5 所示。

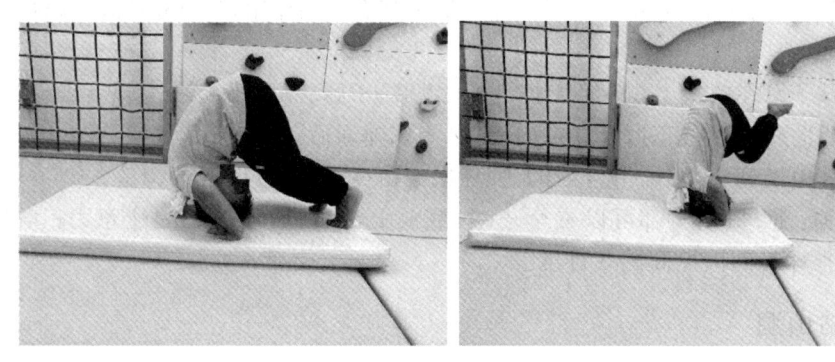

图 2-5　前滚翻动作示意图

操作要点：

（1）前滚翻动作要领：双手支撑，核心向前，两腿蹬直，绷紧脚尖，然后头、颈、背、腰、臀依次翻滚向前，到背部时收腹屈膝，蹲立。

（2）侧滚翻动作要领：两脚前后分立，哪只脚向前就从哪个方向侧翻，身体翻滚的顺序为肩、背、腰部侧面和腿部侧面。

（3）侧滚翻是在前滚翻的基础上形成的，两个动作都是身体的自我保护动作。训练前，应先给孩子讲解动作分解要领，在地上铺好垫子，做好保护工作。

活动延伸：让孩子在完成动作后，接住滚向自己的皮球。在完成动作的时候可以放慢速度，让孩子体会身体的变化，增强本体觉。

(三)荡秋千

适宜年龄：2～6岁。

训练目标：荡秋千是常见的游戏,无论摆动、摇晃、旋转都会对孩子的前庭觉形成刺激,对本体觉和注意力的发展也有帮助。

操作要点：

(1)选择适合孩子年龄的秋千(主要考虑秋千的大小、高度等)。

(2)如果孩子年龄太小,可以把孩子抱到秋千上,秋千的高度以孩子双脚刚刚离地为佳。

(3)家长先让秋千以比较小的幅度晃动,观察孩子的反应,如果孩子能够接受,再慢慢增加幅度。

(4)孩子双脚撑地,自己控制秋千的起始速度和摆动幅度。

活动延伸：秋千的前后左右晃动,对孩子的前庭觉可以起到全方位的刺激,还可以原地旋转。在有成人保护的前提下,可以站在秋千上,提高核心的位置,改变重力体验;可以双人荡秋千,丰富游戏形式。

(四)趴地推球

适宜年龄：3～6岁。

训练目标：对手眼协调能力、手臂力量的锻炼都有帮助作用,对前庭觉起到强化作用。

操作要点：

(1)让孩子趴在软垫上,腹部着地,头部、上肢、小腿、双脚抬起来。

(2)手心向外,五指相对,把球推向墙壁,等球弹回后,再推球。

(3)速度由慢到快,距离由近到远,推球次数由少增多,可以自行调整。

活动延伸：推球时,脚部可以夹个皮球,或放上沙袋,增强孩子的注意力;增加连推数量或增加推球时间以提高游戏难度。

(五)钻山洞

适宜年龄：1～4岁。

训练目标：钻山洞时需弯曲身体,保持颈部和头部直立,对前庭觉发展有益。

操作要点：

(1)将家里的桌椅放在一起或搭建类似的空间。

(2)让孩子从家具下方空间钻过去,不同的高度需要调整相应的姿势,手脚并用,向前爬行。

活动延伸：可以设置不同的要求提高难度,如不能碰到桌子腿,或者设置极低的高度,需要孩子肘部着地,小心爬行,或者要求倒着爬回原处等。

(六)跳绳

适宜年龄：3～6岁。

训练目标：跳绳是一种常规的直线跳跃运动，对前庭觉有一定的刺激作用。操控跳绳还可以帮助儿童发展身体协调能力，如图 2-6 所示。

图 2-6　小孩跳绳图

操作要点：孩子双手握绳，通过胳膊用力甩动绳子向前划过，绳子落地，身体跳起，反复跳动。

活动延伸：可以倒着跳，或者双人一起跳，或者几个小朋友一起跳绳，进行比赛，对孩子性格的养成有帮助。

（七）立定拍球或拍球行走

适宜年龄：2～5 岁。

训练目标：通过拍球，收缩颈部、背部肌肉，对视觉、空间知觉等的发展有促进作用。

操作要点：

(1) 双脚分立保持身体平衡，拍球时可以计数，加强注意力，如图 2-7 所示。

(2) 边拍球边行走，保持身体的平衡，如图 2-8 所示。

图 2-7　小男孩立定拍球　　　　图 2-8　小男孩拍球行走

第三章 本体觉训练

学习目标

知识目标

(1) 了解本体觉的概念和特点。
(2) 了解本体觉失调的表现以及对学前儿童成长的影响。
(3) 了解本体觉失调的根本原因。

技能目标

(1) 掌握学前儿童本体觉失调的预防方法。
(2) 能够组织与实施的感觉统合训练。

情感目标

通过合理的训练,让孩子对每一个动作中肌肉、肌腱、关节以及韧带的缩短、放松、拉紧获得充分感受,提升对肌肉运动的分析能力。运作时间的判断能力就会加强,运动表现就会更出色。

案例导入

我真的比别人笨吗?

贝贝今年5岁,上幼儿园大班。他很聪明,理解能力很强,但不知道为什么,动作总是显得很笨拙,写字速度也很慢,美术课、劳技课表现不太好。贝贝很灰心,开始怀疑自己的能力,慢慢地,他就不喜欢上课了,回答老师的提问也变得没有兴趣了……

贝贝的情况是本体觉失调造成的,这种情况可以通过感觉统合训练来改善。通过一些难度较高的运动可以加强本体感以及触觉感,训练以加强平衡感、前庭觉、触觉、重力、专注力以及身体协调等方面为主。

第一节 本体觉基本概述

一、本体觉的概念

党的二十大报告提出:"全面贯彻党的教育方针,落实立德树人根本任务,培养德智体美劳全面发展的社会主义建设者和接班人,加快建设高质量教育体系,发展素质教育,促进教育公平。"

2021年,国务院印发《全民健身计划(2021—2025年)》,文件指出,探索建立全国统一的"运动银行"制度和个人运动码,推动武术、龙舟、围棋、健身气功等中华传统体育项目"走出去"。

感觉统合中的本体觉是指来自身体内部的肌、腱、关节等运动器官在不同状态(运动或静止)时产生的感觉,包括位置觉、运动觉和震动觉等。因其位置较深,又被称为深感觉。本体觉英文名为"body map",直译为"身体地图",因此很多人又把它称为"身体形象"。幼儿通过感觉统合训练"动起来",从而提升孩子对每一个动作中肌肉、肌腱、关节以及韧带的放松和拉紧,身体充分感受到肌肉的伸和缩,提高孩子对肌肉运动的分析能力。运动时的判断能力就会变强,运动表现就会更出色。

很多人认为本体觉很神秘。其实它一直都在我们身边,一直在为我们默默服务:我们不用看阶梯也能轻易上下楼梯,不照镜子也能用手摸到眉毛或鼻子,双眼看着电影银幕依然能准确地将爆米花扔进嘴里……这背后其实都有本体觉的功劳。本体觉让人知道每个关节弯曲的角度、做的动作,仿佛建立了一张身体地图,使我们不用经常盯着自己看,也可以随时掌控自己身体的任何部位。

1. 本体感受器

本体感受器除了内耳的前庭器官外,还包括肌肉、肌腱、关节内的感受器。这些感受器主要在于感知运动器官的位置变化,简单地说,我们能够闭着眼睛吃饭、穿衣就与这些本体感受器有关,如图3-1所示。

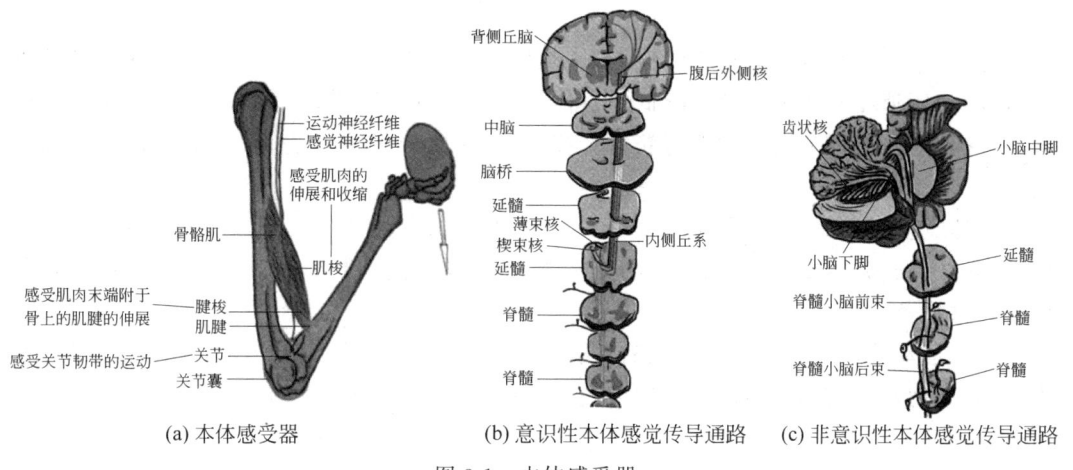

(a) 本体感受器　　(b) 意识性本体感觉传导通路　　(c) 非意识性本体感觉传导通路

图3-1　本体感受器

2. 本体觉分类

本体觉是一种复杂的神经应变能力,也是大脑可以充分掌握的,它可分为肌、腱、韧带、关节的位置感觉,运动感觉,负重感觉;前庭的平衡感觉和小脑的运动协调感觉;大脑皮质综合运动感觉三个等级,如图3-2所示。

3. 本体觉的活动能力

本体感受器主要感知运动器官的位置是静态还是动态变化。关节位置的静态感知能

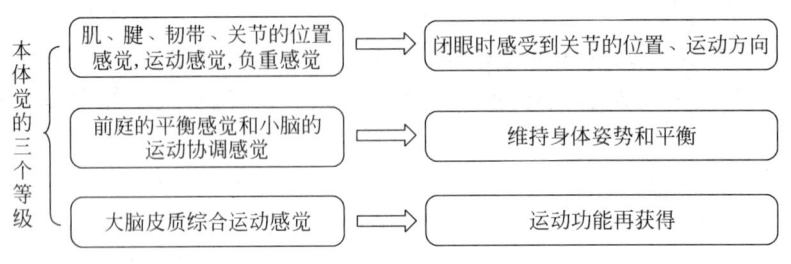

图 3-2　本体觉的三个等级

力、关节运动的动态感知能力,反映的是本体觉的传入活动能力;肌肉收缩反射和肌肉张力的调节反映了本体觉的传出活动能力,如图 3-3 所示。

图 3-3　本体觉的活动能力

好动是孩子的天性,运动会消耗能量,身体机能也会有所降低。在运动后的一段时间内,运动中所消耗的能量以及所降低的身体机能不仅将恢复到原有水平,而且会超过原有水平,这种现象被称为运动功能再获得。在"运动功能再获得"的过程中,如果没有本体觉的输入,就不能成功。

本体觉发展良好时,孩子可以对每一个动作中肌肉、肌腱、关节以及韧带的缩短、放松、拉紧获得充分感受,对肌肉运动的分析能力、运作时间的判断能力就会很强,运动表现就会非常出色。

儿童运动功能再获得的一般固有规律:感觉输入(外力协助)→本体感觉输入(无外力协助)→运动模式标准固定→多次或超量标准重复运动→在大脑的皮层建立运动功能区→运动功能再获得。

二、本体觉的功能

本体觉是一种自觉或不自觉地感受身体空间位置的感觉,人不用盯着身体看,大脑就可以随时掌握身体的任何部位,这可以说和本体觉的功能息息相关。本体觉的主要功能:维持肌肉的正常收缩;维持身体姿势及保持平衡;取得情绪上的稳定感;对儿童运动能力发展起关键作用。

1. 维持肌肉的正常收缩

本体觉最大的作用是维持肌肉的正常收缩，使关节能够自由活动。关节信息控制全身大小肌肉的活动，如果缺少关节信息，身体各部分的肌肉群难以健全和成熟，那么维持基本动作，甚至吃东西、说话都会变得很难。

2. 维持身体姿势及保持平衡

本体觉把触觉和前庭觉综合到一起，可以提供位置、压力、方向和身体部位的运动情况，有助于维持身体姿势及保持平衡。

3. 取得情绪上的稳定感

本体觉影响神经系统的兴奋状态，本体觉的输入能够取得情绪上的稳定感。

4. 对儿童运动能力发展起关键作用

本体觉对儿童运动能力发展起关键作用，可以说一切运动技能都建立在本体觉的基础上。

三、本体觉失调的表现

1. 生活中的表现

影响机体对各个部位的控制，不能很好地控制肌肉的收缩、肌肉用力大小，如在一些活动中，拿取物品时由于控制不好手的力度容易把物品弄坏。

2. 学习上的表现

如果大脑对手指肌肉控制不好，会出现手、眼不协调，手、耳不协调，身、脑不协调等情况，那么本体觉失调的孩子与其他孩子相比就会表现出手脚笨拙、消极、没有上进心、缺乏自信、脾气暴躁、粗心大意等。

控制小肌肉和手脑协调的脑神经与控制唇舌、呼吸、声带的神经是相通的，所以本体觉失调的孩子易出现语言发育迟缓的现象，导致发音不清、口吃等。

四、本体觉对儿童发展的影响

良好的本体觉可以让人朝着想要的方向投物，可以让人在摔倒时迅速调整姿势……当孩子的本体觉发展良好时，大脑功能才能发挥自如，人才能拥有敏锐的观察力及敏捷的反应，想象力与创造力才能丰富地发展起来。可见本体觉对孩子的成长影响十分大，如图3-4所示。

1. 记忆身体位置及动作计划

本体觉将肌肉等发出的信息传到大脑、手及小脑，经统合后做出反应。而对于一些新的动作变化要通过大脑来控制并做出反应，经由这种重复及回馈的学习过程，信息会储存在大脑，变为本体记忆，以便做出更高层次的动作及计划。

2. 对身体的控制能力

本体觉良好，可以协助孩子控制身体的姿势，让孩子在行走坐卧时稳定自如。通过本体觉提供的信息，孩子可以协调大小肌肉，以保持姿势的稳定与平衡，姿势的稳定与平衡又是课堂学习的前提条件、运动训练的基本要求。

图 3-4　本体觉良好的孩子可以自如地做各种手工

3. 自如运用身体

良好的本体觉能让孩子自如地运用身体，将动作力度分为不同等级，更好地进行学习、运动、书写、劳动等。如拎一篮子菜，良好的本体觉可以让人知道用多大力气就能达到拎起来的目的。估计不足或估计过剩都是本体觉不强的表现，如穿越栏杆时无法判断身体的弯曲度等。

4. 影响情绪和自信心

身体的活动大多是在不知不觉中进行的，人只有在不考虑身体如何行动时，手脚才能灵活，心情才不会紧张，做事也才有足够的自信。良好的本体觉能让孩子对自己的动作行为有信心，情绪也会变得更加稳定，更加敢于探索。

第二节　学前儿童本体觉训练活动

一、本体觉训练的内容及要点

本体觉训练以强化固有平衡、前庭平衡、触觉、大小肌肉双侧协调，促进身体的运动能力、健全左右脑均衡发展为训练目标。

（一）本体觉训练的内容

本体觉的训练主要分为静态训练和动态训练两类。

（1）静态训练：孩子无论是坐着、躺着还是站着，身体的肌肉都会有一个变化的过程，本体觉的感觉器官不仅能接收到身体静止或运动时的不同信息，还可以感受到头部、颈部、背脊、双脚的重力平衡。

（2）动态训练：肌肉的收缩特别是反抗阻力时的收缩，是促进本体感受信息输入中枢神经系统的重要方法，如当孩子俯卧在滑行板上时，头部仰起时会使颈肌产生强烈的收缩以对抗地心引力。本体觉动态训练需要加强这种感觉输入。

（二）本体觉训练的要点

本体觉训练的要点可以从肌肉收缩运动、顺应性反应两方面着手。

1. 肌肉收缩运动

较强的肌肉收缩可为脑干部统合提供感觉输入。持续的肌肉收缩对肌梭机能有增强作用，产生的感觉信息往往会导入小脑，可对脑干部的统合功能起到促进作用。此外，肌肉收缩有助于中枢神经系统本体感觉信息的输入。

2. 顺应性反应

通过顺应性反应，孩子不仅能理解一些对环境具有改变作用的活动，还能进一步增强内存驱动力。如果孩子的顺应性反应良好，可以提高组织协调能力，并使孩子的大脑处在条理清晰的状态中。每一种顺应性反应又会引起进一步的感觉统合，为了统合这些感觉，孩子会试着顺应它们，如此便形成了一个良性循环。

二、本体觉训练的方法

人出生时的本体觉并不发达，需要后天的训练。根据儿童不同时期的发展特点，可以采用各种方式来达到促进本体觉发育的目的。根据成长期进行训练，本体觉训练应根据孩子在婴儿期、幼儿期、儿童期的成长特点，进行针对性的训练活动。婴儿期主要训练活动：翻身、爬行、翻滚。幼儿时期主要训练活动：拍球、滑滑梯。儿童期主要训练活动：跳绳、踢毽子、游泳和打羽毛球等。

三、根据内容分项训练

根据本体觉训练内容分类，可侧重进行手指小肌肉的精细运动训练、自理能力培养、球类运动等。手指小肌肉的精细运动训练：根据孩子的年龄、能力等特点，可自行设计抓、握、捏、扔等游戏，如摆积木、投球、捏橡皮泥等；生活自理能力培养：注重生活自理能力的培养，如洗脸、穿衣、系鞋带等，孩子能自己做的事情要鼓励他们自己做。积极进行球类运动：球类运动对训练小肌肉、大肌肉协调能力及反应速度、灵活性很有帮助，还有利于孩子的运动能力、注意力、手脚的协调能力等发展。

本体觉可以帮助孩子进行模仿、执行、协调肢体动作等活动，训练时除了要注意刺激信息的交替变化，还要注意以下事项。

（1）重视孩子的主体性与主动性，提高孩子的本体觉能力，需要保证训练按计划实行。所以训练中应以孩子为主体，提高其主动性；训练方式以助动训练和主动训练为主，让孩子有意识、有计划、有目的地去完成各种动作。

（2）了解孩子对动作的感知程度，本体觉训练初期以掌握动作为主，在动作熟练后，可以训练儿童有意识地感知动作的各种属性的能力，如方向、方式、幅度等，可以让儿童闭目或睁眼交替完成项目，提高神经中枢对动作的有效控制。

（3）有意识地进行渗透认知训练，训练中应该加强对动作概念、术语的认识，引导儿童领会和掌握动作的操作要点、节奏、度、力量等,建立完整的动作印象,有利于本体觉的提高。

四、常见的本体觉训练活动

(一)举高高的游戏

适宜年龄:8个月至2岁。

训练目标:给宝宝空间刺激,发展本体觉。

操作要点:

(1)家长仰卧,小腿屈起,让宝宝趴在小腿上。

(2)抓着宝宝的手,让宝宝把手放在家长膝盖上,并摸着宝宝的手以给予安慰。

(3)家长的小腿上下、左右移动,看宝宝的反应,腿可以抬高一些。

活动延伸:双手虎口卡住孩子的腋下,不断地举起孩子,根据孩子的反应,调整速度和频度,如图3-5所示。

图3-5 母亲和宝宝举高高游戏

(二)捉迷藏游戏

适宜年龄:3~7岁。

训练目标:改善孩子的肢体控制能力,提高空间判断能力,如图3-6所示。

操作要点:

(1)家长要讲清楚游戏规则,或给孩子示范游戏方法。

(2)用丝带把孩子的眼睛蒙上,如果孩子表现出害怕,可以多试几次,等孩子适应后再开始游戏。

(3)家长在蒙上孩子的眼睛后,发出拍手声吸引孩子来找人。

图 3-6　小朋友玩捉迷藏游戏

（4）游戏开始前场地要打扫干净，不要有障碍物，避免孩子跌倒受伤。游戏时家长不要离得太远，鼓励孩子，适时主动被"抓住"。

活动延伸：蒙上眼睛会让孩子对自身有不同的认识，所以让孩子蒙着眼睛做一些平时容易做的事情，如讲故事、唱歌、跳舞等。

（三）小司机

适宜年龄：3～6岁。

训练目标：锻炼孩子的方位感，改善本体感受。

操作要点：

（1）需两个孩子配合。两人一前一后站立，用布带套住，组成一辆汽车。

（2）前面的人当司机，保持站立姿势，手拿道具当方向盘；后面的人当乘客，弯下，把头抵在前面司机的腰部。

（3）司机要询问乘客去哪儿，乘客回答后，司机角色开始假装开车，带着乘客一起在屋子里跑动。玩一会儿后，交换角色继续游戏。

（四）翻筋斗

适宜年龄：3～6岁。

训练目标：锻炼孩子的本体觉和肢体的柔韧性。

操作要点：

（1）翻筋斗，前翻、后翻、侧翻都可以尝试。

（2）保持身体短暂停留，做出双腿在上、双手支撑地面的弯曲姿势，如图3-7所示。

图 3-7　小孩翻筋斗

第四章 触觉训练

学习目标

知识目标

(1) 了解触觉的概念和特点。

(2) 了解触觉失调的表现以及对学前儿童成长的影响。

(3) 了解触觉失调的基本原因。

技能目标

(1) 掌握学前儿童触觉失调的预防方法。

(2) 能够熟练地开展经典的3～6岁幼儿触觉训练活动。

情感目标

(1) 加强学前儿童对身体的认识,提高认知能力。

(2) 提升方向感,提高自我保护意识。

案例导入

妞妞3岁半了,妈妈第一次带她参观幼儿园。进入教室时见到了王老师。王老师走过来,热情友好地向妞妞打招呼:"你好啊,妞妞!"并顺手抚摸了一下妞妞的头发,妞妞反应激烈地打掉王老师的手,"哼……"嘴里发出嫌弃的声音,快速地躲到妈妈的身后。妈妈一边生气地说:"你这个孩子!怎么这么没礼貌!"一边拉她,妞妞转过脸去,不愿意再见人。妈妈难为情地说:"真对不起,王老师!我们妞妞太内向了,从小就不喜欢别人碰……"

妞妞对别人的碰触有这么大的反应,仅仅是因为性格内向吗?你是怎么看待这一现象的?

触觉失调尤其是触觉防御型的儿童在人际交往时,普遍表现出怕生、黏人、孤僻的特点。他们讨厌别人靠近、碰触身体或随身物品,会因他人不经意的碰触而产生很大的情绪反应,甚至攻击对方;在人多的时候,喜欢保持距离、逃避交往等。家长如果不了解触觉失调的表现,很容易将儿童的行为归结为性格问题,因而错失了触觉训练的时机。因此,教师应该帮助家长客观地认识这个现象。

第一节　触觉基本概述

一、儿童触觉的基本含义

（一）触觉的概念

坚持文化育人、注重幼儿性格的涵养教育，是新形势下学前学段落实立德树人的根本任务，尊重幼儿的认知规律和成长文化背景，培养健全人格，努力为他们今后的健康发展奠定良好的基础，是所有学前教育工作者的责任。

触觉是由于皮肤受到外来刺激而产生的感觉，是学前儿童认识世界的重要手段。其本质是大脑对直接作用于触觉感受器（皮肤）的客观事物的个别属性（物体的形状、大小、质地等）的反应（触压觉、温度觉、痛觉）。广义的触觉即肤觉，狭义的触觉专指触压觉。其功能的正常发挥需要同时满足两个先决条件：一是触觉感受器接受信息、传导信息正常；二是大脑负责触觉的区域（顶叶）及相关神经系统整合信息、输出信息正常。

（二）触觉的特点

1. 触觉分布最广，接收信息最多、最为复杂

正如生物人类学家称为"裸猿"的那样，人类拥有大面积无毛发覆盖的裸露皮肤，并借此进行多样化精细的触觉学习，这是其他灵长类动物难以企及的强大学习能力。成人个体的皮肤总面积约 1.54 平方米，覆盖全身体表，由表皮层、真皮层和皮下组织组成，其中布满触觉感受器，如图 4-1 所示。触觉感受器能感受冷、热、干、湿、粗、细、糙、滑、软、硬、轻、重、痛、痒、刺等刺激的特性，感受空气、液体的流、滞、急、缓、强、弱等，甚至在人际接触中接受和传达情绪、情感，如婴幼儿能在母亲的抚慰中感受到温柔和爱。

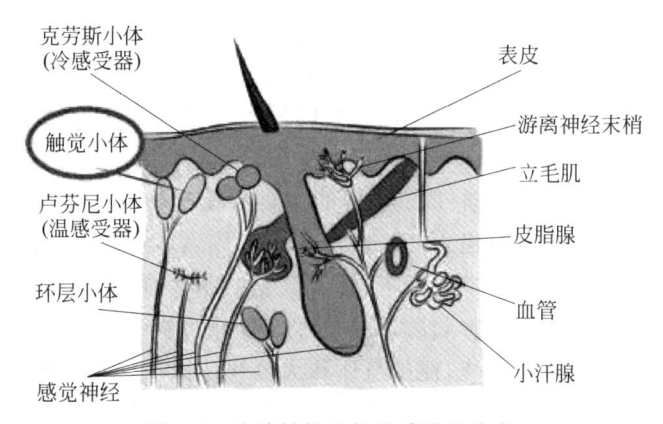

图 4-1　皮肤结构及触觉感受器分布

2. 触觉是个体最早发育成熟的感觉

在个体所有的感受器中，触觉感受器是较早生成、最早发育成熟的，如表 4-1 所示。

触觉感受器第6周时开始生成,胎儿4~5个月的触觉感受性相当于出生后12月龄的婴儿的水平。虽然子宫内昏暗且相对安静的羊水环境隔离了外界的触觉刺激,但是胎儿通过吸吮手指、触摸脸颊、玩手、拉扯脐带、"拳打脚踢"母亲的腹部以及孕后期胎儿被子宫包裹等方式来获得各种触觉刺激。到出生时,胎儿的触觉已为适应宫外的生活做好了准备。

表4-1 五种外部感觉的感受器的生成发育时间表

时期	触觉	听觉	味觉	嗅觉	视觉
开始生成	胚胎第6周形成皮肤,第8~9周就具有初步的触觉反应;胎儿第2个月有皮肤感觉;胎儿第10月,皮肤有压觉、触觉	胚胎第2个月末有结构但尚无功能;胎儿第4个月时有听觉感知	胎儿第3个月时舌上出现味蕾;4个月时味蕾发育完全,能尝羊水	胎儿第6个月时嗅觉开始发育	胚胎第7周,眼睛形成;第10周出现视神经;视网膜第25周发育完全;第28周眼睑打开
发育成熟	胎儿第4~5个月与出生后周岁的孩子水平相当;新生儿出生时各种有触觉参与的无条件反射已完备	胎儿第6个月基本发育成熟;9个月前完成髓鞘化;新生儿听觉已完备,能听音听位,偏爱听人声,尤其是妈妈的声音	胎儿第7~8个月神经髓鞘化,因此胎儿第30周起味觉发达;新生儿味觉已发育完善,能区分酸甜苦咸,且偏好甜味;第6个月至1岁为味觉发展敏感期	胎儿第6、7个月时嗅觉已具备;新生儿已能对各种气味作出相应的典型反应,有嗅觉偏好,能通过气味辨认妈妈,能进行嗅觉定位	新生儿视力很差,约为0.01~0.02;出生后3个月后能看清物体,视力约为0.1;6岁时接近成人视力

3. 身体不同部位的触觉敏感程度不同

根据触觉感受器分布的位置,可以将触觉分为口腔触觉、手的触觉、体表触觉、脚底触觉等。不同位置皮肤的触觉细胞分布的密集度不同,敏感度也不同。头面部、口唇、舌尖和手指等感觉细胞密集之处,触觉敏感性高。躯干、四肢居中部、背部、臀部、脚部感觉细胞稀疏之处,触觉敏感度较低。触压觉最敏感的是指尖,最迟钝的是臀部。触觉的敏感度可通过训练来发展,如盲人通过训练可以用指尖来辨识盲文。

4. 触觉是学前儿童适应生存、认识世界的重要手段

触觉是人类情商之本,也是建立良好性格的关键因素,触觉也是学前儿童适应生存、认识世界的重要手段。细致而多样化的触觉信息能帮助学前儿童在探索周围环境的过程中认识物体(认识功能),识别有害刺激,保护身体(防御功能)。此外,触觉能稳定情绪、交流情感(安定功能),滋养神经系统,促进身体和大脑快速成长(生长功能)等。触觉功能的发展总体经历四个阶段。

(1) 胎儿期(出生前40周):许多与触觉有关的无条件反射在胎儿期已经形成。例如,胎儿四个月时就已经能观察到有触觉参与的抓握反射、吸吮反射等。这些反射为出生后的生活做好了准备。

(2) 新生儿期、乳儿期(0~1岁)：新生儿、乳儿触觉功能的发展主要体现为触觉的防御功能占主导地位,这为刚出生的宝宝适应宫外环境和生存发展奠定了生理基础。例如,喜欢柔软的衣物胜过粗糙的衣物；会敏感地察觉到纸尿裤太紧时的不适感；一根头发丝缠绕可能也会引起婴儿啼哭不止；洗澡前被解开衣物突然感受到冷空气的刺激时会激烈啼哭；乳儿期常见皮肤变态反应——湿疹,也反映出了早期喂养环境(湿热等)、皮肤刺激(吐奶、流涎、化纤衣服)、消化吸收(奶、鸡蛋等致敏食物)等适应不良问题,引起带养者对喂养行为的关注和调整。

(3) 婴儿期(1~3岁)：婴儿期触觉的认知功能迅速发展,主要表现为手的触觉探索成为婴儿认识世界的主要方式。婴儿主要通过两种形式的触觉探索来认识事物：口腔探索和手的探索。1周岁之前,口腔探索是触觉探索的主要形式。1周岁之后,婴儿手的触觉探索开始胜过口腔探索,成为儿童触觉探索的主要形式。伴随着手的操作动作,触觉参与了婴儿的思维过程,是婴儿期认识世界的唯一方式。

(4) 幼儿期(3~6岁)：3岁后,儿童进入幼儿园开始集体生活、学习和游戏。此时,手的触觉探索依然是幼儿认识世界的一种重要方式。幼儿喜欢运用手对接触的物品进行摸、捏、挤和压,并借此进行判断、思考、解决问题。随着新生活的推进和幼儿大脑的发展,触觉的认知功能终于超越防御功能,幼儿的学习能力突飞猛进。

可见,触觉兼具生存和发展意义,对于0~6岁的学前儿童来说无疑是一种最原始、最基础的生存和学习的渠道。

二、触觉失调的表现

触觉失调主要是触觉神经与外界刺激协调不良,影响到大脑的认知和应变,主要表现为触觉敏感(防御过强)或触觉迟钝(防御过弱),具体表现为以下六个方面,其中前五个方面为触觉敏感的表现。

(1) 环境适应方面。讨厌陌生环境,讨厌空旷的空间,怕黑,换床睡不着,入园焦虑严重,讨厌赤脚在草地、沙滩上散步等。

(2) 饮食方面。挑食,偏食,不喜欢吃青菜,不吃软的或其他口感不熟悉的食物等。

(3) 情绪方面。情绪不稳定、爱发脾气、焦躁不安、爱哭、害羞、紧张、害怕、内向、软弱、固执、没有耐心和恒心、对疼痛忍受力差等。

(4) 人际交往方面。黏人、怕生、孤僻,讨厌别人靠近、碰触身体和物品,喜欢保持距离、逃避交往,喜欢咬人等。

(5) 生活习惯方面。不喜欢洗脸、洗澡、理发,有洁癖,衣服沾水、颜料、泥土等就要求换掉,讨厌赤脚走路,不喜欢紧身、套头、毛料的衣服,喜欢穿长袖,不喜欢剪指甲却咬秃指甲；长期吸吮手指、咬嘴唇,常触摸生殖器官等。

(6) 触觉迟钝方面。痛觉迟钝,对于粗糙尖锐的物体没有不适感；身上常有瘀青,意外受伤流血难察觉；手喜欢到处摸；喜欢大幅度的肢体碰撞(如撞人、打架)；反应慢,动作不灵活,发音动作或小肌肉运动都显得笨拙；喜欢冒险、不懂得总结经验；做事缩手缩脚,缺乏好奇心和探究性行为；学习的积极主动性差、学习困难等。

三、触觉失调的基本原因

1. 触觉系统发育不良

可能导致触觉系统发育不良的原因主要包括以下几个方面。

（1）早产，触觉系统发育不成熟。

（2）孕产期缺氧，如难产、脐带绕脖等导致的触觉神经损伤。

（3）孕妇喝咖啡、浓茶、酒或吸烟造成的脐带功能萎缩，使得胎儿脑细胞获取氧气和养分不足，无法正常发育。

2. 触觉刺激与学习不足

触觉刺激与学习不足的原因主要包括以下几个方面。

（1）剖宫产、电吸引、产钳夹等分娩方式导致婴儿缺乏产道正常挤压。经历从产道自然娩出的过程是婴儿第一次体验到的最刺激、最具爆发力、覆盖面最广的挤压，它能够激活全身的触觉体验，唤醒触觉神经和大脑触觉功能区，使感觉、神经、大脑产生互动，是感觉统合的开始。没有经过产道挤压的孩子出现触觉防御过当的概率较大。

（2）早期生活缺乏抚爱。学前儿童在早期生活中缺乏父母的亲吻、拥抱、爱抚等亲密的肌肤接触，产生皮肤饥渴。

（3）人工喂养吸吮不足。通过奶瓶获得的人工喂养不如吸吮柔软温暖的乳房那样获得频繁、丰富、细致的口腔触觉刺激。

（4）正常口欲需求得不到满足。两岁以内的婴儿，吃手、吸嘴唇、咬玩具都是正常口欲需求的表现，如果强加阻止则可能导致口欲需求得不到满足。

（5）城市化生活中居住环境狭小，远离户外环境。高楼大厦、电梯单元减少了学前儿童与户外自然的亲密接触，空调、加湿器的使用让春夏秋冬的温度、湿度变化变得单一，儿童感受到的触觉信息越来越少。

（6）亲密的人际互动少，活动单一。现代生活压力大，父母工作紧张，缺乏高质量的亲昵与陪伴，孩子长期依赖手机、电视、平板电脑等电子产品打发时间。独生子女缺乏与兄弟姐妹一起的嬉笑玩闹，运动量和运动范围都不足。

（7）孕妇孕期长期压力大，胎儿通过吸吮拇指来舒缓压力。

（8）孕妇保胎或缺乏运动，宫内的胎儿静置少动，影响胎儿中枢神经的发展。

四、触觉失调对学前儿童成长的影响

有研究证实，触觉防御异常的儿童一般拥有正常甚至超常的智商，如触觉敏感的儿童的神经反应特别灵敏。但由于他们的触觉阈限太低或太高，可接受的触觉类型比较狭窄，造成脑功能失常、注意力难集中，在学习、行为、情绪、个性，甚至身体生长发育方面都受到了影响。

（一）触觉失调影响学前儿童认知能力的发展

1. 影响物体知觉的形成

婴儿出生后，借助各种感知和动作获得对物体的初步印象。触觉提升了整个感知能力,进而提升了对物体的整体认知能力。如新生儿虽然是"大近视",但触觉已经基本具备,通过边摸边看,形成了关于物体形状、大小的知觉。触觉失调的学前儿童难以准确分辨物体形状、大小等特点。

2. 影响动作的发展及其灵活性

新生儿的无条件反射是以后动作发生发展的基础。例如,光脚接触地面或桌面会诱发迈步动作的"行走反射",是发展"行走"动作的神经反射基础。倘若胎儿期触觉神经发育不足,新生儿期则难以观察到典型的"行走反射"或反射持续不消退,会影响到未来行走的意愿和动作发展的质量。此外,无论是大动作还是精细动作,触觉的辨识敏锐度过低会影响动作反应的灵活性,触觉失调的学前儿童行为举止显得笨手笨脚。

3. 影响婴儿思维的发生发展

直觉行动思维是婴儿凭借直接感知和行动进行思维活动,离开了感知和动作,思维无法进行。它是婴儿期典型的思维方式,学前初期仍然带有这种思维的特点,整个学前期当儿童遇到难题时也倾向运用这种思维寻求解决问题的答案。可以说,学前儿童理解和解决问题离不开触觉。

4. 导致学习困难

无论是口腔吸吮、手的触摸,还是操作动作,都是婴幼儿学习的开始和主要方式之一,触觉失调直接导致学前儿童学习困难。触觉反应迟钝的儿童,触觉辨识功能差,思维反应慢,难以从直接感知和操作中总结、提炼经验,因此缺乏好奇心和学习的积极性,学习表现不佳。

(二) 触觉失调影响学前儿童社会性的发展

1. 没有安全感

触觉敏感的学前儿童难以忍受一般的外界刺激,寻常的触碰都可能引起激烈反应,如握手,拍肩,抚摸手臂、脸或头发等。他们对环境中的刺激更是无所适从,如儿童害怕略微粗糙(如花生碎)或光滑黏腻(如秋葵)的食物的口感。幼儿长期处于一种紧张和惶恐不安的状态中,对陌生的人和环境缺乏安全感,进而转向依赖熟悉的亲人,表现出黏人的特点。例如,案例中幼儿园教师第一次见到触觉失调的幼儿时,友好地伸手抚摸了一下他的头,幼儿马上抗拒地打掉老师的手,发出嫌弃的哭闹声,并快速躲到家长身后。

2. 人际关系紧张

为了自我防御,触觉失调的儿童要么经常攻击他人,如咬人、打人、推人等,要么倾向拒绝交流、逃避交往,要么过分黏人。如果成人不能理解触觉失调儿童的困扰,往往对他们的行为做出消极否定的评价和反馈,如打骂、嫌弃、惩罚、担忧、失望、放弃。在家庭中,亲子关系紧张;在幼儿园中,师生关系、同伴关系不佳。

3. 皮肤饥渴症

缺乏双亲拥抱、亲吻、爱抚等亲密的肌肤接触,无法启迪学前儿童积极感受和主动寻求人际关系中的亲密感和安全感,严重的会陷入孤独状态。

4. 自我情绪体验差

触觉失调的孩子由于无法与客观环境和人建立起和谐的互动,因此身心常常处于一种不平衡的状态,伴随各种糟糕的情绪体验,如爱发脾气、焦躁不安、爱哭、害羞、紧张、害怕、愤怒、委屈等。

5. 个性孤僻不合群

触觉失调的孩子由于长期逃避交往,人际摩擦不断,形成了孤僻不合群的个性。此外,还逐渐形成内向、胆小、自卑、软弱、固执、没有耐心和恒心等不良的个性特征。

(三)触觉失调影响学前儿童的生长发育

1. 触觉失调影响大脑发育

触觉感受器与神经系统同根同源,在人类胚胎期,皮肤和中枢神经就同属于外胚层,因此,不管是在个体胚胎期还是生长发育早期,触觉总是与神经系统相伴而生、共同发展。发育成熟的儿童皮肤上的神经纤维和神经末梢十分丰富,不同位置的皮肤感受的触觉信息不同,这些触觉滋养着神经系统,触觉的敏锐程度会影响神经系统和大脑的觉醒程度,进而影响大脑整体功能。

2. 触觉失调影响身体发育

触觉失调的学前儿童如果缺乏触觉的滋养,会抑制迷走神经的活动,生长激素、胰岛素分泌减少,影响消化吸收,身高体重发展缓慢,体格瘦弱矮小。20世纪40年代,美国儿科医生通过临床试验证实,医护人员每天的搂抱爱抚能有效降低早产儿的夭折率。这在一定程度上说明了皮肤接触是人类正常生长发育的必要条件。婴儿抚触的研究也证明,按摩可使婴儿安静入睡、较少哭闹,还可促进血液循环,保持皮肤的清洁和弹性,增加奶量摄入等,对婴儿的发育十分有益。

五、触觉失调的预防措施

1. 孕期保健

孕妇要生活规律,适当运动,不要盲目保胎而久坐久躺。避免处于紧张的工作和长期的压力环境,保持愉悦的情绪。孕后期,可实施抚摸胎教,努力创设顺产的条件并选择自然分娩的方式,让胎儿有机会经过产道挤压而启动触觉系统的发展。

2. 后天抚养

父母要尽量提供给学前期儿童高质量的陪伴,组织儿童参加各种活动,以丰富触觉刺激。每日保证一定的户外活动、体能运动的时间。《学龄前儿童(3～6岁)运动指南》规定:"学龄前儿童(3～6岁)全天内各种类型的身体活动时间应达到180分钟以上。其中,中等及中等以上强度的身体活动累计不少于60分钟。每天应进行至少120分钟的户外活动。"努力提供各种触觉学习的机会,选择亲近自然、顺应自然的生活方式,多鼓励儿童进行玩水、玩沙、玩雪、玩泥巴等触觉游戏,强化各种触觉体验。学前儿童比其他年龄段的儿童更依赖通过肌肤接触进行情感交流,父母、教师都应该给予学前儿童更多的肢体接触,父母要常常拥抱、抚摸、亲吻婴幼儿。如果发现学前儿童有触觉失调的表现,应有所警觉,及时寻求专业人士的诊断和帮助。

第二节 学前儿童触觉训练活动

学前期正是儿童触觉功能快速发展的时期,充分的触觉学习和适宜的触觉训练能够有效地促进学前儿童触觉的发展。学前儿童触觉训练活动主要有三类。一是日常生活中的触觉学习,主要是在家庭生活中借助生活用品由家长进行的,常见的触觉学习有抚触训练;经常性地拥抱、抚摸、亲吻等肌肤接触;裸露皮肤,感受自然变化;草坪爬行翻滚训练;赤足行走;"空气、水、日光"三浴锻炼;动手操作各类抓握玩具;吸吮、啃咬探索;户外活动;刷牙;挠痒痒逗乐;浴巾包裹、滚动游戏;玩水打水仗;吹风机冷热风吹拂游戏;枕头挤压游戏等多种活动,不一而足。0~3岁婴儿的触觉学习主要属于这类。二是经典的触觉训练。3~6岁幼儿入园后,可接受系统的感觉统合发展评估,在幼儿园感觉统合教室中借助专门的触觉器械有针对性地接受触觉训练。三是结合幼儿园的其他活动进行的各类触觉游戏。

一、触觉感觉统合训练的要点及目标

触觉是人类皮肤肌肉及关节神经的综合感觉。人在胚胎初期,有三层结构,最外层发展成皮肤及神经系统,也就是人类的触觉和神经体系是相关的。触觉信息是大脑神经组织最重要的营养。触觉的敏锐度会影响大脑辨识能力、身体的灵活及情绪的好坏。

1. 触觉感觉统合训练的要点

由于人的触觉感受器分布部位不同,因此,触觉训练需要注意三个要点,即皮肤、肌肉与骨骼、关节之间。

(1)皮肤:在人类进化过程中,皮肤和脑神经有着共同的进化来源,因此皮肤也被看作第二大脑,皮肤所接收的信息会迅速传达给大脑。

训练内容以触觉、痛觉、冷觉、温觉、压觉及痒觉为主。

(2)肌肉与骨骼:针对肌肉与骨骼当中所存在的大量触觉神经细胞的训练。

训练内容包括挤压、拍打、拉伸、翻滚、爬行、悬吊等。

(3)关节之间:针对关节之间的训练,关节为重点部位。

训练内容是用挤压、拉伸、碰撞、震动的方式来刺激触觉神经,丰富触觉感受。

2. 触觉感觉统合训练的主要目标

以强化皮肤、大小肌肉关节神经感应,辨识感觉层次,调整大脑感觉神经的灵敏度为主要目标,可以提高幼儿辨别各种渐趋相似却略有不同的触觉的能力。

二、触觉感觉统合训练的方法

学前期正是儿童触觉功能快速发展的时期,让儿童进行充分的触觉感觉统合训练,对后面的发展很有益处。学前儿童触觉训练活动主要有三类。一是日常生活中的触觉学习;二是经典的触觉训练;三是结合幼儿园的其他活动进行的各类触觉游戏。以下从四个阶段讲述幼儿的训练活动。

(1) 胎儿期：在胎儿时期尝试多触摸妈妈的肚皮，可以得到胎儿的反应。想要继续发展触觉，可以洗热水澡。

(2) 1岁以内：这个时期，孩子处于探知世界的时期，触觉敏感部位也逐渐发展到全身。父母可以通过轻抚宝宝的敏感部位，促进触觉的发育。

(3) 1~3岁：这个阶段，孩子的好奇心旺盛，求知欲望高，父母为孩子营造丰富的感觉刺激的环境，有利于孩子发展触觉。

(4) 4~6岁：这个阶段，触觉训练可以培养孩子的生活自理能力，通过对各种生活习惯的培养，孩子身体各部位的触觉能力会得到进一步发展。

三、触觉感觉统合训练的注意事项

1. 滞后性

触觉刺激比较滞后，训练时要注意强度，对于触觉敏感者，训练强度应由弱到强；对于触觉迟钝者，训练强度应由强到弱。

2. 灵活调整部位

训练初期，宜从相对不敏感的部位开始，逐渐过渡到敏感部位，相对不敏感的部位如手背，敏感部位如大腿内侧。

3. 善于改变形式

训练形式应根据实际情况进行改变，加强与其他训练活动的结合。

四、常见的触觉训练活动

1. 洗澡

适宜年龄：1~5岁。

训练目标：通过戏水对孩子进行触觉刺激训练。水温和水的不同刺激力可以强化孩子的肌肤神经，促进触觉的发展。

操作要点：在浴室中进行，浴缸或浴盆、淋浴喷头准备好，水温调到合适的温度；孩子坐在浴缸或浴盆中，家长用淋浴喷头冲洗孩子身体的不同部位；注意孩子的感受，如果孩子会表达了，可以让孩子说出感受；要保证温度适宜，以免烫伤或着凉。

2. 赤脚走

适宜年龄：2~3岁。

训练目标：通过脚步接触，给孩子不同的触觉刺激，积累各种感觉经验。

操作要点：天气好的时候带孩子去室外，光脚在地上走一走；可以鼓励孩子在泥土路、细沙路、小石子路、草地等不同的路面赤脚走，家长要陪在孩子身边；孩子感觉不适时可以慢一点，适应之后可以适当加速度；时间10~20分钟，保证孩子安全的前提下行走，但不要过度保护。

3. 折飞机

适宜年龄：3~5岁。

训练目标：锻炼孩子的触觉和手眼动作的协调性。

操作要点：准备好纸张，给孩子示范纸飞机的折叠方法和玩法，引起孩子的兴趣；与孩子一起折，每一步都一起做，直至最后完成。多折几架飞机，直到学会为止，要小心纸张割伤手指。

五、优秀活动案例

（一）活动案例一

活动名称：触觉球训练。
适合对象：3～6岁幼儿。
训练重点：手的触觉、四肢内侧触觉、全身体表触觉。
活动目标：
（1）促进手的捏、挤、抓、握、滚等动作，强化手的触压觉。
（2）促进大小肌肉协调和手眼协调。
（3）促进触觉防御能力的发展。
（4）强化全身体表触觉。
活动准备：
（1）触觉球（或称水晶按摩球）若干个，如图4-2所示，直径约8厘米、空心无须充气的透明硬质塑料球，表面布满圆润的凸点。
（2）配合有动作节奏的音乐。

图4-2 触觉球

活动时间：儿童觉醒状态。一般用时10分钟，触觉失调儿童用时20～30分钟。
活动过程：
1. 开始环节
介绍触觉球，请儿童触摸体验。

2. 基本环节

（1）抓握触觉球。请儿童随意拨弄、抓握触觉球。设置小筐子，请儿童拣拾触觉球投掷入筐中。初步感受触觉球的触感。

（2）滚动触觉球（音乐感觉统合训练）。儿童双手配合滚接球，呈坐位单手虚握球，随着音乐的节奏，将球贴地面或桌面滚出，另一只手握住。儿童与训练员配合，或者双童配合，两人相对呈坐位、跪姿，单手虚握球，随着音乐的节奏（根据乐句的长短控制滚球的速度和力度），将球贴地面或桌面滚出，另一名儿童单手握住，再滚回。此训练不仅锻炼手臂与手掌的大小肌肉的协调，还促进手眼协调、运动企划能力、手的抓握动作和手的触觉体验等。

（3）抛接触觉球。训练员变换速度、力度、方位做抛、丢触觉球，由受训儿童接住。在抛接球的过程中，触觉球会自然投掷到儿童躯体各处皮肤，产生一定的痛感，这样可以适度促进儿童触觉防御能力的发展。

（4）夹球运球。儿童手臂自然垂直，紧贴躯干夹触觉球1个或数个，或者双腿内侧夹球，使球不掉落，移动身体（走、跑、跳），将球运往指定位置。此训练不仅强化四肢内侧的触觉，还能促进身体双侧动作的协调能力。

（5）触觉球按摩操。儿童人手一个触觉球，配合乐句，边唱边用触觉按摩。如配合儿歌《头发肩膀膝盖脚》，每唱到一个部位就按摩此处皮肤。还可以进行歌词创编，按摩其他部位，如可改为"头发肩膀胳臂手，胳臂手，胳臂手，头发肩膀胳臂手，脖子耳朵鼻子嘴"，这样触觉球的动线更流畅，还能强化"脖子"等身体小部位的触觉。

3. 结束环节

训练时长足够或儿童不耐烦、不配合、注意力下降明显时可终止训练。可请儿童一同捡拾散落的触觉球，并放入指定收纳容器。

注意事项：适宜的触觉训练的标准是"儿童喜欢此种触觉刺激，并且没有过度兴奋的反应"。当儿童有过度兴奋或者焦虑不安、注意力下降等表现时，可中止触觉训练。之后可用缓慢的前庭刺激来抑制或平衡脑干网状结构的激活。

（二）活动案例二

活动名称：球池游戏。

适合对象：1～6岁幼儿。

训练重点：全身体表的触觉。

活动目标：

（1）增强学前儿童全身体表的触压觉，获得安全感。

（2）通过声光刺激及身体核心变化的平衡刺激，强化前庭功能，提高身体协调能力。

活动准备：

（1）海洋球。多种颜色、软硬适中、微弹性、直径5～10厘米的塑料小球若干。

（2）由硬塑料、软垫围栏、充气泳池组成的球池及脚踏组件。

（3）组合游戏中的辅助器械，如滑梯。

第四章　触觉训练

活动时间：避免在饭前饭后、疾病不适、困倦等状态时活动。一般可玩 10 分钟至 3 小时不等。

活动过程：

1. 开始环节

（1）介绍海洋球池，提出卫生与安全要求：束发；摘除装饰品，检查是否携带其他玩具和无关物品进入池中；不准在池内饮食和大小便、呕吐；玩耍时头不要碰撞池壁。

（2）配合具体训练内容，营造游戏的情境，激发儿童游戏的兴趣。

2. 基本环节

（1）球池行走。训练人员双手牵引儿童，协助儿童以脚蹬池底地面划开海洋球，如淌水行走，返程可提脚跨步行走、蹲走、蹦跳（单脚跳、双脚跳）、爬走。往返数次。

（2）球池"游泳"。

① "跳水"：儿童站到球池边沿上，蹲位、站位或伸展双臂倾斜投身跳入"池海"。

② "潜水"：把身体、脸埋入海洋球内，感受不同的声光刺激。"潜水"时可随意翻滚。儿童可坐或趴在海洋球中，双臂同时或交替划拨海洋球，如游泳姿势。

③ 身体平躺，上肢抵住池沿，下肢上下"拍打水花"，如图 4-3 所示。

④ 做双臂拥珠"泼水"。训练人员应鼓励儿童大胆尝试，尽情享受创造性游戏。

图 4-3　学前儿童在海洋球池里"扑腾"

（3）大雨小雨快快下。儿童或坐或卧在球池里，训练人员将球倾倒在儿童的头上及身体各处，"雨点"可快可慢、可大可小、可有可无、可密可疏，让儿童感受"雨点"掉落在皮肤上的刺激，还可以鼓励儿童主动配合数球的数量。

（4）溜滑梯入池。滑梯和球池配合使用，儿童溜完滑梯顺势冲入球池。海洋球会对儿童有强大的包裹力和支持力，通过皮肤触觉传递给儿童安全感，对前庭觉也有着强有力的刺激。

（5）双童球池互动。可牵手转圈，可互拉做仰卧起坐，可拉手以四臂配合夹球往不同方向翻抛等。

3. 结束环节

训练时长足够或儿童失去兴趣、体力下降明显时可终止训练。可以请儿童表达训练感受,或引导儿童收拾落球,与海洋球池说再见。

注意事项:

(1) 严格执行海洋球池的卫生安全制度。定期彻底对海洋球进行清洗、消毒,尤其是彻底更换池底铺面。随时捡拾坏球、瘪球,以免割伤、划伤皮肤。管理人员应提供专门的薄袜。

(2) 池中球的数量需根据游戏项目、球池面积来定。教师可先做相同动作测试海洋球的浮力,避免因球太少、球池太浅造成儿童触底受伤。

(3) 儿童游乐设施中的海洋球池很常见,可灵活选用。虽然安全度较高,但全程不可离人看护。

(三) 活动案例三

活动名称: 触觉步道训练。

适合对象: 2~6岁幼儿。

训练重点: 足底触觉、前庭平衡觉、本体觉。

活动目标:

(1) 按摩脚底,促进血液循环。

(2) 通过促进脚底触觉的辨识能力来强化位置感,提升运动中前庭觉、身体协调能力的感觉统合。

活动准备:

(1) 平衡触觉板。带有触觉点的平底半圆弧状的塑料板,可连接组合成各种形状的步道。

(2) 触觉波浪步道,如图4-4所示。上下起伏形状的平衡触觉板,一组含圆点板4个、条纹板4个,可连接组合成各种形状的步道。

(3) 平衡触觉步道。由塑料横杆连接而成,可组合拼接成步道。

(4) 其他训练配件。如配合抛接球训练使用的各类球,头顶托住行走的"章鱼帽",配合行走训练的"活力脚丫垫"(见图4-4)等。

图 4-4 触觉波浪步道、活力脚丫垫

活动时间：避免在饭前饭后、疾病不适、困倦、亢奋等状态时活动。一般儿童10～20次，严重失调儿童30～50次。

活动过程：

1．开始环节

（1）介绍触觉步道，说明游戏的玩法和基本姿势要求。

（2）配合具体训练内容，营造游戏的情境，如"到外婆家"游戏、"去野外郊游"的游戏，激发儿童游戏的兴趣。

2．基本环节

（1）可将平衡触觉板、触觉波浪步道、蜜蜂步道、触觉步道、活力脚丫垫摆成不同形状的步道（圆形、正方形、田字形、水滴形、Z字形、双排并列形、条形等），请儿童赤脚或穿薄袜站上去，伸开双臂平衡身体或由教师辅助牵引，在半圆弧面上站稳并开始行走，努力使自己维持平衡，避免跌下步道，如图4-5和图4-6所示。

图4-5 教师指导学前儿童进行触觉波浪步道训练

图4-6 儿童在放置有触觉袋的蜜蜂步道上自主训练

（2）刚开始可以要求儿童缓慢行走，保持平衡，并集中注意力感受脚底的触感。通过脚底信息，确定自己的位置，及时调节身体姿势和方向。

（3）当儿童可以保持平衡自如地行走时，可叉腰、目视前方行走，也可加速行走；可正走、倒走、侧走，如可睁眼走，可闭眼走；可抱球走，可行进间与训练人员玩抛接球；可配合走独木桥及踩跳过河石的游戏。

3．结束环节

如果感到脚疼，可先进行其他游戏。

注意事项：

（1）多童在步道上行走时要有秩序。

（2）平衡触觉板训练与平衡圆训练、平衡木训练的基本玩法及其各种变式训练相近。由于此课例聚焦于触觉训练，其他训练参看学前儿童前庭觉训练。

（3）公园、社区公共区域铺有鹅卵石道、石板道、木头板路，均可灵活选用。此外，幼儿园户外环境可设置由车轮胎装泥、沙、石子、落叶等自然物铺成的触觉步道，强化各类触觉刺激。

第五章 视听觉训练

学习目标

知识目标

(1) 了解视知觉、听知觉的概念和特点。

(2) 了解视听觉失调的表现及对学前儿童成长的影响。

(3) 了解视听觉失调的基本原因。

技能目标

(1) 掌握学前儿童视听觉失调的预防方法。

(2) 能够熟练地开展经典的3~6岁幼儿视听觉训练活动。

情感目标

积极体验视听训练的技能和方法。

案例导入

妞妞4岁了。幼儿园开始教认读10以内的数字,妈妈发现妞妞经常将9念成0,或将6念作9,有时甚至对着数字卡片读不出来。不仅如此,妈妈发现妞妞还分辨不清圆形和椭圆形,经常找不到放在显眼处的东西,找不到人群里的妈妈;上下楼梯或遇到路面有高度差的台阶经常踩空而绊倒、摔倒;在运动场上无法判断朝她飞来的球而被砸中。妈妈怀疑妞妞近视了,但医院检查却显示妞妞的视力正常。

到底是怎么回事呢?你是怎么看待这一现象的,你有什么好主意?

视知觉失调、听知觉失调目前已成为学龄阶段儿童在学业、学习上的拦路虎,常常表现为"粗心大意""听而不见""充耳不闻""忘记作业""字迹潦草"等各种书写、阅读、数学学习问题,让家长十分烦心。其实,儿童的视听觉失调在幼儿期已有端倪,如果能留心观察,及早发现,抓住3~6岁学前期这个矫正的关键期进行充分的、针对性的补偿训练,就能有效预防或减轻儿童的学习问题。

第一节　视听觉基本概述

一、视知觉与听知觉

(一)视知觉概念及特点

视知觉是眼睛接受光刺激并将其转化为电能,通过视知觉神经通路传导到大脑所产生的感觉,其本质是大脑对直接作用于视觉器官(眼睛中的视网膜)的客观事物的光属性的整体反映(如形状感、色彩感、动态感、方位感等)。人类的80%的信息总量是通过视觉获得的,视知觉在人类生存与认知中非常重要,是学前儿童接受外界信息的主要手段。

1. 两种视觉感受器各司其职

眼睛是视觉的外周感觉器官,由视网膜和折光系统(角膜、房水、晶状体、玻璃体)两部分构成。视觉感受器分布在视网膜上,根据形状的不同可分为视锥细胞、视杆细胞,如图5-1所示。视锥细胞(见图5-2)有600万~800万个,主要密集分布在视网膜黄斑部位的中央凹,网膜周边区较少分布。因为中央凹对光的感受分辨率高,所以视锥细胞光敏度差,视敏度(视力)高。在昼光环境中,以视锥细胞感光为主,主要司职视力、有色觉及精细视觉。视锥细胞按光谱敏感性可分为三类,分别对红、绿、蓝光有最佳反应。这三色光(red、green、blue、RGB)的混合可以产生任何一种颜色光。与之相反的是,视杆细胞(见图5-3)约有1亿个以上,主要镶嵌分布在视网膜周边区,在中央凹处无分布。因此视杆细胞光敏度高,视敏度(视力)低,对暗光敏感,但分辨能力差。在夜光环境中,以视杆细胞感光为主,主要是暗视力,无色觉,不能做精细的空间分辨。二者的区别对比参见表5-1。

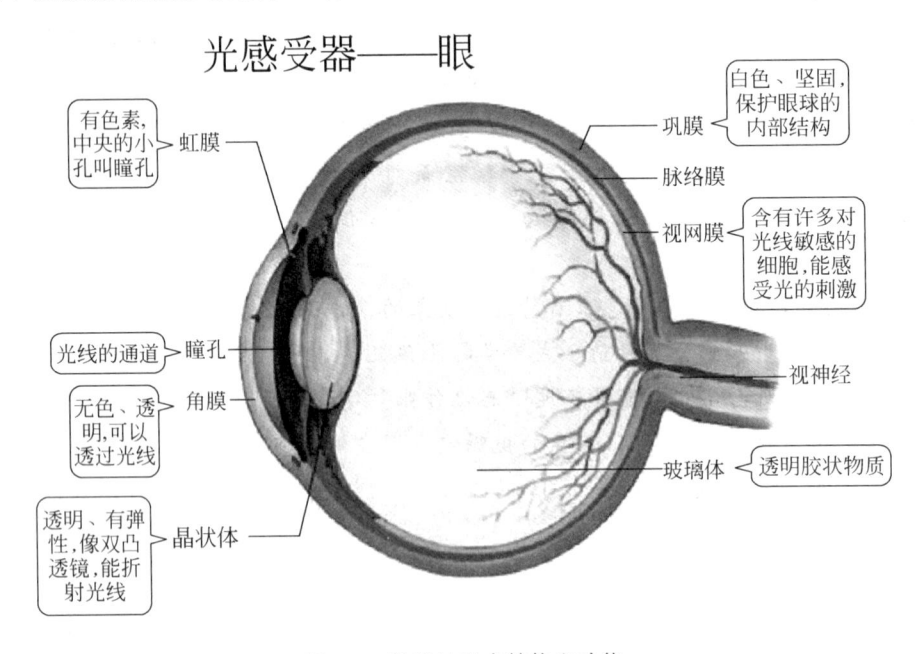

图5-1　眼球的基本结构和功能

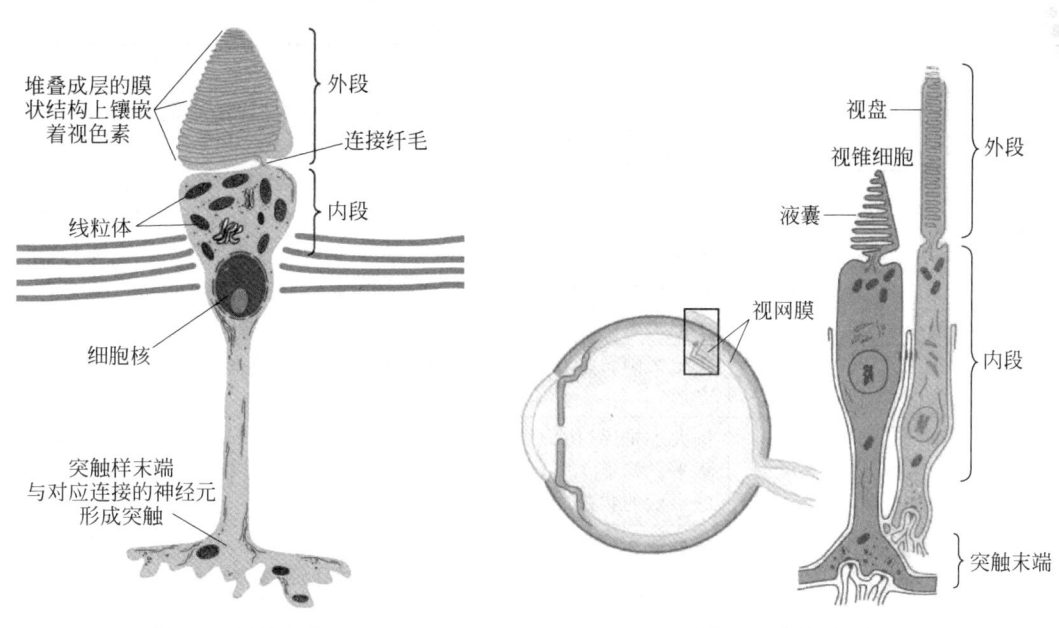

图 5-2 视锥细胞　　　　　　　图 5-3 视杆细胞

表 5-1　视觉感受器的分类及功能

分　类	视 锥 细 胞	视 杆 细 胞
分布位置	视网膜黄斑部位中央凹	视网膜周边区
适宜条件	白天、亮光环境,瞳孔缩小(中心视力)	夜晚、暗光环境,瞳孔放大(周边视力)
主要功能	明视力、彩色视觉	暗视力、黑白视觉

2. 光刺激是视觉产生发展的先决条件

眼睛能看到物体的形状与颜色,是因为物体发光或反射光落到视网膜上。人眼通常可感知电磁波波长在 400～760 纳米的光,即可见光。波长不同,引起人眼的颜色感觉也就不同。根据波长的长短,分别产生红、橙、黄、绿、蓝、靛、紫七色感觉。缺乏光刺激,视觉也无法发展。视觉从胎儿起就开始发育,出生时在感觉系统中水平最低,出生后经历相对漫长的发育过程,随着年龄的增长视觉趋向稳定和成熟。胎儿在妈妈肚子里就开始接受微弱的光刺激,开启了视觉发展之路:从 16 周起,胎儿就开始对光线有感觉;第 26 周会张眼皮、眨眼睛,能看模糊形状;第 32 周会通过侧脸、闭眼来躲避强光,引发胎动;前庭刺激引发眼振。如表 5-2 所示,出生后的婴儿在外界丰富的光刺激环境下,视觉发展迅速:从出生时的只能分辨光亮与黑暗,只能看到 20～30 厘米,视力不到 0.05 的"大近视"。到 3 个月时视力发展到 0.1,能看对比色(黑白、红绿、蓝橙等)。到 6 岁时视力为 1.0,基本达到成人水平。视觉在出生时的感觉系统中发展水平是最低的,须经过几年的颜色知觉、形状知觉、空间知觉的发展才能逐步发展成熟。生理学研究表明,缺乏适度的视觉刺激,视锥细胞无法成熟,视觉神经通路无法建立,神经中枢大脑枕叶视觉区无法发展。光刺激是视觉产生发展的先决条件,世界各地出现的"狼孩""鸡孩""猪孩"等极端案例可例证视觉系统在敏感期内因缺乏正常光刺激而发育不良。

表 5-2 0～6 岁儿童视觉发展

月/年龄	视力	视觉发展
0～1 个月	0.05	新生儿的视力趋向于"近视",能分辨光亮与黑暗,能聚焦,喜欢注视人脸,人靠近时会笑
3～4 个月	0.1	视觉集中时间延长,能随移动的物体而移动,喜欢看自己的手
5～6 个月	0.1～0.2	发展深度知觉、立体感,为动作的发展奠定安全条件。追随妈妈的视线,寻找掉落的物品,有视觉记忆,认人。开始出现手眼协调
1～2 岁	0.2～0.4	视觉记忆,记得位置,仿照范本形状线条,按颜色形状归类
2～3 岁	0.4～0.6	凭记忆画圆形和十字,区分大小、高矮,拼两三块拼图
3～4 岁	0.6～08	凭记忆画斜线,连点成线。能点数 1～10 个物品,能认识三角形、正方形
4～5 岁	0.8～1	按大小排序,仿画"□"形、"△"形、"◇"形,眼球运转灵活,达到成人水平。知道 10 以内的排序。能正确说出 4 种以上的颜色、3 种以上的形状的物品
5～6 岁	1～1.2	能点数 15 个会移动的物品,认识几个简单汉字,会写自己的名字,画像更符合事实,根据记忆画人和物。能阅读简单图画书

3. 视觉运作过程含生理过程和心理过程

视觉是眼睛与大脑视觉区之间发生的生理与心理过程,包括"目而视"和"视而见"两个阶段:第一个阶段(生理过程),光刺激作用于眼睛中的感光细胞,转化为神经冲动,再经视神经传导到大脑皮质的视觉区;第二个阶段(心理过程),大脑枕叶的视觉区再将这些视觉信息按色、形、动态等不同要素分别处理,形成"视觉"。

4. 视知觉是人体获取外界信息最主要、最高效的通道

在言语沟通或动作产生之前,婴儿就开始使用视觉去获取外界信息了。视觉能在 1/50 秒内快速获得大量信息,几乎是在看到的一瞬间,外界事物的色彩、大小、形状、距离、动作等信息同时落到视网膜上的视觉细胞上,并转化为电能传送到视觉中枢供大脑作出判断。幼儿看到教师走进教室的瞬间,即获得教师穿着的颜色与款式、脸上的表情、走路的姿势速度等信息,不需要教师开口,就能直觉地判断教师今天的心情。视觉是人体获取信息的高效通道,人类 80% 的外界信息是通过视觉通道获得的,因此视觉是获取外界信息最主要的通道。个体其他感觉都离不开视觉的广泛参与,如手眼协调可进行各种手工制作;脚、眼协调,如跳格子、爬楼梯;视、听、手配合,如弹钢琴;视嗅配合,看到叶丛中黄色桂花颜色愈深香味愈浓;走平衡木时,看到视觉影像微微倾倒,察觉到自己正在失去平衡。正因为有了视觉的帮助,为其他动作的发展奠定了安全条件。

(二)听知觉概念及特点

听知觉是鼓膜接受声刺激将其转化为电能,通过听知觉神经通路传导到大脑所产生的感觉,其本质是大脑对直接作用于听觉器官(耳蜗)的声刺激(音色、强弱、快慢、高低等)整体的反映(方位感、距离感、意义)。人类 10% 的信息总量是通过听觉获得的。听觉对学前儿童非常重要,辨别声音信息是儿童进行内外环境信息交互,防御危险信息,获得空间安全感,进行空间定位、欣赏音乐、言语交际的前提和必要条件。

1. 听觉感受器在头两侧

人耳的剖面如图 5-4 所示，双耳位于人体头部两侧，由外耳、中耳、内耳构成，具有双重感觉功能，既是听觉器官又是前庭平衡觉和机体位置的器官。其中内耳迷路耳蜗中的蜗管是听觉感受器，专司听觉。由于双耳之间有一定的距离，它们与声源会产生一定程度的强度差、时间差、相位差，因此基于对声音的检测和分辨能力，人能够精确地检查声音在空间中的位置（与自己的关系），进行声源的空间定位。

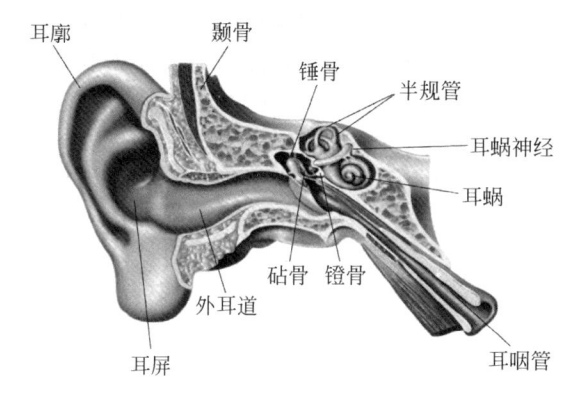

图 5-4 人耳剖面

2. 听觉运作过程含生理和心理两个过程

听觉是个体对环境中声音刺激特性的反应。耳与大脑颞叶区发生的生理与心理过程，包括"耳而听"和"听耳闻"两个阶段。第一阶段（生理过程）：外界声音刺激振动耳内鼓膜，转化为神经冲动，再经听神经传导到大脑皮质的听觉区，如图 5-5 所示。第二阶段（心理过程）：大脑颞叶听觉区将这些听觉信息识别为声音，产生"听觉"。听觉在人类的所有感觉中地位仅次于视觉。

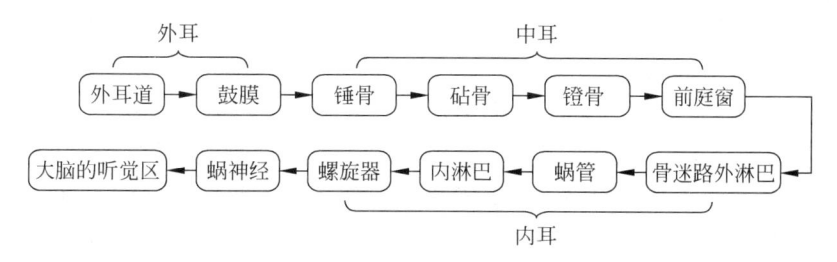

图 5-5 听觉传导通路

3. 听觉发育最早、发展过程漫长

研究证实，胎儿在出生前几个月听觉已经发育得很好了，可以接受母体本身和外界的声音刺激。胎儿在觉醒状态下，会寻找声音转头。有实验证明，对于胎儿期间常听到的是母亲的心跳、父母的声音，胎儿不仅有听觉能力还有听觉记忆，不仅有声音定向力，还会转头寻声。有声音偏好，如偏好母亲的声音、柔和音、高音。听觉敏感性（听力）会随年龄的增长而提高，直至 13 岁前听力还在一直增长中。

4. 听觉主要有防御、分辨、定向等多种功能

听觉也是重要的外部感觉，10%的外界信息都是通过听觉通道获得的。听觉具有防御功能，当听到刺耳或强声刺激时，中耳的肌肉就会收缩阻断声波振动，进而会产生厌恶、排斥、拒绝的反应，以保护个体降低致聋风险，如果发现只是普通事件并没有危险时就会恢复平静状态，听觉的这种防御功能具有积极的生存意义。柔弱的新生儿天生具有听觉防御能力，无条件反射中的"惊跳反射"（莫罗反射）就是对外界强声刺激的一种应答：当新生儿及5个月龄前的婴儿突然听到强声刺激时，会出现仰头、挺身、双臂伸直、手指张开，然后弯曲手臂，紧贴胸前做抱搂状。这种无条件听觉防御反应会随着月龄的增长而增长，在5个月时逐渐消失。听觉具有对声音刺激的音色、强弱、高低、快慢等特性的分析、区分能力，能够分辨声音间的差异。新生儿出生之后，虽然双耳之间的距离较成人短，但已能检测和分辨到声音传导至双耳时形成的差异，因此新生儿已经有空间定位能力，成人在婴儿左右前后各个方位摇动沙锤会引发婴儿转头寻声。

二、视听觉失调的表现

（一）视觉失调的表现

视觉问题在日常生活中较为常见，首先要判断是否属于感觉统合失调的视觉障碍，如果儿童经常出现眼睛疲劳、揉眼睛、眨眼睛、皱眉、眯眼，抱怨看不清，爱侧着头、转头、凑近了看东西等现象，就要先剔除弱视、近视等视觉敏锐度的问题，应求助眼科医院，以得到及时的视力矫正。

1. 视觉调节障碍

儿童在面对光刺激时主要有三种形式的反应（调节）。

（1）视觉过度反应（视觉防御）。主要表现为儿童面对强光、反射光、闪光、亮光、反差光等光刺激或移动的人或物乃至一些常见物产生强烈的反应，试图采用侧脸移开视线、用手遮挡、戴太阳镜、压低帽檐、低头躲避、转头、为避免眼神接触而不参加集体活动等方式回避光刺激，从而回避由此产生的头痛、恶心、头昏、眼花等不适感。

（2）视觉反应不足。主要表现为学前儿童在面对强光、亮光、太阳光、闪光、反射光等强度较大的光刺激而不知眨眼或回避；无法意识到环境中新的视觉刺激，如同伴的新变化、教室的新摆设等；无法察觉移动的信息，如路口突然出现的车辆，同伴丢过来的球等；无法意识到物体的边界信息，如暗处与亮处的交界、物体的边沿边角，常常表现出一副视而不见、呆头呆脑的样子。

（3）视觉寻求。主要表现为学前儿童有特定的视觉偏好，主动追求某些视觉刺激。喜欢直视强光、闪光、太阳光；追求快速转动、移动、变换的视觉刺激，如喜欢看快速转动的陀螺或风扇，车窗外快速移动的风景，色彩鲜艳且迅速变换的广告，不停闪动的霓虹灯；喜欢看某些特定的颜色、形状；喜欢盯着手看，将物品排成长队，喜欢斜眼看，躲在暗处看等。

2. 视觉分辨障碍

一般正常儿童看东西时，大脑将视觉信息同听觉、触觉、动觉等其他感觉信息进行统

合(筛选、比较、分析、储存等操作),因此既能概括物体的主要特征又能区别物体间的差异,形成客观稳定的视知觉。而视觉分辨障碍的儿童因为无法将感觉信息进行统合,因此难以形成稳定的空间知觉(深度知觉、形状知觉、大小知觉、方位知觉)、运动知觉,具体表现为儿童视觉分辨能力差。

(1) 深度知觉不良(立体觉)。例如,判断不了高度,经常上下阶梯时踩空或摔跤;很难判断自己与环境中物体的距离,经常磕磕碰碰、打破撞倒物品;很难形成立体的影像,立体感差。很难判断图像之间如字母之间、数字之间、图形之间、文字之间的距离,书写间距不当。

(2) 形状知觉不良。形状恒常性发展不良,难以概括和掌握物体的形状特征,难以区分两者之间的细微或明显差异。常常混淆长得很像的字母、数字、文字等图形图像,例如,b和d、p和q、6和9、100和1000、大和太、人和入等;形象记忆发展不良,由于感知不精细,记忆中的视觉表象细节模糊,缺乏形象性,阅读时难以将图形、图像与现实物体连接起来,不能理解自己读过的东西并展开想象;无法描述自己看过的东西,难以绘画出完整合理的图像;难以区分前景与背景,无法从人群中找到某人,经常找不到东西;看过的东西难以留下深刻印象,认人认物能力差;无法读懂别人的表情、手势、姿势、情绪;仿画、临摹、复写、抄黑板经常出错;严重得无法将纸面上的文字阅读出来。

(3) 大小知觉不良。没有建立起大小恒常性,字体写得大小不一。

(4) 方位知觉不良。分不清上下、前后、左右、里外;认路找路能力差,经常迷路;无法按照图片示意搭积木或按照说明书组装玩具。

(5) 运动知觉不良。不能正确感受物体或人的运动状态,如无法判断运动时他人的移动路线和自己的位置的关系;走位判断失误,在互动运动中经常失败。

3. 视觉动作障碍

儿童视觉不成熟和视觉功能异常导致眼睛运动异常和视觉与身体动作的协调不良,如婴儿期会出现"视觉跳动"和"手眼不协调"等视觉发展的自然现象。随着年龄和活动经验的增长,儿童视觉会越来越稳定,眼睛动作越来越平顺,视动作协调性越来越好。而视知觉失调的儿童依旧存在着视觉动作障碍,如图5-6所示,其主要表现为以下几个方面。

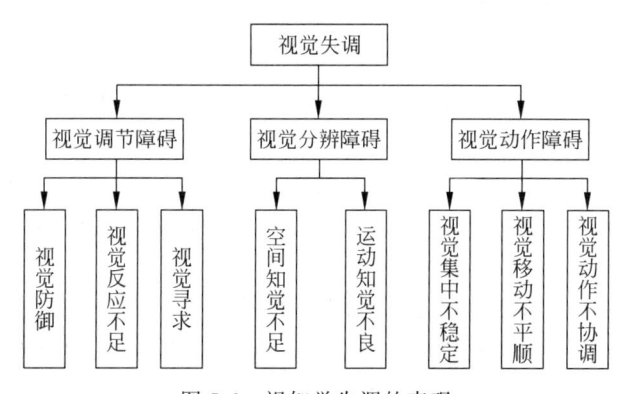

图 5-6 视知觉失调的表现

(1) 视觉集中不稳定。注意力不稳定,视觉聚焦时间短,不能专注地"凝视";不能盯住目标;不能"眺望"远距离的目标,不能进行长时间的观察。

(2) 视觉移动不平顺。视知觉失调的幼儿即使到了4岁视觉仍然无法稳定、流畅地随意多向度,如左右、上下、前后、环绕、自由地移动,不能追视动态物体,因而容易造成看书时跳字、漏字、跳行,容易导致用眼疲劳。

(3) 手眼不协调。眼睛和双手不能有效地配合完成各种大动作、精细动作任务,如投球、接球、穿衣服、扣纽扣、穿拉珠子、书写、拼图等;眼睛无法引导手的动作,如不能精准地沿线剪东西,涂色时把颜色涂到线外。写字时歪歪扭扭,字和字的间距不一,字行无法维持同一水平,要么越写越往上倾斜,要么越写越往下倾斜。

(4) 脚眼不协调。眼睛和双脚不能有效地配合完成各种大动作任务,如上下楼梯、踢球、跳格子、走平衡线等。

(二) 听觉失调的表现

听觉失调的表现如图5-7所示。

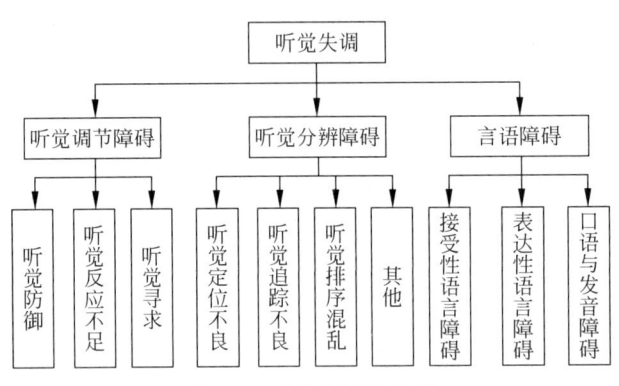

图5-7 听觉失调的表现

1. 听觉调节障碍

儿童在接受声刺激时通常有三种反应。

(1) 听觉过度反应(听觉防御)。听觉失调的儿童会出现听觉过度反应,主要表现为即使听到非强声刺激也有强烈的防御表现,如沮丧、抱怨、发怒、全身颤抖、捂耳朵躲避、大声喊或尖叫试图盖过声刺激,或者整天处于提心吊胆的高度警戒状态,不愿意出门或参与某些活动。具体表现为难以忍受突然出现的声音,如警笛警报声、气球爆炸声、打雷声;难以忍受金属声;难以忍受高音如指尖刮黑板、女高音、小提琴声、鸣哨声;难以忍受吵闹声,如别人说话声、嬉闹声;难以忍受一般人并不受到影响甚至感觉愉悦的声音,如虫鸣、鸟叫、风声、雨声、咀嚼声、背景音乐。

(2) 听觉反应不足。主要表现为对别人能听到的声音无动于衷。不仅对安静、轻柔的声音没有反应,而且对正常的音量也没有反应或者反应很小,对老师说的话、提出的要求充耳不闻。

(3) 听觉寻求。主要表现为喜爱各种吵闹的声响,主动要求更大的音量、更多种声音。例如,常常要求调高音量,高声大声谈话,经常利用身体和物体制造各种声音,如拍手、跺脚、拍桌子、唱歌、捻指头等。

2. 听觉分辨障碍

听觉分辨障碍包括以下几个方面。

(1) 听觉定位不良。不能分辨声音的来源及与自己的距离。例如,听到教室里有人说话,但不知道是谁在说话。

(2) 听觉追踪不良。听觉注意力不能持续跟随声音的移动最后找出声源所在。如听到黑暗中蚊子飞来飞去嗡嗡叫,但是不知道飞向哪里或停在哪里。

(3) 听觉排序混乱。不能够将听到的音响按照到达鼓膜的先后顺序进行排序,形成声音组织以声音表象存入感觉记忆或短时记忆。

(4) 听觉区分不良。不能对比、概括出声音间的特点、相同、相似、相异的地方。如不能区分电话中的女声是妈妈的声音还是阿姨的声音;不能区分前景音还是背景音;不能区分是远方的音响还是身边的音响;不能区分声音的高低、强弱、快慢,节奏感差。

(5) 听觉记忆不良。记不住别人说过的话,老师交代的任务、布置的作业、教过的歌词;难以再认知听过的音乐旋律,难以再现听过的故事。

(6) 听觉注意力差,不能排除干扰。

3. 言语障碍

言语障碍主要有以下三种类型。

(1) 接受性语言障碍。很难区分相似音;经常要求别人重复刚刚说过的话;很难学习新的语言;难以理解别人的话语,经常误解别人的要求,跟不上多个指令,一次只能跟上 1~2 个指令,经常仿照他人来做回应。

(2) 表达性语言障碍。很难用语言表达自己的想法,说话跑题,不知道如何回应他人的问题;难以运用语言技巧解释、扩充、调整自己刚才说过的话;口头句子结构松散、不完整;说话慢半拍,不会押韵,唱歌跑调。

(3) 口语与发音障碍。声音音量太大或太小,语调没有起伏,不能正确运用嗓音讲话,声音粗糙、沙哑、尖锐、小声无力或用气音说话,没有节奏感,无法清楚地表达自己的想法。

三、视听觉失调的基本原因

和其他感觉统合失调一样,造成视听觉失调的原因有胎儿期神经系统发育异常、分娩损伤等先天因素,也有出生后的环境因素,尤其是居住环境局限化、视听觉刺激单一化、游戏电子化、缺少人际互动、缺少户外活动、学习任务重、过早教育、过度教育、用眼用耳不卫生等。例如,太早让儿童进行阅读、书写、乐器技能训练,容易导致近视。

四、视听觉失调对学前儿童成长的影响

1. 学习障碍

人类最初是通过感觉认识世界的,其中最主要的是凭借视听觉。80%的外界信息通

过视觉获得,10%的外界信息通过听觉获得。视听觉失调意味着90%的外界信息获取通道出现障碍,造成有效信息的遗漏、直接影响儿童的智力发展(注意力、观察力、记忆力、想象力、思维力)和学业表现。最突出的影响为学习上常常遇到各种困难:阅读困难,无法逐行视读出声来,跳行漏字,左右反读,翻错页码;手眼不协调,书写潦草,抄错题目,偏旁遗漏,涂色出格;计算粗心,忘记进退位;上课注意力不集中,多动,不能听懂语言或记住指令,别人喊他或对他说话时,他充耳不闻,经常忘记教师布置的作业。视听觉失调的学前儿童不能进行有目的观察,记忆力差,想象力贫乏,缺乏深入思考的能力。智力水平低,造成学习障碍,制约着当前及后续阶段的学业成就。

2. 言语障碍

"十聋九哑"说明了听觉制约着言语发展,视听觉失调必然导致言语障碍。学前期是儿童语言发展的关键期,纵观0～6岁儿童语言的发展历程,无论是听清语音、听懂语言、掌握词汇、学会说话,还是对话表达都离不开听觉的参与,听觉是言语发展的基础:0～1岁是语言准备期,婴儿通过大量的听音、发音来为开口说话做准备;1～2岁是口语发生期,周岁时出现说话萌芽,到2岁时能说出上百个词汇;2～3岁是基本掌握口语阶段,儿童能用简单的句子自由地说出自己想说的话;3～4岁是语音发展的大飞跃阶段,能基本掌握本民族全部语音;4～5岁是词汇量剧增的活跃期;5～6岁句子结构逐渐完善显著提高,不仅能连贯、完整地与人对话,还能清晰、系统、大胆、生动、有感情地讲述,在训练的前提下讲话的逻辑性也会上升。学前期儿童语言词汇量增长最快,从3岁的1000个左右增至6岁的3000个左右。视听觉失调导致在语言准备期儿童对环境中的语言刺激的感受不良,以致婴儿不会盯着人脸看,不会被大人的发音逗弄、逗笑、回报发音或手舞足蹈,制约"前言语"交流互动模式的建立。视听觉失调导致成人"指着物品教名词,示范动作教动词"等言语教学策略失效,儿童既看不清物品的视觉形象,也听不清物品名称的听觉信息,更无法将视觉形象与某个音节相连接,因此掌握不了新词汇。在之后的日常言语交流中,无论是对话还是独白,都需要视觉、听觉的全程参与,才能及时把握听众的表情,理解情境性言语,记住自己已说过的,随时调整后续的表达技巧。

3. 方向感差

视听觉失调的学前儿童方向感差。所谓的方向感或方位知觉就是对人或物所处方向的知觉,包括空间定位和空间关系。学前儿童的方位知觉从出生后就有了,成人拿沙锤在新生儿两耳两侧附近摇晃会引起新生儿转头寻声,说明新生儿已有听觉定向力。成人拿红球在新生儿距眼睛25～30厘米范围内逗引,会引起新生儿注视和跳动性地转头追视,说明了新生儿已有视觉定向力。婴幼儿方位知觉的发展,主要表现在对上下、前后和以自身为中心的左右方位的辨别上。3岁辨上下,4岁辨前后,5岁开始辨自身为中心的左右方位。

视听觉失调的学前儿童眼睛运动中视觉集中不稳定,视觉移动不平顺,这些导致了其不能很好地将注意力集中于凝视或追视对象,视觉分辨力差,不能很好地区分和把握上下、前后、左右的相对关系。听觉失调的学前儿童缺乏对声源的检测、追踪能力,不能进行空间定位。

4. 动作不良

视听觉失调影响视动配合、听动配合,导致儿童动作不良。动作不良主要表现为手眼协调不良,脚眼协调不良,身体节奏感差,以及视听注意品质差导致的多动现象。动作不良会导致需要视动配合的大动作发展不良,如抛接球、投篮、走线、跳格子、上下楼梯、扭转车方向盘、踢球等;导致需要视动配合的精细动作发展不良,如穿珠子、对嵌板、扣扣子、搭积木、写字、画画、翻书、剪纸、折纸、拼插、捏泥、夹菜、刷牙等;导致需要听动配合的身体节奏运动发展不良,如随乐律动、弹琴、演奏打击乐器、唱歌、说话、朗读等。此外,视听注意品质差,如视听注意范围狭小单一,视听注意不稳定,难以同时兼顾多个注意对象,难以主动转移视听注意等,将影响学前儿童动作的组织和执行,表现为多动、乱动的现象。由于动作不良进而影响到学前儿童的动手操作能力、学习能力、生活能力。

5. 空间安全感低

视听觉失调、安全信息过滤失常导致学前儿童的空间安全感低。感觉除了具有信息获取功能,还是平衡内外环境,获得安全感的来源。视听觉失调的学前儿童不能有效地分析、辨别声光刺激的意义,不能判断自己的处境是否安全,如对普通的声光刺激都产生过度反应,长期处于焦虑和警戒状态,如听到常人能接受的说话声、虫鸣、鸟叫产生沮丧、捂耳朵躲避的防御反应,看到亮光就转头躲避的防御反应。或者对强声光刺激或重要信息反应不足而增加安全风险,如在马路上听到急促的车喇叭声却无反应,或是对朝自己头部飞过来的球熟视无睹,甚至不断寻求和制造各种声光刺激,多动混乱,注意力难以集中在当前任务上。

6. 低自尊心

语言障碍、学习障碍、动作不良、方向感差、安全感低必然影响他人对其的评价和儿童对自我的评价,通常视听觉失调的儿童自尊水平低。

五、视听觉失调的预防措施

视听觉失调的预防措施主要有注重优生优育,不滥用药物;根据儿童的年龄特点进行适时教育;严格控制儿童注视书本、电子屏幕的时间,远离光污染,保护视力;远离长期噪声环境,保护听力;保证幼儿每日至少 2 小时的户外活动时间,合理安排活动,注意动静结合等。

第二节 学前儿童视听觉训练活动

一、视觉训练

中共中央办公厅、国务院办公厅于 2021 年 7 月 24 日印发的《关于进一步减轻义务教育阶段学生作业负担和校外培训负担的意见》,引起了强烈的社会反响。"双减"虽然减轻了孩子学习和作业负担,但缓解不了部分家长的焦虑情绪,如何在"双减"背景下保持孩子学业成绩优秀便成了家长关心的话题。同时,不少家长也认识到,"双减"之下,孩子面对的竞争更多的是学习能力和学习素养的竞争,也就是"学习力"的竞争。通过视听训练,培养学前儿童注意倾听的习惯；训练学前儿童在学习和生活中提高注意力，帮助儿童更高效学习，进而提升学习的竞争力。

（一）视觉训练的要点和目标

1．视觉训练的要点

视觉是由共同活动的视觉神经和视觉中枢——眼睛来完成的。外界物体发出的光作用于人的眼睛，通过眼睛的透明组织发生折射，在视网膜上形成物象，视网膜在感受到光的刺激后，将光转化为神经冲动，再将冲动通过视神经传递到人的视觉中枢，从而产生视觉。

视觉能力训练主要包括视觉联想能力、视觉记忆能力、视觉辨别能力、手眼协调能力、视觉追踪能力五个内容。

2．视觉训练的目标

视觉器官的感觉能力以及大脑处理视觉信息的能力都会得到提高和增强。

（二）视觉训练的方法

1．视敏度训练

（1）在不同距离上看大小类同的物体，如火柴梗、小棒子、牙签等。

（2）对不同对象进行观察，如对家具、工具、蔬菜、水果进行观察。

（3）在户外或者远处辨别不同物体，如辨别房屋、街道、交通岗等。

（4）识别某种似曾相识的对象，如大巴车、小轿车、卡车等。

（5）在弱光下观察茶杯、书卷、笔筒等物体。

2．辨色能力训练

（1）基础色彩训练，辨认周围熟悉的物体及其使用的颜色。如红旗、黄纸、青叶、蓝天、黑板、白衬衣等，使幼儿表达基本正确。

（2）混色训练是对棕色、灰色、粉色、紫色、橘色的颜色区分训练。

（3）近似色训练是指在基础色进行色彩调整的一种色调。如深红色和浅红色、深蓝色和浅蓝色等颜色。通过绘画调色来训练孩子对近似色的辨识能力。

3．形状知觉训练

结合实物，训练认识圆形、方形、三角形、长方形、正方形、五角形、椭圆形、菱形、圆柱形等。

4．距离知觉训练

训练儿童知道近物大，远物小，近物清晰，远物模糊。

5．方位知觉训练

一方面以自身或身体为准进行训练，辨别前后、上下、左右等方位；另一方面进行东、西、南、北方向的训练，如太阳东升西落。

一方面训练区分前后、上下、左右，以自己的身体为标准；另一方面则训练东西南北走向，如太阳东升西落。

（三）常见的视觉训练活动

1. 转头看

适宜年龄：0~3岁。

训练目标：培养幼儿的视听觉能力。

操作要点：让幼儿仰卧在床上，母亲手持颜色鲜艳的铃铛玩具将玩具摇到吸引幼儿的注意力，然后手持铃铛向右缓缓移动，使幼儿的头部跟着眼前活动的玩具移动。母亲若同时与孩子"交谈"，在增进母子感情的同时，也能引起孩子对玩具的注意。

注意事项：刚开始练习时，玩具的左右移动幅度可以小一些，而且要靠近幼儿一些。待幼儿稍大后，再慢慢加大幅度，将玩具移开，与幼儿的高度拉开。

2. 会移动的光线

适宜年龄：0~3岁。

训练目标：培养幼儿的视觉追踪能力。

操作要点：幼儿仰卧在床上，母亲用手电筒照着天花板，用手指着照明处，逗引幼儿。让孩子的视线跟随光线移动，培养孩子的视觉追踪能力，当孩子发现有亮光时，再移动手电光。

二、听觉训练

（一）听觉训练的要点及目标

1. 听觉训练的要点

听觉在人类的智力发展中起着重要的作用。当外界的声波作用于听觉器官，使得听觉接收器处于兴奋状态并引起听觉神经的冲动之后，听觉信息就会传入各级听觉中枢，最后直至大脑功能区，使得大脑能够感知并处理听觉信息。对儿童听觉训练的目的是提高听觉能力。

听觉能力训练主要包括音响度辨别训练、音高度区别训练、听觉记忆训练、音调区别训练、律动音训练、乐音听觉训练、混合区别训练七个内容。

2. 听觉训练的目标

训练幼儿的听觉—动作整合能力及听觉专注力。

（二）听觉训练的方法

听觉辨别力训练：对听觉辨别力较差的儿童，可通过让其听环境中的声音或让其戴上耳机听故事录音带辨识相似声音等活动来增强儿童听觉的辨别力，从而辨别出声音的高低、大小及音色的不同。

听觉记忆力训练包括即时仿说和延时仿说。

（1）即时仿说，即让孩子听完材料后立即复述。家长可以说一个词或一个句子，让孩子仿说，然后逐渐增加字句的长度。

(2) 延时仿说,即让孩子回忆并准确复述以前听到的信息。这种方法可以训练孩子听觉记忆的保持及记忆的准确。

(三) 常见的听觉训练活动

寻找声音是常见的听觉训练活动之一。

适宜年龄：3.5~5岁。

教具构成：眼罩、头饰。

训练目标：提高专注力、思考力及反应能力。

操作方法：

(1) 让一个孩子戴上头饰,扮演小狐狸;其余的孩子在周围围成一个圆,把他围起来。

(2) "小狐狸"朝一个方向边走边说："小狐狸蒙着眼睛,谁也看不见,我们就跟它玩躲猫猫,猜猜我吧! 这些人都去哪儿了?"

(3) 围成圈的孩子们说完歌谣蹲下,老师指定一个孩子,示意他呼叫"小狐狸",再由"小狐狸"对声音传递的方向进行指认。并顺着声音传过去,把发出声音的人"抓起来"。

(4) 请孩子轮流扮演"小狐狸",并反复练习"小狐狸"的角色。

变化与延伸：聆听其他的声音活动。

关注：不要绊倒扮演小狐狸的小朋友。其他小伙伴不要发声。

经典视听觉训练活动如表5-3所示。

表5-3 经典视听觉训练活动

视觉功能		经典视听觉训练活动
视觉分辨	形状知觉	图形知觉"寻找目标图形",图形对比"找不同找相同",分辨形状游戏"我最爱的形状"。按图索骥、沙面游戏、添画联想、挖掘恐龙
	深度知觉	上下楼梯、蹦床游戏、插棍、袋鼠跳(参阅本体觉训练)
	大小知觉	盒子游戏
	方位知觉	三山游戏、镜子游戏、抓娃娃机游戏、操控机器人
	颜色知觉	分辨颜色游戏,找树叶,彩色路
视觉记忆		画日记、沙盘故事
视觉聚焦		保龄球游戏、套圈游戏、垂钓游戏、投篮、插棍游戏、喷水彩虹
视觉追踪		画线活动、剪纸活动、管道运输游戏、追光游戏、抛接球、丢沙包、换手猜球
听动配合		闻哨伸展、柯尔文手势、奥尔夫声势、达尔克罗兹体态律动活动、寻找会唱歌的石头
视听配合		语言节奏
听觉记忆		听旋律猜歌名,听声音猜乐器,猜一猜谁在说话,声音瓶子配对

三、优秀活动

（一）画线游戏

适用对象：3~6岁幼儿。

训练重点：视觉追踪（追视）、视觉辨别。

活动目标：

(1) 通过沿虚线画线，强化图形视觉追踪能力和图形知觉。

(2) 强化运笔的精细动作和手眼协调能力。

(3) 统合视觉、本体觉。

活动准备：

(1) 用虚线绘制出各式"图形知觉"线稿：直线、波浪线、锯齿线、斜线、螺旋线（如图5-8所示的三角形螺旋，也可以是四边形螺旋或圆形螺旋），其他简单几何图形的二方连续图案等。分类复制、粘贴，每页一种类似图形。页面中有一个图形是用某种色笔将虚线连起来画的范例。

(2) 大量复印或打印画纸，投放在区域中以供儿童自主选择和练习。

(3) 使用流畅的水彩笔、马克笔等色笔。

图 5-8 三角形螺旋图

活动时间：美工区自选活动时间。

活动过程：

(1) 开始环节：教师介绍新材料"图形知觉"画纸及使用方法。

(2) 基本环节如下。

① 儿童自主选择"图形知觉"画纸项目，取一张线稿。

② 按照范例所示，选择恰当的色笔。

③ 从外圈起点往内至终点运笔，沿着线将虚线连起来。画笔跟随眼睛沿着线走，全神贯注，一笔贯穿始终，线条流畅，直到终点再停下来。

④ 画完一个图形，察看整体图形，形成完整的图形知觉。

(3) 结束环节：教师评价或者儿童自评、同伴评价。围绕今天玩了什么，有何收获，有何难题，如何解决等话题进行分享交流。

（二）抓娃娃机游戏

适用对象：2~6岁幼儿。

训练重点：视觉辨别。

活动目标：

(1) 强化上下、前后、左右方位知觉的辨别能力。

(2) 增强肢体协调性,听指令做动作。
(3) 统合视觉、听觉、本体觉、触觉。
(4) 体验创意游戏的乐趣。

活动准备:

(1) 一张大的运动软垫、床垫、铺地毯子之类的物品。
(2) 各式毛绒娃娃。

活动时间: 洗澡后,睡醒时,户外游玩野餐及其他亲子活动时间。

活动过程:

(1) 开始环节如下。

① 将毛绒娃娃散放在软垫上。

② 分配及扮演三种角色:抓娃娃的人、抓娃娃机、娃娃。

③ 讲解游戏规则:娃娃随意地躺在毛绒娃娃间,游戏开始后不能移动。抓娃娃机双腿打开站着,闭上双眼,双臂前举,手掌成钳形抓握状(大拇指和四指分开相对,虎口成C形)。抓娃娃的人负责用语言操作,"娃娃机"前后、上下、左右运动。

(2) 基本环节如下。

① 启动抓娃娃机。抓娃娃的人喊:"投币,启动!"娃娃机双臂要上下抖动一次,表示启动。

② 移动抓娃娃机。抓娃娃的人要用眼睛判断"抓娃娃机"和"娃娃"的空间关系(距离、方位),喊"向左一步""再向前一步"等口令操纵抓娃娃机前后、左右一步一步地移动,直到抓娃娃机的钳子位于娃娃上方位置。

③ 确定抓娃娃。抓娃娃的人喊"确定!向下!"娃娃机弯腰去抓娃娃,一旦手指碰到物体,手掌就抓握住。不管有没有抓到,不能再张开手掌。规定只有抓到娃娃手掌或手臂,才算抓住娃娃,若抓到其他部位,则挠一下后放开,腰背挺直立起,恢复原状。

④ 抓回娃娃。抓娃娃机将抓到的毛绒娃娃抓到抓娃娃的人处放下,抓娃娃的人一把接住、抱住。

(3) 结束环节:轮换角色进行游戏,游戏兴味减少后可自然结束。

注意事项:

(1) 适合亲子游戏。首次游戏建议妈妈扮演"抓娃娃的人",爸爸扮演"抓娃娃机器",宝宝扮演"娃娃"。熟练后可进行角色轮换。

(2) 抓到"娃娃"却拖不动娃娃时,可以牵引着娃娃的手使其爬行到抓娃娃的人处,注意保护关节,不要过度用力牵拉。

(3) 类似的游戏有"操控机器人"。

(三) 喷水彩虹

适用对象: 2~6岁幼儿。

训练重点: 视觉集中(注视)、视觉分辨。

活动目标：

(1) 通过眼睛的注视配合手的抓握,旋转水管动作调整喷水的角度(手眼协调)。

(2) 通过移动身体,调整注视角度,发现喷水彩虹,辨别彩虹色彩。

(3) 统合视觉、本体觉、触觉。

活动准备：

(1) 大冲力的喷水水管、水龙头。

(2) 户外场所,如户外草地。

活动时间： 天气暖和、阳光普照的晴天或户外游戏时间。

活动过程：

(1) 开始环节如下。

① 将水管装在户外水龙头上,固定住。

② 教师抓住水管,打开水源,高高地向空中喷射水柱,让水柱形成长长的抛物线,并逐渐化为小水珠散开。

(2) 基本环节如下。

① 教师站立,持续向空中喷水。幼儿试着站到喷水柱下各处(如前后、左右、远近、正下方、外侧),眼睛注视着水柱寻找彩虹。

② 教师站在原地,移动身体改变朝向,将水柱朝另外一个方向喷去。幼儿继续移动身体,眼睛注视着水柱寻找彩虹。

③ 比一比看谁先找到彩虹,请他分享站立的位置和注视的角度。请儿童介绍看到的彩虹颜色。

(3) 结束环节：儿童充分欣赏后结束游戏,关水龙头,整理水管。

注意事项：

(1) 可由儿童自己抓握水管喷水制造彩虹,配合其他同伴寻找彩虹。

(2) 延伸活动可设置画彩虹、彩虹撕纸贴画等创意艺术活动,发展视觉形象记忆。

(3) 彩虹形成的条件：强烈的太阳光；水雾够细；人站在太阳和水雾中间,水柱呈一定的夹角。

第六章　感觉统合失调的特征与评估

学习目标

知识目标
(1) 理解并掌握学前儿童感觉统合失调的特征。
(2) 熟悉学前儿童感觉统合失调评估的方法。

技能目标
理解并掌握学前儿童感觉统合失调的特征。

情感目标
敏感地发现学前儿童感觉统合失调，并有同理心。

案例导入

小东就生长在一个讲究礼节、有很强的凝聚力的家庭中。可是每到节日，母亲就绷紧了神经。做小学老师的姨妈经常唠叨"小东4岁了，吃饭时还经常把饭菜掉地上。"在银行做经理的大伯认为情商是未来制胜的关键，外公和外婆则最受不了小东吃饭坐不到10分钟就跑走，勉强被按在椅子上，就在碗盘上敲打一番，弄得鸡飞狗跳。外公、外婆、姨妈和大伯都提醒小东的爸爸妈妈，要加强对他的教育，让他改掉坏毛病。

母亲趁寒假带小东去做感觉统合评估，想明白是否是教养不当导致了他的行为。

感觉统合训练师在做完感觉统合规范测试后告诉小东的妈妈："小东的触觉比较迟钝，因此连带的精细动作也出现了不协调的情况。"此外，小东因前庭促动功能不足，要获得如他人般充足的前庭刺激，需要比其他人更多地活动，因而出现过激、情绪化的现象。他的情绪和行为自然会发生变化，只要经过感觉统合治疗，调整好触觉、动觉和前庭系统就可以了。反过来，管束不当，只会增加他对挫折的控制能力，让父母和孩子的关系变得更紧张。

第一节　学前儿童感觉统合失调的特征

幼儿期是幼儿进入学龄期前在幼儿园内进行学习、身体素质发展的阶段，因此幼儿期也成为学龄前期，幼儿感觉统合（黄晨、孔勉、张月华，2019）是指儿在幼儿期神经系统与感官不断发展，大脑对前庭觉、触觉、本体觉、视听觉等由多种感觉器官传入的感觉信息经神经系统传入大脑内进行识别、分类、解释、整合与传递,再由神经系统支配协调肌肉进行运动动作的完成,身体对环境做出适应性反应的过程,当幼儿的大脑功能发育正常而感统过程出现加工缺陷无法正常运行时,会给幼儿带来一系列身体机能、认知智力发育受限、心理情绪、不同程度行为问题以及社会互动障碍问题,就称为幼儿感觉统合失调,3~6岁是幼儿感觉统合系统发育的黄金时期,感统系统的良好发展对于幼儿未来认知能力的发展具有重要的影响,同时与幼儿的学习成绩、运动能力及行为能力发展密切相关。

感觉统合功能异常或不良的儿童,尽管肌肉和神经组织健全,但大脑却不能很好地协调使用肌肉和神经组织。这类孩子在早期有很多常见的症状,比如可能比同年龄的儿童较慢学会翻身、爬、坐或站;大一点的儿童可能不会自己系鞋带、骑三轮车;一般的动作都显得比较笨拙,容易跌倒或绊跤;反应慢,对事物的理解力较差;说话的能力发展得较慢;简单的美劳活动,如填色、拼图、剪贴等活动可能做起来很吃力或似乎没什么兴趣;有的儿童不能忍受突如其来的碰触,因而与人离得远远的,或很容易与人发生冲突;甚至光线或嘈杂的声音,也会使他不安或分心,所以常显得特别好动。

有的儿童在入学以前似乎各方面的发展都很正常,至少未发现严重的问题。但上学以后,却发现许多问题,如在课业上要学习的读书、写字、计算,在生活上要做到的排队、过马路,在体育课上要参与的各种体能活动等,都可能碰到困难,因为每一样都需要有良好的基本学习能力才学得来。同时,家长或老师对一个学龄儿童的要求会比对学龄前儿童的要求高,而且会与其他儿童的表现做比较,这会使他们受到很大的压力,感到无助与焦虑,甚至因此丧失自信心,逐渐成为一个问题儿童。

家长或老师如果发现儿童有上面所述的现象,或有学习困难儿童,最好能够细心地观察,要付出更多的爱心与耐心,鼓励儿童多尝试、多练习,帮助他们逐渐建立起自信心,问题较轻的儿童或许可以慢慢跟上同龄的儿童,不过最好还是在发现问题之初,立刻带儿童去咨询专业的、有经验的医师及儿童治疗师并做详细的检查,以确定其问题。如有需要,可尽早接受适当的治疗或训练,越早治疗,大脑的可塑性越大,效果也越好,同时也可避免产生许多次发的问题,如自卑心理、反社会行为、人际关系不良或自暴自弃等。

艾尔丝博士根据各种测验的结果,经过长期的研究,归纳出几种感觉统合异常综合征。感觉统合功能异常的儿童可能会有一种或一种以上的综合病症。重要的综合征有下列四种。

一、两大脑半球之间的统合不良

大脑越分化,学习能力就越强。通常惯用右手的人,左边大脑半球负责精细动作和语言,右边大脑半球负责视觉空间概念。这种高度的分化,必须依赖两大脑半球之间完美的整合作用,尤其是脑干部分的整合,才能发挥功效。大脑在脑干部位的整合功能与原始反射反应及维持姿势的动作机能有关,如果各种动作反应未发展好,就会影响到两大脑半球之间的整合,进而影响大脑皮质的分化。

这个综合征最明显的现象是身体两侧的协调不好,维持平衡及保护自己避免跌倒的能力差。有的儿童会有听觉—语言问题,左右分辨困难,或对于空间及形状的认知能力不好等。从临床观察,可看到有大脑两侧整合问题的儿童,原始反射反应常常没有整合好,平衡能力差,眼球跟随物体转动的能力也不好;肌肉张力可能比较低,肌肉的拮抗收缩能力不好,调节姿势或动作控制的能力也就比较差,动作常显得很笨拙。

二、发展性运用不良

儿童的感觉统合功能不好,可能会影响动作或活动能力的发展。有发展性运用不能的儿童通常在活动时显得比较笨拙,或不知如何去做,口腔动作和眼球控制也可能不灵活,以致影响构音或语言的发展,甚至手眼不协调,学习穿衣、画图、剪贴、组合玩具、叠积木或写字较困难。有时,感觉统合功能不良的儿童能够用记忆的方法学会一些技巧,但情况稍微改变就不会应用了,造成这个问题的主要原因是建立身体空间概念的本体觉刺激不够或无法运用,以至于儿童无法确知其身体各部位的相关位置或动作,因此无法自然顺畅地运用其肢体。

三、形状与空间概念不良

形状与空间的知觉能力是集合前庭觉、本体觉及触觉的刺激和视觉的整合结果。当儿童的前庭觉、本体觉、触觉系统的功能不良,眼球控制不灵活或有视力问题时,都可能影响其视觉空间概念的发展。所以,有这种综合征的儿童常常伴随有其他综合征的病征。

四、触觉防御现象

有触觉防御现象的儿童,对于触觉刺激非常敏感,不喜欢被触碰,如洗头、洗脸或剪头发困难。对于其他的刺激,如视觉、听觉或前庭觉刺激等,也可能反应过度,表现出特别好动、容易分心或有情绪不稳定的现象。这些问题可能会影响儿童的身体概念与知觉能力的发展以及人际互动。

第二节　学前儿童感觉统合失调的评估

由于遗传、环境因素的不同,每个儿童的感觉统合失调问题都有自身的独特性,可谓情态各异,程度有别。针对学前儿童感觉统合失调的评估在干预指导及康复训练中就显得特别重要。感觉统合训练的创始人艾尔丝设计了一系列临床评定测验,至今仍被广泛使用。目前,儿童感觉统合失调问题的评估多采取多元评估模式,多角度搜集儿童发育信息。

一、疑似因素分析及推断

学前儿童生长发育中的问题多是遗传因素与环境因素相互作用的结果,学前儿童感觉统合失调也有其遗传学原因和不良环境因素的影响。专业人员通过详细了解儿童从胚胎期直到生长发育早期(学前期)的各种信息,甄别儿童可能经受的不良因素刺激,根据临床经验及相关研究结果对儿童问题性质作出初步判断,这种方法称为疑似因素分析和推断。该方法在整体评估工作中处于辅助地位,是其他评估方法的补充,对其他评估方法得出的结论有一定的印证作用。

目前,孩子感觉统合失调的原因和机理还不明确。国内近几年的研究表明,其发病原因可能是生物、心理和社会等多种因素综合作用所致。

(1) 妊娠期或生产期间的不良因素与感觉统合失调有很强的关联性。例如,妈妈妊娠期有病毒感染、妊娠期高血压、抽烟、酗酒、阴道出血、胎位不正、先兆流产或者新生儿早产、过期产、剖宫产、体重足月偏低等均与感觉统合的疾病有关。

(2) 父亲因素:年龄偏大的父亲与感觉统合失调的关系较弱。

(3) 父母性格和文化程度,如父母性格敏感、多疑、固执己见、爱打牌、文化程度不高者,感觉统合失调率较高。

(4) 父母拒绝或过度保护等养育方式和家庭环境容易导致感觉统合失调的因素有:家庭管教不一致、居住和玩乐环境差等。

(5) 宝宝本身的因素。爬行不足、学步车过早使用等,在婴幼儿时期就有患病史,对孩子的感觉统合发育都有不良影响。

(6) 其他因素的影响。如都市化的城市孩子生活、小型化的现代家庭、玩伴的缺失都造成了不良的影响。

疑似因素分析的信息获取途径有:询问儿童的父母及亲属,查阅儿童出生记录及相关诊疗记录。一般而言,当前来咨询的儿童年龄比较小时,父母及其亲属对儿童出生前后及生长发育早期的信息有比较全面清楚的记忆,少数细心家长为子女建立了成长档案。向儿童父母搜集信息时,有时会涉及个人隐私(如个人的不良生活习惯、家庭变故等),不便提问或案主不愿提及,影响信息的完整性,会给疑似因素分析和推断带来困难。为此,专业人员在秉持案主自愿、自决原则的前提下,采取恰当方式搜集信息,逐步完善信息。

疑似因素分析对专业人员有较高的要求:知识面丰富,不仅熟悉感觉统合训练本领域知识,还要对相关领域知识也有较广泛的涉猎,如儿科学、病理学、遗传学、职业病防治等。

二、观察方法

最常见的感觉统合失调观察方法有四种,这些方法主要在于确定行为常模,然后对照规范常模,使出题点浮出水面,作为感应性运动诊断指导的借鉴。四种观察的方法分别是:ITPA(Illinois test of psycholinguistic abilities,伊利诺斯心理语言学习能力测验)(适用于3~8岁,所需时间60~80分钟)、专业视知觉发达检查(适用于4~8岁,所需时间30~40分钟)、南加州感觉统合核对表(适用于4~10岁,所需时间75~90分钟)、JAMP(适用于2~6岁,所需时间:约40分钟)

以上为感觉统合大师艾尔丝博士设计的临床观察方法,在日常生活中不需要特殊的观察工具。由于比较不规范,观察者的主观因素会产生很大的差异,为避免误导需要更多的专业知识来进行分析统计,所以比较适合专业机构使用。

但迄今为止,仍最广泛地采用了这种来自日常生活的临床观察手段。由于对感觉统合失调问题的研究尚处于初步发展阶段,因此精细的标准化并不容易建立,尽管经验丰富的治疗师仍认可相对细致且实用性强的艾尔丝这种核对表的观察设计。从孩子日常吃饭、玩耍、学习的情况中发现关于感觉统合的问题,艾尔丝博士曾经提供了一个比较简单的行动观察法,她把工作交给未经培训的家长,家长凭直觉(当然必须简单讲解)填写观察记录,交由专家分析后再重新观察,以便对孩子出现的问题有一个初步的概括性的掌握。

感觉统合最重要的是做,有了这个概略基础,再加上更详细的记录,就能让专家对孩子的实际情况有更准确的认识。

(一)对感觉刺激的反应

1. 触觉

触觉防御十分显著,厌恶或恐惧他人接触,对人多或不熟悉的地方加以排斥,这些儿童多属于感觉统合不良。辨识触觉的能力,也包括能正确说出被触摸到的部位;对眼睛看不见的东西,用手摸一下,也可以对它进行正确地判断。

2. 前庭觉

儿童前庭觉的反应可以根据头部位置的变化情况来看。反应过强或反应迟钝,都属于不好的现象。在剧烈旋转或摇晃的玩具上,反应迟钝的孩子不会头晕、发怵;反应太强烈,是指儿童刚上去晃两下就头晕目眩,连看别人转动一下都头晕目眩。前庭觉的反应需要对动作的观察更为细致,应进行直线运动、身体倾斜等测试,还有眼球震动变化幅度的观察,都是在旋转后利用仪器进行。

3. 嗅觉

对某种气味的嗅觉和特殊反应,如口腔内的酸、甜、苦、辣。

4. 视觉

用笔画线或抄写都涉及手眼协调的能力,与感觉统合关系很大。视觉的发展还包括对日常身体空间的认知能力、对位置的认知能力等方面的研究。

5. 听觉

声音的大小、方向、距离、语言内容,包括事物的名称、动作或状态。必要的说明能听懂,还有运用语言式记忆也能听懂。

(二)肌肉的反射状态

1. 肌肉紧张度

婴幼儿俯卧可抬高头部,练习颈部紧张感。收紧度不高的孩子,整个身体比较柔软,关节的弯曲度也比较大,活动起来比较灵敏;如果紧张度高,整个人就会僵硬,看起来就会迟钝。

2. 同时收缩

在收缩协调动作成熟度的同时,观察孩子伸筋的情况。成熟孩子的关节可以做出像石头一样坚硬的姿势,保持头部和手腕不动,一般孩子到了七八岁,都可以保持较长时间的坐姿。

3. 不能随意运动

运动发育不良,会导致婴幼儿运动不灵活、肢体协调性差、不会做运动等。可以观察孩子手指、手腕痉挛的情况,让孩子闭上眼睛,以免注意力过度集中在手指动作,同时让他数1~20或做吐舌的动作。在日常生活中,观察不随意运动的发展状况,可以用笔画线,也可以用笔使力。

(三)运动行为状态

1. 直立站姿反应

直立站姿反应是指在空间内保持头部和身体的正常位置,观察它的局部还原的反应。比如,当身体向右倾斜的时候,头也会自然地向右倾斜。此时的眼睛及内耳神经感应器受到刺激,使身体出现倾斜,头部也会马上反射还原,引领身体不至于跌落。直立站姿反应对孩子的平衡感和地心引力协调能力的成熟有很大的影响。

2. 对拉伸反应的保护

通常在身体失去平衡的情况下,身体会向下倒,但手和脚自然会在摔倒的瞬间伸出,并得到保护,这是对拉伸反应的一种保护。这种反应不良的孩子很容易受伤,通常在出生6个月后,这种反应就会慢慢发育成熟,而且会持续一辈子。

3. 与地心引力的姿势保持相抗衡

孩子在平衡能力的成长过程中,为了控制自己的身体,应学会保持一定的姿态。如做平面姿态,如图6-1所示;弯弯曲曲的身体弓形手上举,后屈体态,如图6-2所示。

图6-1 平面姿态 　　　　　图6-2 后屈体态

做这两个动作时,头、手腕和脚都会向上抬起,使肌肉有紧张感。6岁左右的孩子一般能坚持做20~30秒。

4. 重力不稳定(与地心引力不协调)

头部位置发生变化时身体会失去平衡感,前庭觉会受到严重刺激,多数孩子能主动调整,与重力保持协调,但也有部分孩子会恐惧,表示自己的前庭系统调节不好,所以出现情绪反应过度或姿态不稳的现象。

5. 运动企划

在做没做过的动作时,大脑会动员过去所有相关动作的记忆,并从这些印象中寻找可能需要的实施方法,来做这个新的动作和次序。这种能力一般被称为运动企划。认真观察孩子在运动企划形成过程中的热情和效率,大致包括以下几个方面。

(1) 使力运动,脚力,如切西瓜、蹬车鼓劲、锯东西等力量运动。

(2) 单脚跳、跳绳、跳舞等有节奏的全身性锻炼。

(3) 用乐器、歌曲配合做游戏,动作一定要符合旋律。

(4) 手指锻炼,如系扣子、系鞋带、别自己的小别针。

(5) 用叉、勺、剪、缝、写等道具动作。

对以上各个方面都显得笨手笨脚的孩子,在运动计划中都可以列入其中。

6. 身体两侧协调

在精细动作中,单手能完成的几乎没有,都需要两只手的配合运用。一只手能配合另一只手,肢体动作的熟练度很重要,如果双侧动作不协调,手的配合动作一定会差,甚至表现出意识的左右开弓。

7. 中线交叉运动

从两只眼睛中间穿过,沿着鼻梁向下延伸的一条直线,叫中间线。两手均可越过中线展开某一具体动作,叫中线交叉运动。

8. 惯用手

习惯于用右手的人,右半身比较好动,左半脑也比较发达;惯用左手的人,左半身比较好动,右半脑发展得更好一些。在某一手占据优势的情况下另一手势必会减缓。无惯用手的孩子,左右脑常常表现为机能反应不充分的发育状态。

9. 身体的意识

人在脑中对自己身体的各个部分自然形成一幅地图,如眼、鼻、口、耳、手等,不必看见,也会自然而然地有所表示。

三、日常生活诊断

从观察日常生活作息来诊断,无论是穿脱衣服、吃饭游戏活动、学习反应还是身体接触等,都是最准确的观察指数。幼儿感觉统合能力差,可以从日常生活中看出以下几点。

1. 穿脱衣服上的困难

(1) 系扣子。对孩子来说,系扣子是一道难度相当大的题目,一定要两只手协调好才能完成。胸部以下的扣子,目光所及,手眼协调就能轻松完成;但上方的纽扣由于看不见,所以手指动作一定要在脑中有清楚的印象。所以,要让孩子多练习手指的运动力度,观察他系扣子时的抓握力度以及成熟程度。

(2) 穿脱鞋。穿鞋的动作稍有难度,有的孩子会显得笨手笨脚,身体有些僵硬,没有耐性。

(3) 站着穿脱裤子。脱穿裤子的动作通常比较难,特别是当单脚弯曲离开或进入裤管的时候,很多孩子的平衡能力达不到,在这方面往往会受到挫折。

(4)两根手指总伸进一个手套指孔。身体感觉不好、各部位形象不清的孩子往往有这方面的困难。这样的孩子一定要加强手部的触觉锻炼。经常抚摸手部,增加敏感度,或进行闭眼摸物的练习,都能使孩子的手部触觉得到加强。

2. 用餐时的问题

(1)惯用手不能确定。观察孩子的惯用手,包括使用筷子、勺子、叉子的情况,也包括握剪刀、抛球、握玩具等。在指导感觉运动之前,这是非常重要的一项。

幼年时期的孩子,通常惯用的双手是不明确的,判断清楚最快也要在3岁以后。惯用左手的孩子,一般右脑比较发达。由于左脑的成熟度大多在八九岁以后,所以惯用左手的右手矫正工作最好不要在幼儿阶段进行。

(2)就餐时,饭粒掉满地面。感觉统合不好的孩子,嘴巴附近肌肉紧张度差,闭口咀嚼的动作总是做不好,容易出现饭粒掉落的情况。这类孩子的舌头通常不太灵活,可以观察孩子用舌头舔唇边或上下唇的动作,做得不好的孩子可以用蜂蜜或果酱涂在唇边或上下唇上,以练习使用舌头的动作。

(3)往杯子里倒水。把水壶里的水倒入杯中,一定要会用眼睛对空间里的物体作出正确的判断。倒水时,孩子要先用眼睛观察壶口和杯口的位置,双手能掌握好壶的重量和倒水时的轻重变化。不只是手眼配合要对,为了做好这一系列的工作,肌肉收缩控制也要顺畅。

(4)将餐盒、餐具等整理好。餐盒的盖子要盖好,或者餐盘里要摆好餐具,要正确判断物体的大小、形状、方向的关系。这种利用视觉信息完成的一系列工作,在观察中也是一个重要的指标,因为感觉统合不良的孩子很难顺利完成。

3. 生活上的异样现象

(1)整理东西时方向不对。有些孩子在布置东西的时候,尤其显得力不从心,比如整理桌椅的时候,常常方向不对,缺乏对空间的感知能力。鞋子穿错了脚,前后不能对齐,玩具不能归位,这些都有可能是统合感觉不良造成的。

(2)拿扫把动作异常。拿着扫把好像在用拖把,两只手的配合显得笨拙,身体中线两侧的配合很难掌握,这类孩子多半是因为前庭平衡性适应能力欠佳。

4. 学习上的各种困难

(1)小肌肉控制手指。在美国南加州大学的感觉统合检查中,有一种手指神经检查方法,可以让孩子对手指触觉有一个认识。

手指是人类接触最多使用最多的器官,与外界环境接触最多,对陌生的碰触通常不会感到害怕,所以在探索的时候手指也一直是最重要的工具。手指触觉不好,会影响手眼协调发展,写字能力也会出现问题。上述情况,多为触觉防御过当所致。

(2)坐姿测验(大块肌肉发达的情形)。在椅子上静坐,可以检测出孩子肌肉张力发展的程度。坐下时,出现弯腰驼背、双手无着落、经常托腮等现象,就表现出孩子的肌肉缺乏张力。

(3)听写比赛。听觉与视觉的配合,极大地影响了孩子的学习能力。有的孩子对听到的声音不能马上明白,所以不能和视觉做协作工作。这类孩子在听写方面的练习会格外吃力,经常出现遗漏的情况,甚至出现完全跟不上的情况。做排列号码各号码顺序也是频频出错,如6之后,往往遗漏7,直接变成8,始终记不清楚后面是哪一个号码,以致屡屡出错。

5. 平常走路时的困扰

有的孩子走路不顺,高台上不敢走,连上下楼梯都会费劲。有的不敢走田间小路,碰到泥泞的地面便不知所措,对前面的障碍物无法翻越或避开,在倾斜路面上或急上陡坡、爬小山坡时,都明显笨手笨脚的儿童,充分显示他运动企划能力的不足。

四、运用教具进行诊断指导

从孩子操作教具时的反应,能看出孩子在进行感觉统合运动指导时的问题。

(一)使用小滑板时的异常姿态

小滑板是艾尔丝博士经过多年的研究和临床实验,设计出来的感受性运动教具中最重要的一种。一面方形板,大概能把孩子的脖子以下、腰部以上躯干平放于滑板表面,附以四轮,可向前、向左,也可向右、向后。

1. 不敢坐小滑板

孩子以俯卧或仰卧的姿势,俯卧或趴在一个小滑板上,头抬起,双手滑动。颈部张力够的孩子游戏时颈部可挺起,配合腹部做核心动作时,双手顺滑前进或变换方向。但是对于头部很难挺高,颈部张力不足,前庭均衡发育不好的孩子来说,这样做的时候会有明显的难度。

2. 经常从滑板上跌落

滑小滑板时,胸部要挺起,以腹部为核心,脖子用力往上提,这样滑动起来就轻松自如。但是有一些孩子,腹部无法用力,连胸都抬不起来,滑行的时候腹部会离开小滑板,这样整个身体就会从滑板上翻过来,或者从滑板上滑下来,这样的孩子在运动中就表现出来了在感觉统合方面的明显不足。

3. 头脚同时上举时感到害怕或讨厌

在滑板比赛中,有一种操作方式是平躺着进行。让孩子以背部为核心躺在滑板上,脖子和手脚弯曲向上,手脚并用即可。所到之处系一条绳子,孩子可以用手和脚同时钩住绳子,慢慢地往前滑动,姿势是向上仰的,如图6-3所示。

图6-3 上仰姿势

有的孩子在后仰滑行时,脖子用力不能抬起头,或腰部用力不足,就会从滑板上掉下来,连手脚也失去了应有的柔韧性,不知如何调整滑动动作。这多是肌张力的保持出现了问题,往往造成运动企划能力不足的现象。肌肉紧张度不够的孩子,一般容易焦虑、紧张、肌肉僵硬、不自信。

4. 操作小滑板时手部的灵活度

小滑板游戏中,手的使用程度是很重要的。在做卧滑动作时,手臂用力收缩,带动全身核心在滑板上。手在向上滑动时,一定要抓住绳子,用手腕和胳膊的伸缩力去滑。这个时候肩膀一定要保持平衡,不然伸缩手腕的时候身体就歪了。操作时,动作灵活流畅,主要是身体协调性好。双手是在日常生活中运用最多的部分,其运动企划协调能力,从滑板比赛中就能迅速展现出来。

5. "青蛙蹬"游戏的用力异常情况

滑板游戏练习滑行后,还要练习运动姿势,利用墙壁的反弹力蹬地前进。身体的下半部,大小腿为了集中后排座椅的反弹力与足盘的姿势,最好能像青蛙游泳时的样子,用力蹬出,显得格外有力。这个练习很重要的一点就是肌肉和关节之间的协调能力。当然,对于运动企划能力不够的孩子,这一系列连贯的动作很难有效协调。

6. 沿指定方向滑行的控制

在小滑板游戏中,可以将孩子躺在滑板上,顺着滑道滑过去,用积木或木板排成一个通道。通道可设置多种变向,孩子在滑板上凭视觉判断通道形态,操纵身体位置,以顺利通过。这样的游戏能充分考验孩子的运动企划能力是否达到标准。

(二)大龙球上的游戏活动

大龙球是练习身体和地心引力协调非常重要的教具。

1. 俯卧大龙球

先让孩子趴在一个大龙球上,以腹部为支点,指导孩子平举两只脚,稍作前拉后推的动作。如果在大龙球上的孩子能够抬头挺胸,并把手举起来,说明肌肉的张力足以维持抗重力的姿势,如图 6-4 所示。若头部向下降,双手紧握龙球,则说明身体与重力配合不佳,如图 6-5 所示。能够顺利抬起双手的孩子,通常在碰到身体倾斜、跌倒或碰撞时,也有较强的自我保护能力,而且也不容易出现伤病的情况。反之,通常平衡力不足的儿童,则会对大龙球产生恐惧感,胆怯有余、柔韧性不足。

图 6-4 肌肉的张力足以维持抗重力　　图 6-5 身体与重力配合不佳

2. 头部位置是否稳定

在大龙球比赛中，指导老师还可以用双手按住孩子的腰，让大龙球转动起来，前后都可以做动作。此时孩子的头部位置很重要，以平稳为宜。将身体固定在正中位置，这样可以避免身体滑落。如果肌肉张力不足，头容易倾斜，就会带动身体朝同一个方向滑落。因此，大龙球能考验孩子的前庭均衡发育程度。

3. 球从身体上方滚过的压迫刺激反应

让孩子仰卧或俯卧在地板上，引导员滚动大龙球，轻轻压住身体，使其感受到这种触觉刺激的压迫感。这样的游戏对孩子学习形体形象有很大的帮助，能让身体各部位在无意识的情况下，轻松地做与大脑之间的同步感。通常触觉防御过当的孩子，对压迫感会产生难以抑制的情绪排斥反应，这种游戏是他们无法接受的。

（三）转动转盘上的感觉运动

可以用旋转的转盘来测试孩子的平衡性和运动企划能力。

1. 进入盘中承受震荡时

让孩子站在旋转的转盘里，进行左右摇晃的游戏，两手力量均衡。一般平衡力不足的孩子，会在转盘里慌慌张张，不能保持身体的稳定，常常大声喊叫或者不肯再往里跨一步。

还可以做360°旋转游戏，让孩子坐下来，两手抓住盘沿，由引导员转动，看孩子能承受的程度。此时，前庭运动感应器一定会受到很大的刺激，刺激反应不足的人会立即产生眩晕的恐惧心理，而过度刺激的人，怎么转动都不会晕眩。过与不及均非好现象，可见球场平衡感的异常。

2. 自行操作的摇动旋转

让孩子坐在转盘里，待身体稳定后，再转动转盘。运动企划发展良好的孩子很快就会调整体态和双手发力的状态，流畅地旋转，弯曲舒展的全身也更加自然。平衡能力差的孩子，在做这个动作的时候，运动企划的灵活度、成熟度都会表现出不足。

3. 转盘上的其他游戏

孩子在转盘里的时候，可以丢球让他捡，也可以丢到固定的球筐里。在核心不稳的状态下，投掷对孩子的自信心的建立都有很大的帮助，这就需要完整的运动企划能力。在摇晃中，方向和距离感的判断更有助于孩子的发展，也有助于孩子的身体感知能力。

五、专业工具评估

感觉统合失调专业评估的工具和方法有多种。有的评估信息是通过儿童的知情人士获得的，可谓间接评估，如填写问卷或访谈。有的评估是由评估人员直接测评儿童获得的，可谓直接评估。两种方法可结合使用。当前，该评估主要采取间接评估，直接评估较少。一是直接评估工具较少，内容不够全面；二是一些儿童不配合直接评估。所以，研发直接评估工具是感觉统合训练领域中的新课题。

（一）间接评估

间接评估是指评估人员采用各种已有的问卷或量表，由儿童知情人士根据儿童情况完成填写的评估手段。感觉统合失调评估和其他能力发展评估多采取间接评估。

1. 感觉统合失调评估

儿童在成才过程中,生理、心理发展水平呈现的特点,有心的家长和老师是最有发言权的,但要较为准确地表述儿童的发展特点、行为性质,家长和老师还需了解一些评定儿童感觉统合能力的方法。

《幼儿感觉统合能力发展评估量表》主要包括了以下问题:前庭不平衡问题(14条);触觉功能不佳(21条);本体感障碍(12条);学习能力拓展不够(8条);大孩子问题(3条)。

前庭作用是脑干对感觉信息进行过滤,输入大脑形成学习信息。信息中的统合整理,要靠脑干的前庭来完成。大脑输入的信息也是为了迅速获得大脑与身体的完全协调,由前庭功能来进行轻、重、缓、急的整理。前庭不平衡为平衡能力差、空间认知错误、肢体动作严重不协调、容易被绊倒、手眼协调能力差等。

触觉功能不良指的是对外界刺激适应能力较差、怕或不喜欢别人触摸等触觉敏感的儿童,往往喜欢偏食、吮指等某种特殊的感觉,这类儿童的触觉功能较差。常见的有触觉迟钝、反应迟钝、行动不灵活、辨别能力不强等问题。

当本体感觉失调时,本体器官(肌肉的感受器、肌腱、关节囊等)产生障碍,造成动作呆滞(如不会系鞋带、不会扣纽扣等),性格孤僻(不合群、无朋友等)。

学习能力发展不足时,计数有问题,读书经常出现跳读、漏读,写字笔顺颠倒,偏旁错误等现象。

儿童感觉统合能力发育评定量表(见表6-1)由家长填写,各项目按不同程度分级评定,分别计为5、4、3、2、1分(从不这样、很少这样、有时候、常常如此、总是如此)。原始分折算成标准分,在判断成绩时进行估分。

表6-1 儿童感觉统合能力发育评定量表

评定内容	从不这样	很少这样	有时候	常常如此	总是如此
1. 尤其喜欢玩旋转的板凳或游乐设施,不会晕头转向					
2. 喜欢旋转或绕圈跑,不会晕头转向,也不会疲劳					
3. 虽然看到了还是经常冲撞桌椅、柱子、门、墙或者别人					
4. 行动、吃饭、敲鼓、画画时双手协调不良					
5. 手脚笨拙、容易跌倒、拉他时仍显得笨手笨脚					
6. 俯卧在地板和床上,头、颈、胸部不能抬高					
7. 爬下、往外跑,不听劝阻					
8. 乱动不安,东拉西扯,不听劝阻,惩罚也没用					

续表

评定内容	从不这样	很少这样	有时候	常常如此	总是如此
9. 喜欢惹人、喜欢捣蛋和恶作剧					
10. 经常自言自语,把别人说过的话重复一遍,喜欢背广告语					
11. 表面左撇子,实际上左右手都用					
12. 分不清左右方向,经常穿反衣服					
13. 不敢坐电梯,也不敢缓慢地走陌生地方的电梯或楼梯					
14. 条理性差,经常乱搞东西,不爱整理自己的环境					
(以上是前庭不平衡问题,共14条)					
15. 特别暴躁,对亲人强词夺理,到了陌生的环境就发怵					
16. 害怕到新的场合,往往很快就要求离开					
17. 偏食挑食,不爱吃蔬菜					
18. 害羞,内心不安,喜欢一个人玩,不喜欢与人嬉戏					
19. 容易黏着母亲或固定某个人,不喜欢去陌生的环境,爱被人搂搂抱抱					
20. 看电视或听故事,易被打动,惊叫或发笑,对恐怖镜头产生恐惧心理					
21. 严重怕黑,不喜去空荡荡的屋子里,要求随处陪伴					
22. 晨起懒散,夜不能寐,往往上学前不肯到校,放学后也不愿回家					
23. 易生小病后不愿上学,常无故拒学					
24. 经常吸吮手指或咬指甲,不喜欢别人帮着剪					
25. 换床睡不着,不愿意换被和睡裤,经常担心睡眠问题					
26. 独占性强,别人碰了他的东西,往往会莫名其妙地就发脾气					
27. 不爱与人聊天和玩,把洗澡、洗脸看成是痛苦行为					
28. 对自己的东西保护过度,特别讨厌别人从背后接近自己					
29. 怕沙、土,怕玩水,有洁癖					
30. 不喜欢视觉上的直接接触,往往要用手才能把需要表达出来					
31. 危险事情反应迟钝或疼痛强烈					

续表

评定内容	从不这样	很少这样	有时候	常常如此	总是如此
32. 听而不见,表现十分安静,表情淡漠,无端嬉笑					
33. 过分安静或拘泥于怪异的打法					
34. 喜欢咬人,而且经常咬固定的伙伴,莫名其妙就碰坏了东西					
35. 性格内向、柔弱、爱哭闹					
(以上是触觉功能不全,共21条)					
36. 穿脱裤子,扣扣子,系拉链、鞋带行动迟缓,笨手笨脚					
37. 固执己见,多疑,不合群,孤僻					
38. 饭粒常在进餐时掉落,口水无法控制					
39. 语言模糊,吐字不清楚,语言能力发育迟缓					
40. 好吃懒做,行动迟缓,做事没有效率					
41. 不爱翻跟头,不爱打滚,不喜欢爬高					
42. 上幼儿园不会洗手擦脸,不会剪纸,不会自己擦屁股					
43. 上幼儿园(大班、中班),筷子还是不会用,笔也不会拿,怕攀岩和荡秋千					
44. 对小伤特别敏感,过分依赖别人的关怀					
45. 不善于玩积木、组合东西、队列和投球					
46. 怕攀高,不肯走平衡木					
47. 到了一个陌生的新环境,速度很容易失去方向					
(以上是本体觉不适应,共12条)					
48. 貌似智力正常,但特别难做算术、阅读、学习					
49. 读书常跳行、漏字,抄写常漏字、漏行,写字笔画颠倒					
50. 注意力不集中,坐不住,上课经常左顾右盼					
51. 书写不佳,书写速度慢,往往超出格子范围					
52. 看书容易眼睛发酸,对数学特别恐惧					
53. 认字能力虽好,但不理解,也不能组成较长的句子					

续表

评定内容	从不这样	很少这样	有时候	常常如此	总是如此
54. 混淆背景中的特殊图形,不容易看出来					
55. 常有严重挫折,无法有效完成老师的要求和作业					
(以上是学习能力发展不足,共8条)					
56. 工具运用能力差,做不好劳作或家务					
57. 自己的办公桌或周围不能保持整洁,难以收拾					
58. 遇事过度反应,情绪控制不住,容易消极					
(以上是针对大龄孩子的问题,共3条)					

注：凡标准分≤40分者说明存在感觉统合失调现象。一般来说,标准分在30～40分为轻度；20～30分为中度；20分以下为重度。

说明：通过对孩子的评定,计算出原始分（即各条目得分之和）,再换算成标准分进行评定。如前庭失衡原始分为37分,则标准分小于20分,说明可能存在重度前庭失衡现象。其余类推。

2. 其他能力发展评估

个体的感觉统合能力与其他能力间是相互影响的。感觉统合训练不仅改善儿童的感觉统合能力,也会促进其他能力的发展。训练方案制订前要充分收集其他能力发展水平的信息,训练后也要对其他能力的发展变化进行评估。

在实践中,需要评估的其他能力主要有动作精细度和协调性、感知—动作协调、言语语言能力、认知能力、沟通交流、注意力、意志品质、情绪行为控制以及规则的理解和执行等。面对具体个案,可有选择地评估其中问题较为突出的能力,不必全部评估。

（二）直接评估

直接评估是指评估人员借助专门设备或有关标准对儿童的发展情况进行直接检查和测评的评估手段,主要有感觉统合能力的操作评定、知觉—动作测验、感觉统合失调临床评估、视觉—动作统合发展测验以及前庭及小脑功能测评等。

1. 感觉统合能力操作评定

感觉统合能力操作评定由艾尔丝等人发明。评定工具包,如图6-6所示,内有17个针对儿童各感觉能力进行评估的测试,可以对儿童的各感觉及感觉统合能力实施直接评估,但具体评估项目不详。

2. 知觉—动作测验

知觉—动作测验评估儿童与学习能力有关的外周感觉器官、效应器及中枢间的统整能力,如动作发育成熟度、大小肌肉控制力、动作的速度、韵律感、躯体平衡控制能力、注意力、视知觉、听知觉以及空间感知和组织等能力。

知觉—动作测验用于儿童发展问题评估有较长的历史,测验工具版本繁杂。我国学

图 6-6　感觉统合能力操作评定工具包

者周台杰曾翻译并修订穆蒂(Multi)、斯特林(Sterling)和斯波尔丁(Spalding)编制的快速神经功能筛查测验(quick neurological screening test,QNST),并定名为简明知觉—动作测验,该工具在我国台湾地区有较广泛使用,我国大陆地区一些训练机构也有少量应用。它共有 15 个测验项目：书写技能、认知与仿画图形、感觉并认知手掌字形、追视技能、模仿声音组型、手指触鼻尖、手指结圆、同时触摸手和脸、快速翻转手掌、伸展四肢、脚跟抵脚尖行走、单腿站立、双脚交换跳、辨别身体左右以及异常心理、行为(焦虑、分心、冲动或过度防御等)。

3. 感觉统合失调临床评估

感觉统合失调临床评估(clinical evaluation sensory integration dysfunction)用于评估儿童全身肌肉功能及运动能力,由临床医生来实施,评估内容包括原始反射活动、肌张力、肌肉的拮抗性、姿势控制、动作协调性(特别是手部、口腔各器官的动作协调性)、眼球的运动控制等。

4. 视觉—动作统合发展测验

视感知与运动间整合在人的生活学习中具有突出作用,也是感觉统合训练的重要内容。视觉—动作统合发展测验(development test visual-motor integration)重点关注手眼协调性及空间知觉等。该测验可以采取多种形式进行,如让被测试儿童临摹一系列复杂程度递增的图画,观察其视觉动作的协调性及空间感知。

5. 前庭及小脑功能测评

躯体平衡控制不佳是感觉统合失调的核心问题之一。前庭及小脑对躯体平衡控制起着主导作用,对两者进行功能测查也是感觉统合失调评估的重要内容。

(1) 闭眼直立检查。儿童闭合双目,双脚并拢直立,双臂侧平举(肩外展)与肩持平。如此操作预练习 2～4 次,消除儿童紧张感及过分用力,随后进行正式测试。前庭功能不佳者,身体向患侧失衡偏倒。头颈旋转时,失衡偏倒的方向随之改变。小脑功能不佳者,将向患侧或后方偏倒,且头颈的旋转并不影响身体偏倒。该方法适用于问题较为严重儿童的平衡能力评估。

(2) 闭眼单腿站立测试。儿童先完成测试预备姿势：上肢自然下垂体侧，头颈、躯干、下肢直立，眼平视前方，深呼吸1～3次，身心无紧张感。然后进入正式测试：一侧下肢屈膝，脚尖离地，同时轻松闭合双目，记录单腿站立时长，轮换另一下肢进行测试。该测试法配有专门设备，名为闭眼单腿站立测试仪，如图6-7所示。该仪器由计数器及踩踏板（感应器）两部分组成。测试方法如前所述。该仪器测试较人工测试的优势在于：站立脚一旦因躯体失衡离开站立区域或另一腿触及踩踏板，计数器即时停止计时，减少评估人员的视觉判断误差。该方法简单易行，便于对训练前后儿童平衡能力变化情况进行比较。

(3) 平衡功能的计算机检查系统。借助高精度多维受力传感器和计算机分析软件对人体核心移动信息进行检测是平衡功能直接评估的新技术，在临床上得到应用。该类设备的名称有多种，如平衡测试仪、人体平衡功能检测仪、前庭平衡功能检测仪（见图6-8）等。市场中此类产品有多种型号，且价格不菲，这是该系列设备的不足之处。

图6-7　闭眼单腿站立测试仪　　　　　图6-8　前庭平衡功能检测仪

(4) 错指物位试验。预备姿势：儿童与评估人员相对而坐，分别伸出一手臂，评估人员的手臂在下方，手背向下，儿童手背向上，双方掌心相对，间距5～10厘米，双方食指伸出，其他四指握拳。施测：在睁眼状态下练习食指碰触食指的操作技术，即儿童下移手臂，以其食指碰触评估人员食指，如此1～3次。儿童在闭眼状态下完成上述操作，接受检查，换手臂对另一侧进行检查。前庭功能异常者，闭眼时不能准确碰触评估人员手指，且双手食指均向异常侧偏离。小脑功能异常者，食指向异常侧同向偏离，而健侧食指则能准确碰触评估人员的食指。

总之，儿童感觉统合失调的评估是一项综合性、专业性极强的活动，应坚持以多元评估思想组织实施评估工作，尽力采用多种工具，由多方面人士参与，在多种情境下全面搜集儿童各方面的信息，准确评定儿童存在的各种问题，合理推断关键问题及伴随问题，提出干预的总体策略。同时，还要坚持全程评估思想，从接案到结案的整个干预过程中多次进行评估，实时补充或更新训练对象的信息，及时调整干预策略和方案。

第七章　感觉统合训练活动项目

学习目标

知识目标
了解感觉统合训练器材的作用。

技能目标
能够利用训练器材制订活动方案。

情感目标
树立正确、科学的教育观、儿童观。

案例导入

萱萱，女孩，4岁3个月。

早期状况：剖腹产，没有爬行、学走路。

测试情况：前庭42、触觉41、本体48、学习力34、轻度失调症。

训练前主要表现：看上去很机灵，在家也能侃侃而谈，但在幼儿园就比较胆小，不爱表现，怕说话、不愿意主动举手。

第一阶段训练状态：比以前进步很大，画画、语言、算术能力都比以前强了，性格也比以前活泼了很多。

第二阶段训练状态：课堂上能主动举手发言，胆子变大了，讲故事时声音洪亮，条理清晰，跟之前判若两人，有一种很好的感觉。

第三阶段训练状态：自己能跳绳，思维能力大大提高，可以从100倒数到1，会做10以内的加减法，比起同龄的孩子，语言表达能力、思维能力更胜一筹。

是什么样的训练帮助萱萱取得了这么大的进步呢？

第一节　学前教育机构专业感觉统合训练项目

为进一步落实党的教育方针，围绕立德树人的根本任务，根据中共中央办公厅、国务院办公厅印发的《关于实施中华优秀传统文化传承发展工程的意见》指示精神和教育部《关于开展幼儿园"小学化"专项治理工作的通知》的有关要求，全面深化学前教育教学改革，提高区域教育质量。

无论是动物幼崽还是人类幼儿成长,都需要遵循自然成长规律,不同年龄段需要学习不同本领,从易到难,从简单到复杂,不能跳跃,不会站的鸟宝宝学不了飞,不会爬的熊宝宝学不了捕猎,不会走路的宝宝学不了跳跃。儿童感觉统合能力,是前庭觉、本体觉、触觉、听觉、视觉的觉醒,就像小鹰的飞行觉醒一样,需要反复练习,坚持努力,稳步进阶。只有感觉统合能力觉醒,才能建立正确的行为智能、学习智能、情商智能、社会智能。

一、触觉功能训练

触觉在人类感觉系统机能中占有很重要的位置,是保证其他感官发挥功能的基础,也是人类具备的一种特殊能力。大脑神经之间存在着密切的联系,如果触觉神经与外界环境不能很好地协调,就会影响大脑对外界的认知与应变,也就是所谓的触觉敏感或迟钝。触觉系统感觉统合运动的重点在于加强皮肤的各种触觉刺激,以修正抑制和调节触觉刺激的中枢神经能力,使大脑与身体的触觉神经建立协调一致的关系。

(一)触觉训练的基本对策

1. 训练强度问题

触觉刺激对神经系统产生影响大约发生在刺激后 30 秒内,具有一定的滞后性。在可承受范围内,触觉刺激的效果与刺激时长及强度成正比。所以,儿童触觉功能的训练需要有一定的刺激强度且维持足够的时长。但需要注意个体差异,需要实践中区别对待,分阶段推进,逐步提高训练水平。对于触觉过分敏感儿童,训练中的刺激强度应该由弱到强,逐步提高体肤的抗敏感性;对于触觉迟钝者,训练中的刺激强度需由强到弱,逐步提高体肤的敏感性。

2. 训练注意事项

第一,根据体肤触觉敏感性实时调整刺激部位。一般来说,儿童触觉功能训练前期,触觉刺激部位必须从相对不敏感的部位(手背及指端、脚背及脚掌边缘、背部)逐步过渡到敏感地方(手心、脚心、腹、腋、颈、大腿内侧等)。

第二,训练中渗透必要的认知教育。在训练中,训练人员要有意识地对相关的器材和身体的概念加以解释,如器材颜色、大小以及儿童躯体各部位名称等。

第三,训练形式要多样化。为有效避免单一训练方式导致的训练疲劳,触觉刺激形式要多样化,加强与其他活动的整合。

(二)触觉训练项目及技术要领

触觉功能训练常借助大龙球、海洋球池等器材做专项训练。另外,在前庭觉和本体觉训练中也不可避免地进行着触觉的伴随性训练。以下就大龙球、海洋球池、阳光隧道等几个器材简要介绍触觉功能训练项目及其操作要领。

1. 大龙球

1)器材简介

大龙球是直径 60~100 厘米的弹性充气圆球,表面有光面和突起状两种。前一种产生的触觉刺激是微弱的,后一种触觉刺激是强烈的。刚开始做触觉训练的孩子,要选择光滑面的大龙球为宜,有突起面的大龙球要在熟悉后再做选择。

2) 设备功能

大龙球上的游戏,可以丰富孩子的前庭感觉,加强前庭系统功能和身体肌肉的张力,对重力感的信息进行调整,促进内在感觉的发育。同时,孩子能发挥身体的自我保护功能,练习伸缩和保持平衡,对敏感或迟钝的触觉、身体协调性差、多动的孩子,能给予身体强有力的触觉刺激,具有特殊的作用。

3) 训练项目及动作要领

训练项目一:俯卧大龙球

活动器材:光面/粗面大龙球,球径大小依儿童体格及儿童的兴趣来选择和调整。

动作要领及注意事项:让孩子以腹部为支点,头抬起,视线朝前,趴在一个大龙球上。指导老师抓住他的脚,平举两腿,配合转动大龙球,前后推拉、左右旋转都要稍稍用力。前后、左右、快慢的变化能使孩子的庭前感觉丰富起来,对调节重力感也比较好。注意速度不要过快,让孩子自己努力保持平衡,以免滑落到球下,尽量在大龙球上帮助孩子体会和练习手、脚、头的使用方法,并在大龙球上做动作,保持身体平衡和自我保护的部分运动。

如果孩子胆子比较小,就会对大龙球产生畏惧感。指导老师还可以用双手按住孩子的腰,让龙球左右转。这时要注意孩子的位置,如果孩子的头不能平稳地放在正中间,容易向左右倾斜,就会带动身体将大龙球朝同一个方向滑落。

活动效果:抬头挺胸,双手上臂上举,对抗地心引力,保持抗重力的姿态,有利于肌肉张力增强。

延伸活动:

(1) 俯趴小龙球:把小龙球放在孩子的腹部,让他趴在上面,双手双脚着地,做前后、左右移动或旋转的动作,可以让孩子自己操作,带动小龙球滚落在腹部下方,加强孩子身体各部位对重力的协调感。

(2) 仰卧大龙球:以腰为支点,让孩子仰卧在大龙球上,由指导者抱住孩子的脚、大腿或腰,做前后左右的推举或滚翻动作。为了避免孩子对这个游戏产生排斥心理,在进行这个活动之前,一定要让孩子先做好俯卧大龙球的游戏,对大龙球的重力感充分熟悉。

仰卧能加强颈部的张力,刺激背部、颈部和脊髓神经,这是大脑和身体最重要的联系,因此采用这种姿势最能刺激人的固有感觉和本体觉。注意体验全身关节、肌肉的感觉,协助控制身体的平衡,这样有助于孩子形成运动企划的能力。

(3) 大龙球俯卧抓物:让孩子俯卧在大龙球上,身体保持平衡,在孩子面前放置目标物(小球、积木、绒布娃娃等),孩子往前滚时,手能够到的位置,指导老师把孩子的脚扶住,协助他往前、往左、往右滚,按要求帮助他抓住目标物。在缺乏重力感的大龙球上做抓东西的游戏,可以加强手眼协调和双侧平衡的操作控制,辅助孩子练习运动企划,对于孩子的语言发育和自控能力都有很大的帮助。

训练项目二：大龙球滚压

活动器材：粗面大龙球，根据孩子的兴趣爱好来选择和调整球径大小。

动作要领及注意事项：让孩子在地板或俯卧或仰卧，指导老师在身体上放一个大龙球，前后左右慢慢滚动，或在其上方轻轻按压。尽可能地向身体各处滚动、挤压，让他感受到触觉刺激的这种压迫感。

上下、前后、左右滚动、挤压，在不断转动中能加强身体各部位与脑部的协调，同时建立更好的身体形象，对孩子脑干前庭网膜的苏醒帮助很大，可以起到很好的促进作用。

用大龙球压孩子时，可让孩子用手或脚顶住，以加强孩子被压时的关节信息和动作策划能力。如果孩子特别喜欢压力比较大的，说明没有足够的触觉反应；如果只是一味地要求轻柔、持续地按压，那就说明没有问题了。触觉过于防御的孩子，敏感度比较强，比较不愿意接受翻滚和挤压，可以先压迫腹部（仰卧时）和背部（俯卧时），因为这两个部分都较容易接受。等孩子适应了，再试着压腿和胳膊、手。因为脚离脑最远，所以对脚的压迫和刺激比较多，对脑与身体的配合有帮助。

训练一段时间后，可以给孩子加上毛巾，大龙球里面的气也可以放掉一半。这种变化能使孩子感觉到重力感的改变，对前庭的协调刺激和触觉都有特别大的作用。这类游戏对孩子的身体形象学习有很大的帮助，能让身体各部位的神经在不知不觉中，轻松地做与大脑之间的同步感，使孩子对身体各部位的感觉都能融会贯通。

活动效果：在不断转动中建立较好的身体形象，改善过度敏感或触觉防御现象的同时，加强身体各部位的触觉和大脑之间的协调。

延伸活动：

（1）倚靠小龙球：将小龙球置于墙角，使孩子的颈、背或腰靠其上，身体发生扭转，使球滚动或摇晃身体，使其挤压于身体与墙壁之间。此外，还可以在孩子背后或腰下放一个小龙球，让孩子自己滚动。

（2）坐大龙球：把孩子扶着坐在大龙球上，做前后左右的转动，由指导者扶着孩子的腰部或手臂。此外，还可以借助大龙球的弹性，托住孩子的身体，做上下有节奏的震动。

对于较大的幼儿，指导老师可以放手，只要协助维持大龙球的稳定，指导幼儿手扶墙壁、桌沿或其他扶手，保持身体活动使大龙球做前后、左右的转动或利用自己身体的重量在大龙球上做上下震动即可。

此游戏能促进孩子的平衡反应，加强肌肉和关节的伸展能力，推动前庭系统的发育。此游戏前做好前项俯卧大龙球游戏，让小朋友熟悉大龙球的重力感后，再进行此游戏，小朋友在不强烈排斥的情况下，更容易接受。

可进一步延伸为让幼儿坐在大龙球上，指导幼儿双手平举或叉腰保持平衡，并由指导者协助保持球的稳定性；让孩子坐在大龙球上，一位指导者协助孩子坐稳，另一位指导者给他递球和小圈圈，让他伸手接球放进指定位置，也可由另外一位指导者和孩子一起进行投、接球练习。

（3）跳大龙球：把孩子扶在大龙球上站立，先让他上下轻摇，或双脚交替踩压，然后再把孩子扶起来跳，体会下落再弹起的感觉。可加强前庭刺激，抑制过敏信息，矫正重力不安及运动企划不足等问题。

2. 海洋球池

1）器材简介

海洋球池是如图 7-1 所示的一个大球池，里面装有许多软硬适中、颜色各异的塑料小空心球，直径为 10 厘米。

2）设备功能

球池游戏可以用来改善触觉敏感或不足，通过大量的触觉刺激强化触觉功能。幼儿在球池中进行抓跳、敲击等综合游戏，可使前庭感觉丰富，脑干功能加强，对原始反射有抑制作用，并能与触觉、肢体协调操作相联系，对提高幼儿的双侧协调和运动企划能力有很大的帮助。

图 7-1　海洋球池

3）训练项目及动作要领

训练项目一：欢乐球池

活动器材：球池，预置 2/3 球池体积的海洋球，少量小型号按摩球。

动作要领及注意事项：让孩子以自己喜欢的方式进入球池，既可以轻轻一跨，也可以奋力一跃跳进球池。球池游戏一般孩子都很喜欢，但是触觉敏感的孩子一开始就会产生一些恐惧或者排斥心理。有部分触觉敏感的孩子，往往会对这种触觉过度紧张，受不了球从不同部位接触到皮肤的感觉，更不能在球池中活动，这个地方的重力是不稳定的。

因此，开始时的引导非常重要，如果儿童不愿意进入，就不要强迫，可给他拿一两个球让他先在外面玩，降低接触的压力，循序渐进，帮助儿童先熟悉这种球的刺激，消除陌生的紧张感。同时可以在旁边观看别的儿童游戏，儿童们欢乐气氛的感染，加上鲜艳彩球的吸引力，可以突破触觉敏感儿童的心理障碍，进而想进去试一试。

在浮力状态下的球池中手脚转动、四肢划动或身体翻转、头颈摆动可调整身体的重力感信息。站在球池中，承受不同核心和身体动作的感觉，做踏步或跳跃练习。可确定一个目标，要求孩子按照规定的路径（站立行走、爬行、单脚双脚跳跃）完成目标。

此外，为了强化孩子的运动企划能力，还可以在球池里坐飞机起飞、火车开动、太空人漫步、抛球接球等游戏。

活动效果：加强触觉，激发前庭系统，增强身体的协调性；身体内在平衡能力的建立；使脑干功能得到加强。

延伸活动：

（1）藏身其中：让孩子慢慢坐下，将身体全部藏入球池中，接受球的挤压，以修正其触觉防御，并在触觉方面强化本体感，以加强对全身触觉系统的刺激和锻炼。

（2）球池寻宝：把其他质地或大小的一种物品藏在球池里，让孩子自己去找。可以把孩子分成两组，看一看哪组找得多。

训练项目二：球池综合游戏

活动器材：球池、吊缆、皮球、软垫等。

动作要领及注意事项：在球池旁边放置一个高约1米的台子，上方悬挂3个皮球，红、黄、蓝3种颜色各1个，让儿童自己登上高台，由高台上跳下，先用手打击吊在球池上方的皮球，再跳入球池中。还可要求儿童用指定的手拍指定的球，如第一次要求用右手拍红色的皮球，下一次再要求用左手拍黄色的球。

可将球池与吊缆游戏结合起来进行，让儿童先在吊缆上做各种动作，然后再从吊缆上跳进球池，对儿童的重力感不佳、触觉反应及运动企划能力的帮助都很大。

可进一步让儿童由阶梯爬上高台，再上吊缆，由吊缆跳入球池，由球池出来在软垫上再做一次前滚翻。

活动效果：完成连续性动作，输入触觉刺激；练习儿童对眼球的控制能力，提高视觉统合能力及身体企划运动能力；建立自信心。

延伸活动：

（1）球池荡秋千：距球池较远的地方放置高台，在球池与高台之间的上方悬挂一根绳索，让孩子登上高台，双手抓住绳索，像秋千一样向上面荡，跳入水池中。这个游戏非常有助于孩子身体两侧的协调性和视觉上的统一。此外，对于地心引力较差、触觉反应灵敏迟钝的孩子来说，也有很大的好处。

（2）百变小球池：可以把小球池换成体积足够大的容器，把塑料颗粒、泡棉粒或旧报纸揉成团，让孩子尝试触觉刺激和重力感的不同感受。还可以将黄豆、玉米粒等放入小盆中，让孩子的手指潜入其中，手心、手指、手背都接受触摸，能加强手的应力，也有助于触觉敏感度的消除。

3. 阳光隧道

1) 器材简介

阳光隧道是一条由塑料、金属或布料制成的隧道。部分滑梯设计成隧道的形式，如图7-2所示，可以让孩子体验光和声的变化。

2) 设备功能

图7-2 阳光隧道

让孩子通过隧道游戏，让本体感不好、触觉敏感或不足的孩子能正确地判断自己的身体形象。进入隧道，头手脚的配合也非常有助于调整孩子的前庭感受。光和声音在进出隧道时的变化，对孩子视觉和听觉的刺激都会增加。

3) 训练项目及动作要领

训练项目：穿越隧道

活动器材：阳光隧道、毛巾、积木、海绵垫等。

动作要领及注意事项：让孩子头在前，脚在后，通过另一面的隧道，自己设法爬进隧道并往外爬。提醒孩子注意使用自己的手和脚，以及自己的身体。将毛巾、积木、海绵垫等放置在隧道内，让孩子从一头爬进，从另一头爬出，通过顺着的方式，在不同的触觉刺激下,体验身体的活动。孩子爬进隧道,要让他张开手掌护住脸,引导员在隧道里轻轻一转,不能操之过急。让孩子练习固有的手、肘、肩、膝等关节在滚动中输入的感觉,加强刺激和调整前庭系统,这时候转动头部也有助于眼肌的发育成熟。当孩子感到不适时,应立即停止转动,协助孩子爬出隧道。

活动效果:刺激前庭体系,丰富触觉刺激输入。

延伸活动:

(1)隧道取物,即在隧道内放置很多东西,让儿童一只手或双手将指定的东西拿出来,并从隧道的另一端爬出,可头在先脚在后,也可以脚在先头在后。

(2)摇滚隧道,即将隧道放在核心不稳的跳床上,儿童自己在隧道中摇动,来增加触觉和重力感的刺激。也可将隧道放在跳床上,儿童爬进隧道,指导者站在跳床上用力蹦跳,有助于儿童双侧协调、身体形象和运动企划的成熟。

二、前庭觉功能训练

前庭觉是人类接受刺激的重要的基本感觉。前庭觉系统和大脑之间有着非常密切的关系。前庭作用是脑干对感觉信息进行过滤,并将信息输入大脑,形成学习信息。感觉里一些矛盾的信息是靠脑干前庭系统统合整理出来的。大脑输出的信息也是为了快速获得大脑与身体的完全协调,而由前庭功能进行轻重缓急的整理。

适宜的前庭器官刺激是躯体运动所产生的转动加速或向下加速。因此,前庭功能训练的重点在于使儿童躯体处于"失衡状态",前庭器官得到加速度刺激。

(一)前庭觉训练的基本对策

1. 基本方法

(1)旋转,如儿童取站立位的身体左右扭转(脚原地不动),或通过两脚移动实现全身原地旋转,坐立于吊台吊桶上的旋转或站坐于旋转盘上的旋转等。

(2)滚动,如绕身体垂直轴滚动(钻滚筒内滚)、绕身体冠状轴翻滚(跳水运动的屈体翻滚)、绕身体矢状轴的滚动(身体侧滚翻)。

(3)荡摆,如前后荡摆(横抱桶上的荡摆)、左右荡摆(平衡木上的身体摆动)。

(4)起落与震动,如蹦床上的上下跳动等。

(5)骤起急停,如起步立定、折返跑、跳高、跳远和跳水等。

(6)反射性纠正,如独脚凳训练时指导者轻推儿童肩膀等。

(7)组合式刺激,指上述六种刺激方式的不同组合。

2. 训练注意事项

(1)刺激维度问题。前庭功能训练总体坚持单一向度刺激与多向度刺激相结合的施训原则。

(2)心理支持问题。前庭训练中一些儿童需要特别的心理支持,以减少失衡的恐惧,增加参与训练的自信心。

(3)评估和反馈问题。因为在失衡、旋转或闭目状态中训练,儿童对自身的表现可能记忆得不深刻,故需要指导者及时告诉儿童他的完成情况。

(4)安防问题。前庭训练时,借助加速度来实施的,躯体失衡在所难免,存在一定的危险性,训练人员必须做好安防工作,密切关注儿童反应。

(二)前庭觉训练项目及技术要领

1. 滑板

1)器材简介

滑板是用一块长方形的木板,上面铺着地毯式的席子,下面配有四个万向轮,可以自由地滑行,也可以前后左右地做360°的旋转运动。滑板的大小要看孩子的年龄,以能支撑孩子的身体从胸部到腹部为宜。即选择滑板上可以平放孩子脖子以下和腰部以上身体的尺寸,如图7-3所示。

图7-3 滑板

2)设备功能

滑板游戏可以调节前庭感觉和触觉,引发非常丰富的平衡反应,本体感觉是脊髓和四肢运动产生的,大量的视觉情报在运动中输入,孩子的整体感觉统合操作功能就会得到积极的发展。在进行滑板活动时,眼球运动输入的感觉信息是相当重要的感觉统合运动。视觉把大量的情报送到大脑,与生俱来的感觉会让小脑更加清醒,指挥肌肉紧张感的改变。小脑间的运转能有强大的正确整合效果,因此在感觉统合训练中滑板游戏的地位也就格外特殊。

滑板活动的主要感受输入如下。

(1)前庭感受:以俯卧姿势在滑板上爬行,俯卧时对前庭脏器的刺激很大,重力感也很强。

(2)内在感受:肌肉关节在行进过程中运动而产生的紧张感。

(3)触觉:手触地时接触身体的触觉和皮肤肌肉的触觉。

(4)视觉:爬姿活动,对前庭平衡器官的特别刺激和本体感觉的强烈信息所产生的颈背肌肉收缩作用,对稳定眼球运动有极好的效果,对形成良好的自我视觉空间都有很好的帮助。

3)训练项目及动作要领

儿童坐姿或站姿时,所得不到的感觉输入动作反应,可通过滑板上的活动的诱发得到。多次练习后,儿童逐渐能精通这些感觉和反应,调节感觉活动并形成更正确的身体形象于脑中。滑板上的活动使身体受到神经刺激,对脑干的感觉和运动企划组合特别重要。脑干提供身体跟空间关系的重要神经信息,特别是对事物或声音的方向和距离的信息,并使身体产生相应的动作来对这些感觉信息做出反应。只有当视觉、听觉在脑干部的处理程序和身体跟重力感觉的处理程序相连,而且都发展得很好时,大脑半球的视觉、听觉才会得到较好的发展。在滑板上的全身运动,配合所产生的感觉输入和脑干的组合,建立了大脑处理有关语言和阅读技巧的深厚基础,对于语言发育不佳、阅读能力不强儿童的学习能力的提高非常重要。只在滑板上爬行一两次,对不规则发展的神经系统的作用不大,由于滑板有趣味性,对儿童有很大的吸引力,多数儿童都很乐意做滑板游戏。滑板爬行多次之后,才能加强前庭系统和前庭输入之间的神经联系。通过这些联系,才会把脑内的促进和抑制力量重新组合。

训练项目一:乌龟爬行

活动器材:滑板。

动作要领及注意事项:让孩子俯卧在滑板上,以腹部为核心,身体紧贴滑板,抬头挺胸,头颈抬高,双脚并拢抬起伸直,双手放下,以两手伸展的方式缓慢爬行前进,叫龟爬行。移动时可前移或后退,也可用手控制方向,按规定路线行进,之后原地做180°旋转的动作。

注意:滑板滑行时,应以腹部为核心,用力将脖子往上提,才能使胸部挺起,以此姿势滑行较轻松。此外,正确使用双手也很重要,爬行时双手同时着地,手指张开,掌心、手指紧贴地板,手臂收缩,以对抗掌心、手指与地面的摩擦,带动全身重量在滑板上运动。

活动效果:爬行活动时带给前庭平衡器官刺激,重新体验和强化趴着的行为,是宝宝时期缺乏俯卧和爬行训练的孩子特别需要补上的一课。

除了缓慢刺激前庭平衡器官外,滑板爬行还能直接促进活动中协同产生的手臂和胸部肌肉的强韧有力、强烈收缩的颈背肌肉和寻找眼球的动作,能改善过度敏感或迟钝的眼球跳跃动作,这样眼睛的注视能力和手眼协调能力就会提高。持续的滑板训练,能有效提高眼部肌肉的紧张度,使眼球在阅读运动时保持平稳,促进集中精力阅读,对好动不安、阅读困难的孩子帮助很大。

滑板爬行的活动量可从每天爬行8~10米30次开始,逐步增加到80~100次。

延伸活动:

(1)乌龟仰躺,即孩子仰卧,头向上仰,四肢屈起弓起,背向地面弯曲,尽量保持这个姿势,这也是一种与地心引力相抗衡的姿态。做此动作时,头、手腕和脚都会向上抬起,使肌肉有紧张感。6岁左右的孩子,这个姿势一般能保持20~30秒。这个姿势对于颈部张力不够、本体感不好的孩子很难做得很好。

(2)乌龟旋转,即让孩子俯卧在滑板上,双手交替控制方向,带动滑板和身体原地转动,可先向右转再向左转,动作要敏捷。转动次数不定,可由两三次逐渐增加到二三十次,甚至超过,主要是根据孩子的能力和兴趣,孩子在转动中是否造成头晕,转动后1小时内有持续性的效果来做合适次数的判断。如儿童很快就感到头晕,应立即停止,否则儿童将会出现脸色苍白、心慌、呕吐等情况;越不头晕的儿童,越需要自我快速旋转或被动快速旋转;轻轻旋转就容易头晕的儿童,或无法接受外来的推动和旋转时,鼓励儿童自我慢速旋转三五圈到几十圈,对脑神经的顺应性训练很有帮助。

严重前庭反应不足的儿童,常可看到旋转时手不过中线的情形,而且很少引起头晕,这些儿童最需要原地旋转的训练,应增加进行俯卧滑板旋转训练的时间和次数。

自己在原地打转所诱导的脑神经适应外界要求的应变能力,比被动式的旋转来得好。这是由于双手扶地面用力的同时,也要估计自己头晕能承受的程度,以及全身的位置,因而对形成良好的顺应性反应大有益处。

训练项目二：青蛙蹬

活动器材：根据儿童体格选取大小合适的滑板。

动作要领及注意事项：当儿童对滑板爬行运动比较熟练后，还要练习利用墙壁的反弹力往前蹬行的运动姿势，即青蛙蹬的游戏活动。

让孩子俯卧在滑板上，以腹部为核心，身体贴紧滑板，抬头挺胸，头颈抬起，双脚弯曲如青蛙游泳，前掌抵壁，双腿用力蹬踏，使身体贴着滑板向前滑行；同时两手向后伸展如游泳，保持滑板继续向前滑行，滑行至与对面墙壁接近时，用手控制方向作180°旋转，同时双脚弯曲，然后蹬踏，再滑起。这样反复多次。

注意：头颈上举，双臂尽量向前伸直，身体下半部、大小腿和脚盘的姿势最好能像青蛙游泳时的样子，这样才能使蹬出去的力量足够大。尤其要注意的是，不能用脚背蹬墙，而要用脚掌。身体形象感差的孩子由于眼睛看不见，很难摆正脚板，很有可能脚背对着墙壁，错误的动作不能产生足够的反弹力量，以至于这一简单的动作都做不好。每蹬一次墙后，应将双腿并拢抬起伸直，绷直脚尖，并利用惯性使滑板运动自如，回转时眼、手、脚要协调一致。

活动效果：青蛙蹬除对前庭平衡器官有缓慢刺激外，对身体肌肉有紧张感，对建立本体感及形体形象有很大帮助，对促进两侧统合感觉有很大作用，可以通过两脚同时舒缩的方式进行。在完成这类动作时，肌肉和关节之间的协调配合能力十分重要，而对于运动企划能力不够的孩子来说，要想将这一系列动作有效地协调起来，难度相当大。青蛙蹬腿的活动可根据孩子的具体情况，由原来的30次逐渐增加到100次左右（距离8～10米）。

延伸活动：

（1）青蛙蹬地取物，即用手拿着旗球或搭建在前面的积木，也可以指定孩子拿各种不同颜色的东西。此外，还可以用奇智砖或泡棉积木做成围挡，让孩子用手或头将围挡撞开。

（2）青蛙穿山洞，即让儿童俯卧在滑板上，先睁眼看清楚目标后，闭上眼睛，滑过距离1～3米远的"山洞"，或摸索着去取1～3米远处的绒布小动物，或碰打悬挂在空中的气球或小绒布动物。另外，也可以仰卧的姿势进行同样的尝试。这种活动对提高视觉空间的辨别能力，增强身体形象的训练很有作用。

（3）横冲直撞，即在相距约3米的墙壁之间，让孩子俯卧在滑板上，双手向前伸直，挺胸抬头，眼睛直视前方，闭上眼睛后看好自己的行进路线，双脚弯曲蹬墙，推着滑板，身体向前滑行。手触对壁时，顺势屈腕肘部，弹性吸尽全身冲力，再用反弹力将滑板及整个身体推向足部方向，双手伸直推墙。双脚触壁时顺势屈腿，弹性吸尽全身冲力，双脚用力蹬墙瞬间反弹，头手方向推滑板及身体滑行。这样来回多次，直到滑板或者身体位置歪斜得厉害难以继续。每次活动做50～100个不等。

训练项目三：单人牵引滑行

活动器材：滑板、牵引绳、绳索等。

动作要领及注意事项：让幼儿俯卧或仰卧于滑板上，用手拉住绳索，由指导者牵着绳索,带动趴在滑板上的幼儿做任何前进、转弯、旋转等动作,要求幼儿头、颈部抬高,眼睛注视指导者,同时注意幼儿的头部和颈部,对于不会用手爬行的孩子,在滑板上运动时,可用此方法带动辅助其体会前进的感觉。牵引速度不能过快,尽可能让孩子自己使劲往身上拽。

注意:旋转的时候特别要注意观察儿童的反应,如果儿童无法接受,就不要勉强,先多做儿童能够胜任并且乐于做的活动。

活动效果:对训练儿童颈部张力、视觉追踪很有作用。

延伸活动:

(1) 双拉滑行,即由两位引导员各拉一根绳索,让幼儿俯卧或仰卧于滑板上,让幼儿手握绳索以绳索的力量带动幼儿滑行。可做任何动作,如前进、转弯、旋转等。

这项活动比单人牵引滑行的难度要大,由于绳索两端分别握在两个人手中,力量的大小和方向都在不断改变,需要儿童自己掌握好手的平衡,双手协调地带动身体滑动。同样,应尽量让儿童自己用力拉动身体移动,如果儿童无法接受快速旋转,就不要勉强。

(2) 滑板过河,即让孩子仰卧在滑板上,以背部为支撑点,颈、手、脚向上弯曲,在手、脚能够得着的位置搭一根绳子,让孩子用手抓住绳子,同时用脚钩住绳子,带动滑板通过手、脚的协同运动进行滑动。向上滑时,手一定要抓住绳子,用手腕和手臂的伸缩力量和脚的协调配合带动滑板滑行,同时肩膀一定要保持平衡,腰部和背部肌肉紧张用力保持身体贴紧滑板,双脚钩住绳子协助保持身体平衡,使背部刚好贴紧滑板;不然,伸缩手腕的时候,身体就会出现歪斜的情况,或者是从滑板上离开。

前庭接受较丰富的资讯,当身体弯曲时,肩膀和头部会同时收缩,有助于调整紧张性迷走反射。滑板过江游戏,能促进孩子身体两侧的协调性,使之达到比较理想的境界。有的孩子在后仰滑行时,脖子用力不能将头抬起,或腰部用力不能使其从滑板上落下;有些手脚缺乏应有的柔韧性,不懂得变通。这大多是由于肌肉张力的维持出现了问题,从而导致运动企划能力的不足。而肌肉张力不足的孩子,必然在大肌肉的发育上表现得不是很好,从而影响正常的站立、行走和正坐能力,常给人一种站没站相、坐没坐相的印象。这类儿童通常容易焦虑、紧张,肌肉僵硬,缺乏自信心。这项活动还可以架多条绳索,让儿童进行距离和时间的竞赛,既可激发儿童的兴趣,又能促进儿童自信心的建立。

每天活动半小时比较合适,滑板的量要根据孩子的具体情况而定,由少到多,逐步增加。对于滑得不好的孩子,一开始不要强行让他滑得太厉害,可以根据具体情况进行5~10次不等的滑行。待动作熟练后,再追加至60~100次。滑板游戏的方法很多,应根据儿童的年龄和感觉运动能力等进行选择,由易到难,循序渐进,逐步提高。

2. 圆形滑车

1) 器材简介

圆形滑车(见图7-4)是和滑板相类似的感觉统合运动器材,外形呈圆形,有大、小两种规格;小滑车附拉绳一条;

图7-4 圆形滑车

大滑车座位宽大,可两人同坐。可以坐着或趴卧在滑车上,双手划行、连接车阵、搬运等,玩法变化多样。

2)设备功能

在滑车上滑行,会对前庭感受器产生强烈的刺激,而一连串的前庭刺激输入,能让大脑的许多神经通道都打开,身体很多反射效应都会活动起来。在移动身体的过程中,视觉信息的大量输入,以视觉空间感的塑造,帮助本体觉的形成。而本体觉会使小脑产生作用,通过调整指挥肌肉、关节的紧张变化,使全身产生强而有力的正确统合作用。滑车在行进中,肌肉与关节移动时所产生的紧张感会和前庭输入交互作用,从而建立起反射作用。这些反射作用会将头和脚举起来,不受重力影响,使滑车运行流畅。

3)训练项目及动作要领

训练项目:小拖车游戏

活动器材:圆形滑车、牵引绳、积木块、弹力球、跳绳、毛绒玩具等。

动作要领及注意事项:将绳子绑在小圆形滑车上,让儿童站立或坐在滑车上,指导者在前面拉着滑车前进或顺、逆时针旋转。

准备许多积木块、弹力球、跳绳、毛绒玩具等小物品当作货物,儿童自己将货物装上滑车,再拉着绳子把货物运输到指定的地点。可以让儿童相互比赛,看谁运得货物多。

活动效果:站立时核心较高,不易把握平衡,平衡反应的强烈统合有助于建立前庭的内在平衡。

延伸活动:

(1)小青蛙撞墙,即儿童俯卧在滑车上,双脚曲起,头颈抬高,脚前掌顶在墙壁上,用力一蹬,使身体贴着滑车一起往前冲。由手脚的屈伸来抑制原始反射,促进双侧统合,强化前庭感觉统合。

用积木在儿童前面组成一道围墙,让儿童蹬墙后往前冲时,用手或头部撞倒前面的阻墙。在儿童前面3~5米处放置一些标志彩旗,让儿童蹬墙冲出后,拿取指定颜色的彩旗。

(2)小水手游戏,即让孩子俯卧在滑板上,以腹部为中心,身体贴着滑板,抬头挺胸,抬起双脚并拢伸直,伸展双手,向两侧画圈,推动自己缓缓向前爬行。行进时可前移或后退,也可手持控制方向,按规定路线行进,原地做180°旋转动作。

让儿童盘腿坐在滑车上,用双手在两侧划行,推动自己前进、倒退或转弯,就像坐在独木舟上划水一样。可以让几个儿童一起比赛,看谁用最短的时间滑完全程,以增加挑战性。

让两个儿童并排坐在大滑车上,左侧的儿童用左手,右侧的儿童用右手,两人同时划行,协力推动滑车向前滑行。

让两个儿童一前一后坐在大滑车上,两个儿童交替用双手在两侧划行,推动滑车滑行。

3. 网缆

1)器材简介

图 7-5 网缆

网缆(见图 7-5)的形状及摆放与吊床相似,可固定于距地面约

20厘米的天花或铁质支架上。可用网状材料编织细绳,或用浴巾、被单、帆布等制作而成。

2) 设备功能

网缆的晃动能让孩子体验到地心引力和移动性的感受,加强孩子前庭感受的刺激,对紧张的迷途反射有抑制作用,对前庭系统的健全化生长有一定的帮助。姿势的保持还能加强肌肉与关节的内在感受,有助于形成本体的感觉。此外,身体与网缆的广泛接触,以及摇晃过程中各接触部位压力的变化,可以加强不同的触觉训练,加强对胸腹部的刺激,促使脑干清醒,消除大脑中不必要的触觉和压觉,帮助脑干过滤掉大量的感觉信息,对大脑的重要信息进行思考和反应行动的指挥,并进行轻重缓急的调整和分类,从而纠正孩子触觉过度敏感的问题。当身体在网线上晃动时,眼睛看向目标,双手活动比较细致,对提高眼睛的注意力有帮助,同时也对增强身体形象、改善手眼协调和有意的注意力有帮助。网缆适用于前庭平衡差,触觉敏感或不足,身体协调性差的孩子使用。

3) 训练项目及动作要领

训练项目:摇篮游戏

活动器材:网缆、小球、插座圆柱体。

动作要领及注意事项:将网缆稍展开,让儿童轻松随意地仰躺在网缆中,轻轻地左右摇晃,就像婴儿躺在摇篮中一样。注意观察儿童仰躺时,手脚伸展情形是否自然。让儿童闭上眼睛来感觉其平衡感。还可指定一特定的目标,让儿童仰躺在摇动的网缆中注视目标,强化对眼睛控制的调整。

活动效果:能增强皮质层前庭感觉的输入,能协助强化前庭网膜的苏醒功能。儿童在晃动中注视目标,对视觉稳定也有很大的帮助。

延伸活动:

(1) 网缆秋千:让孩子处于网缆中,俯卧或卷曲仰卧,注意头要向前抬起。由引导员推着网缆,协助孩子前后左右摇晃或转动网缆。注意网缆摆放不宜过高,离地20厘米左右为宜。摇动或旋转时要注意儿童的反应,可以一边摇动一边跟儿童交谈,以改善儿童眼球的注视及耳朵的倾听等视觉、听觉的低层次处理。可在网缆的下方放置积木或小球,要求儿童在摇动时伸手去拿,也可让儿童手拿纸棒或木棒,要求在网缆摇动的同时,用手中的纸棒或木棒去击打指定目标,以强化运动企划的能力。

(2) 网缆插棍:让孩子俯卧在网缆中,指导老师将网缆前后晃动在一边,用相应小孔的一套小木棍和一块木板放在网缆下面,要求孩子双手同时拿起小木棍,按照从上往下、从左往右的顺序插入网缆里面。年龄较小的儿童和手眼协调能力较差的儿童刚开始可能会显得很忙乱,可以先不晃动网缆让他插棍,再小幅晃动,指导儿童每次往后晃动时抓起木棍,往前晃动时按顺序将木棍插入孔内,中间尽量不要间歇。

此游戏要求幼儿俯卧仰视目标,可使颈部和背部肌肉强力收缩,眼睛的注视得到改善,对促进幼儿的前庭内感、视触觉提高、手眼的协调性等方面都大有裨益。

(3) 立式网缆游戏:用立式布置网缆,最小处离地面10厘米左右,孩子坐在里面,两手抓住网缆边缘,使身体保持平衡即可。引导员摇动网缆,作前后左右摇晃或360°大回转动作。当儿童在网缆中摇动或旋转时,可以与他玩投接球游戏,或在网缆周围适当的地方设置目标物,让儿童用手去触摸或用脚去踢目标,以培养儿童正确的立体视觉和良好的运动企划能力。

4. 竖抱桶

1) 器材简介

竖抱桶(见图 7-6)是专为感觉统合运动游戏设计的圆筒,圆形实木底座的圆柱,外面用帆布包裹,悬吊固定于铁支架上,悬挂高度距离地面 25～30 厘米为宜。

2) 设备功能

竖抱桶上的摆动和旋转可以让前庭器官得到很多刺激的信息,孩子主动抱住圆柱筒的动作,可以带来高度收缩的肌肉运动,促进前庭固有感觉系统的活化,同时可以强化触觉系统,而前庭信息则可以在摇晃中获得大量刺激,最大限度地作用于幼儿身体的协调和不良操作。所以竖抱桶除了矫正重力平衡感外,对触觉刺激的整理效果也非常好。游戏中让孩子和引导员互相注视,可以训练眼球控制,也可以让孩子和引导员互相抛接,加强肢体操作能力。

图 7-6 竖抱桶

3) 训练项目及动作要领

训练项目:坐姿摇摆及旋转

活动器材:竖抱桶、套圈等。

动作要领及注意事项:让儿童坐在底板上,双手环抱圆柱,身体紧贴圆柱,双脚以桶底边为支撑环绕圆柱紧紧夹住,以保持身体的平衡。由指导者帮助前后左右摇动圆桶,再以竖抱桶为圆心做连续的旋转,先顺时针方向旋转 5 圈,再逆时针方向旋转 5 圈,重复 5 次。前庭平衡不良的儿童开始往往不能忍受旋转,可根据儿童的具体情况先做轻微的摇动,然后缓慢地旋转,并注意儿童的反应。如果儿童脸色苍白、表情紧张,有晕眩或恐惧时,应立即停止,刺激过度会有不适现象,指导者要随时保持警觉,以免发生意外。饭后 40 分钟到 1 小时以内应避免做这项游戏,以免呕吐。有的儿童害怕眩晕,进行这项游戏时常常会情不自禁地闭上眼睛,开始不要勉强他,等慢慢适应了以后,应鼓励他睁开眼睛,并且看着指导者,与指导者进行相互对视,训练眼球控制的能力。在操作时,指导老师要控制好方向的时间的间隔,时而左右,时而前后,有时是旋转幅度较大的 360°以上。期间也应间歇数秒,可促使前庭系统保持清醒,并加强其过滤及挑选感官资讯的能力。如果孩子玩得很开心,没有什么不适应的地方,可以试着让孩子做长一点。这种强烈的刺激对于恢复和加强孩子的前庭系统功能有很大的帮助。

活动效果:这个游戏让孩子自己抱住圆桶,一方面尝试同时高度收缩的肌肉运动,强化触觉系统,另一方面对身体协调性差、操作不良的孩子最有作用的,是前庭感觉器官通过摇晃和旋转获得的大量刺激。由于竖抱桶旋转时产生了离心力,这时重力接收器所受到的刺激与安静不动时大不一样,在离心力的影响下,要把头和身躯保持笔直,需要高度收缩肌肉。也由于圆桶的底座形状不对称，无论圆桶是摇摆时还是旋转时所产生的运动对前庭的刺激都是多方面的，是处理前庭信息最好的活动。

延伸活动：

（1）站立摇动旋转：让幼儿在底板上站立，双脚夹住圆柱，双手抓住上端的绳索，在做前后左右摇动和360°以上的大旋转时，由指导者推动圆筒。还可以训练孩子只用一只手抓住绳子，伸出一只手接或只用一只脚站立，伸出一只脚踢向目标物体，促进手眼协调，发展运动策划的平衡能力和高难度动作。此动作因核心较高，维持平衡的难度较大，但能输入多种感觉，极大地发挥身体平衡能力。

（2）坐在桶帽上：让儿童双手握住上端的绳索，坐在圆桶的上面。由于圆桶的核心不在正中，容易打转，所以对前庭固有感觉的刺激丰富而强烈。另外，还可让儿童坐在上面做套圈游戏，如给他10个小圈，要求他套在地上的玩具如长颈鹿的颈上或小木棒上，在摇动和转动中进行手眼协调游戏，能促进运动的协调、平衡能力及高度运动企划能力。在圆桶上进行的游戏，如果控制得不好，容易从圆桶上仰跌下来，最好在圆桶下面铺有软垫，以防跌伤，指导者要在一旁小心保护。

5．横抱桶

1）器材简介

横抱桶（见图7-7）是一个悬挂着的圆柱，内有实心圆木，外面用软垫或地毯覆盖，长约200厘米，直径50～60厘米，两端用绳子系紧，悬挂于低空中，是吊缆系列器材之一。

2）设备功能

对于固有的前庭感觉输入有很大的帮助，同时增加了触觉刺激和本体感觉的刺激，横抱桶是处理前庭信息最好的设备之一。横抱桶挥杆还能提高运动企划能力，对于平衡反应、视觉运动、建立运动企划都有很大的帮助。有助于运动障碍的儿童发展多项感觉，对语言迟缓儿童的感觉统合能力的改善也很有帮助。

图 7-7 横抱桶

3）训练项目及动作要领

训练项目一：俯卧环抱横抱桶

活动器材： 横抱桶、小绒布娃娃、积木、橡皮等。

动作要领及注意事项： 让孩子俯卧在木柱上，用双手和双脚（像骑大马的姿势）将木柱环抱起来，使身体保持平衡。让孩子先趴在木柱上，体验木柱自然摆动的感觉，然后由引导员在前后左右的晃动中推动木柱。晃3分钟停下来歇3分钟，接着又晃了。如此循环5～8次，对孩子的前庭感受器进行刺激，使孩子体会肌肉反应和前庭感觉输入，由静到动、由动到静。

紧抱是婴儿所能做的第一个全身动作，也是奠定以后感觉运动机能的基本架构。一些有发展期运用障碍的儿童，常可见蜷状姿势不良的现象。紧抱着横抱桶，可以补充一些基本发展步骤上的缺失,发展幼儿的平衡能力。

活动效果:儿童紧抱着横抱桶,身体各个部分从横抱桶上接收到很多的触觉刺激,也从肌肉、腿、关节的收缩,得到很多本体感觉的刺激,更从摇摆中得到很多对前庭的刺激。摇摆时心情上的兴奋,通过边缘系统的网状系统的作用,会进一步协助儿童在动荡中紧紧抱着圆木。

延伸活动:

(1)俯卧拾物:在横抱桶下的地垫上散落小绒布玩偶、积木、橡皮等,让孩子俯卧在横抱桶上,摇晃横抱桶,要求孩子在俯身拾起地上物品的同时,能用任何方式抱紧横抱桶。这时触觉、本体感觉、前庭感觉等的输入,有助于儿童做好捡起东西的动作企划。这种活动所产生的刺激,还有助于诱发脑神经组合所需要的内在驱动力,使儿童积极主动参与训练,在玩得开心的同时改善感觉神经系统。

(2)俯卧移物:把小绒布娃娃、积木、橡皮等混装在一个纸盒内,把纸盒放在横抱桶下面的地垫上,旁边放一个空纸盒,让孩子俯卧在横抱桶上,晃动横抱桶,要求孩子用他能做的任何方式抱紧横抱桶,同时俯身把一个纸盒里的小绒布娃娃全部取出来,放到另一个空纸盒里,然后把这个纸盒放在横抱桶下面。

(3)俯卧击物:在横抱桶的前方或两侧放置许多目标物,让儿童手中拿一个纸棒或木棒,在晃动的过程中对准目标物击打。

训练项目二:骑木马

活动器材:横抱桶、小绒布娃娃、积木、橡皮等。

动作要领及注意事项:让孩子像骑在横抱桶上,两腿夹紧,使身体保持平衡。这个游戏非常有助于建立体态和平衡。本体感觉不足、身体平衡能力差的孩子,一般骑在上面活动都不能自如,有的孩子一坐上去就掉了,连坐都不敢坐。这类儿童,可先给予较多的协助力量,由指导者跟儿童一起骑坐在横抱桶上,如同两个人一前一后骑坐在马背上驰骋。指导者可让儿童的背稍稍靠着自己,也可用手扶着儿童的肩部或腰部,帮助他保持身体平衡而不至于从横抱桶上跌下来。同时,指导者自己的脚踩在地板上控制方向和速度,推动横抱桶晃动。指导者要仔细观察,休会和判断儿童的平衡感觉的发展,随着平衡反应的逐步改善,指导者就应逐渐放松对儿童的扶持,让儿童一步一步地学习独立。

训练的原则是,只在必要的时候,才给予适当的支持。也可让儿童骑坐在木柱的一端,双腿夹紧木柱,并用手抓住绳索协助保持身体平衡。

坐得稳的儿童,指导者可把横抱桶往前后左右各个方向摇动,使内耳前庭的各种感受器官都得到刺激。对需要发展平衡和姿势反应的儿童,摇晃得太厉害时会受不了,甚至会从横抱桶上跌下去。这不是顺应性的反应,对脑内各种感觉的组合没有益处,儿童需要积累身体正确反应的经验,才能学会控制情景。应根据儿童的反应,循序渐进地增加摇晃的强度。

活动效果:横抱桶晃动时,内耳前庭感觉的输入,有助于儿童发展出平衡的反应。

延伸活动:

(1)蹬板借力:在木柱的一端让孩子骑着,用手抓着绳子辅助身体保持平衡,前后左右晃动的木柱则由引导员辅助推动。可以在木柱的一侧设置木板,要求孩子每摆动一次,就自己用脚蹬木板,木板反作用于蹬踏,使木柱保持摆动的状态。

(2) 双儿童骑马:让两个孩子背对着骑坐在横抱桶上,横抱桶的两侧各放一块木板,要求孩子用脚交替蹬木板使木柱摆动,并且两个孩子蹬木板的力度要接近,使木柱的摆动保持得更好。若强弱悬殊,则木柱向旁歪斜。

(3) 骑马抓物:在横抱桶的一侧放置一个装有积木或小球的纸盒,要求幼儿抓住规定的物品,在摇晃过程中抛到规定位置。

(4) 骑马击剑:为了增加趣味性和协作性,可以让两个孩子坐在木柱的两端,背对着骑,在上面做游戏,可以让一个孩子抓到目标交给另一个孩子,由另外一个孩子完成投掷任务,然后进行人物互换。让孩子骑在木柱上,手扶绳索,另一手持一根长棍,在它的前面放置很多目标物,让孩子设法用手中的木棍将前面的目标物敲下来。手眼协调游戏在横抱桶上进行,有助于平衡反应的建立,视觉动作的协调,运动企划的制订。

(5) 马上体操:将一根平衡用的绳索固定在不远处,让孩子骑在一根木柱上,手握住横抱桶上的绳索,用绳索带动木柱和身体移动,并在横抱桶上做各种姿势变换。这个活动是为了保持身体平衡而自己进行的形形色色的身体体态变换,对于塑造形体形象有很大的帮助。

训练项目三:木马秋千

活动器材:横抱桶、悬挂气球或绒布玩具等。

动作要领及注意事项:儿童抓着两边的绳子,可以在柱子上左右摇摆,还可以像荡秋千那样来回摇摆。由于圆筒和秋千的区别,一些对触觉敏感、身体协调性差的孩子一开始会很害怕,可以在教练的帮助下,慢慢地晃动,等习惯了,就会放开。

此游戏每次进行 20~30 分钟,摇动方向也可由固定到不固定。

活动效果:横抱桶吊缆游戏对前庭固有感觉的协调及运动企划能力的培养非常有益,对改善语言发育迟缓儿童的感觉统合失调很有帮助。

延伸活动:

(1) 双人秋千:指导者与孩子手拉着手,并肩坐在横抱桶上,孩子一只手拉着绳子,可以让横抱桶自由摇晃;也可以两个人一起摇晃,就像秋千一样,一前一后地荡起来,或者用双手和身体的左右摇晃,使横抱桶左右晃动。

(2) 秋千击物:将目标物放在横抱桶秋千前面,如吊着气球、毛绒玩具等,并在摇摆时用脚尖轻点所指的目标物。

(3) 立位秋千:让孩子站在圆柱上,两只手紧紧抓着绳子,保持身体的平衡,让横抱桶自己摆动,或者在老师的帮助下,做旋转或左右摆动。这个动作由于核心比较高,脚下的支撑面又不平,所以难度比较大。等儿童逐渐适应后,再训练他自己控制前后荡起或进行左右晃动。

可以扩展,让有较好平衡性的孩子,试着单脚站起来,用一只脚踢向指定目标。如果有比较大的横抱桶,可以两个人手拉手站在圆柱上,各自抓住一根绳子,一起前后摇摆,或者左右摇摆。这是相当好的互助游戏。

6. 四足位平衡吊缆

1）器材简介

四足位平衡吊缆（见图 7-8），在感觉统合训练方面，是一种比较特殊的工具，可以说是一种专门使用的工具。其上、下两个板子的四个角用绳子连接，上、下两个板子的中部用一根绳子定点悬挂。

2）设备功能

由于四足位平衡吊缆没有着力点，木板的四面都会上下抖动，儿童坐在或站在上面时，没有重力感，有一种在太空中运动的感觉。四足位平衡吊缆对重力感不良的儿童帮助很大，可以用来进行多项游戏，也可让儿童当秋千自由使用，在游戏中，前庭内在系统感觉的输入是非常强大的，并且是非常丰富的，这对于建立平衡感和身体形象非常有帮助，在视觉统合、控制眼球运动、运动感觉方面都有非常大的作用。

图 7-8　四足位平衡吊缆

3）训练项目及动作要领

训练项目：空中飞人

活动器材：四足位平衡吊缆、洋娃娃等。

动作要领及注意事项：儿童站在吊缆上，两只手抓着绳子，使自己的身体保持平衡。可以让孩子自由摇摆，也可以协助孩子做前摇、后摇、左摇、右摇、360°旋转等动作。360°的自转，大约 2 秒一次，最多不能超过 10 次。

注意：如果儿童有眩晕情况，应停止旋转，先做较小幅度的抖动。

活动效果：转转停停能促使儿童前庭体系的苏醒，透过足底的刺激，对身体双侧化统合能力的形成，有很大帮助。

延伸活动：

（1）空中取物：儿童以抱胸屈膝的姿势蹲在上面或跪坐、仰躺在上面，也可让儿童以自己喜欢的姿势俯卧、仰卧或侧卧在上面，由指导者帮助做前后左右地晃动或旋转。注意儿童身体的紧张反应，有晕眩情况时不可以再抖动。还可在一旁放置积木、洋娃娃或小球等让儿童在摇动时伸手去拿。

（2）空中击物：将四足位平衡吊缆的吊绳固定在可前后移动的滑道上，让孩子手持小棒子站或坐在吊缆上，将打击目标放在离起点 3 米处，指导者迅速推动吊缆向前，让孩子判断目标物的位置，用小棒去击打目标物。因为绳索是向前移动的，而且还会从一边晃到另一边，因此要想精准命中目标，就必须要有良好的平衡和协调能力。

（3）空中投球：让儿童以俯卧的姿势趴在吊缆中，指导者迅速推动吊缆向前，要求儿童在前进时拾起地上的积木、小球或绒布小玩具等。还可以让儿童在前进途中与另一指导者做抛接球动作，或做投球入篮的动作，也可以设置多个目标，让儿童在前进中用手中的球击中指定的目标。

在四足位平衡吊缆的旁边，儿童伸手可及之处，设置一条粗的绳索与吊缆顶部的滑道平行,让儿童在吊缆上,用左右手交替抓住绳索前进,在前进中设法保持自己身体的平衡以及双侧协调的工作。由于四足位平衡吊缆摇晃非常厉害,所以儿童坐或站在其中自己要往前拉动不是件容易的事情。这项游戏对前庭固有感觉及身体协调都有很大的帮助,特别是左右手交替使用抓紧绳索前进时,对双侧协调机能的顺畅很有益处。另外,还可以俯卧或仰躺姿势进行这项游戏,或在前方设定目标,让儿童在前进途中按指令完成一系列动作,如捡起地上的积木和小球,将积木和小球投入指定的木箱或纸箱中。

7. 旋转轮盘吊缆

1)器材简介

旋转轮盘吊缆(见图 7-9)是用绳索固定在一个圆形轮盘的中心点,将其悬挂在天花板上或铁支架上而组成的吊缆。轮盘距地面的高度为 30～50 厘米,与儿童的膝部高度相近为宜。

2)设备功能

轮盘在悬索上的摆动与转动,对前庭体系和平衡反应有高度统合作用,能加强前庭感知与平衡反应的配合,对促进关节与肌肉等本体感知能力的发展具有重要作用。在摆动、转动过程中,肌肉的舒张、弯曲以及前庭反射所传递出的信息,对于训练和提升动作有很大帮助。

图 7-9 旋转轮盘吊缆

3)训练项目及动作要领

训练项目一:轮盘秋千

活动器材:旋转轮盘、小球、小圈圈或玩具。

动作要领及注意事项:孩子身体弯曲坐在轮盘上,双腿夹在绳索的底部,用手抓住绳索,将双腿抬起来,让轮盘自然地摇摆或旋转,或者由指导者推动。由于只有单根绳索悬挂,轮盘旋转晃动和旋转的方向非常丰富,可由指导者根据儿童的承受情况进行变换。注意观察儿童的表情和反应,如果儿童脸色苍白,出冷汗,应立即停止摇晃,饭后 1 小时以内应避免做这项活动。对于无法承受大幅度摇晃的儿童,可先鼓励他坐在上面体会自然晃动的感觉,只要儿童能够承受,可让他尽量在上面训练。

活动效果:由于轮盘自身的重量和儿童身体的重量,儿童坐在上面就会感到不自主地摇晃和旋转,在不稳定的基础上再加以人为地摆动和旋转,对前庭体系和平衡反应有很强的统合作用。

延伸活动:

(1)单手摆动:让孩子松开一只手,侧身平伸,使孩子在摆动中保持身体的平衡。

(2)扔接球:通过摇、转的动作,把一个小球、一个小圆圈或一个小玩具递给孩子,让孩子去抓。让孩子拿到东西,然后把东西扔到指定的地方。让孩子手持多个物体来体验不同的肌肉感受。

(3)套环:让孩子把小圈圈套到指定的物体上,如红小圈圈套在红色木杆上,绿小圈圈套在绿色木杆上。

(4)教孩子将物体夹在两只脚之间,来回摆动、转动。布置一个颜色明快的目标物,让孩子一边摇摆,一边用脚踢目标。

训练项目二:花样荡秋千

活动器材:旋转轮盘、小球、小圈圈或玩具。

动作要领及注意事项:用两只手抓住绳子,让孩子坐在转轮上,身体前倾,退后数步后双脚快速抬高,身体随轮盘摆动。此外,也可以用双腿踢墙,借助墙的反作用,使身体不断地晃动,并根据踢墙时的力道与方向,来控制身体的振荡程度与方向。

活动效果:这项活动可锻炼肌肉的伸展和屈曲,增强前庭反射。

延伸活动:

(1) 取物:指导老师手里握着一个小球或者是一个小圆圈,让孩子自己利用墙面上的反作用力来控制方向,摇摆到指导老师的身边,然后伸出手去抓指导老师手甲的东西。对控制得不好的儿童,应站在他经常荡过去的方位;对控制得较好的儿童,指导者可经常变换位置。总之,让儿童有60%~70%的成功率,容易激发儿童玩的兴趣,并乐意做更大的努力。

(2) 击物或套圈:设定数个目标,让孩子自己掌握方向,并在摇摆中一个接一个地将目标物踢下。或者在摇摆、转动时,让孩子把手伸到旁边的一个小圈上,然后把它套在指定的目标上。

(3) 投球:当轮盘摇摆、转动时,让孩子把手伸向旁边的小球,然后把小球扔进指定的篮筐或箱子里。

训练项目三:立位荡秋千

活动器材:旋转轮盘、积木、球。

动作要领及注意事项:让儿童站立于轮盘上,双脚夹紧绳索,双手抓住绳索上部,身体用力伸张以保持轮盘和自身的平衡,任轮盘自然晃动和旋转,或由指导者推动做前后、左右摆动或360°以上的大旋转。

活动效果:可锻炼肌肉的伸展和屈曲,增强前庭反射。

延伸活动:

(1) 抓物:在摆动和旋转的过程中,让儿童用手来接由指导者递给的东西或完成抓积木、投球等动作。

(2) 套圈:摇摆或转动时,让孩子把手伸到旁边的一个小圆圈,拿起一个,然后把它套在指定的目标上。

(3) 击物:要求儿童在晃动的过程中,抬脚踢倒放置在一旁的目标物。由于站立姿势核心比较高,要完成此项动作难度较大,提醒儿童双手一定要抓紧绳索。

8. 平衡台

1) 器材简介

平衡台(见图7-10)是底部为弧形、表面平整的木台,木台面上铺一层软垫或地毯。较小的仅容一

图7-10 平衡台

人站立,较大的可以同时站立两三人,是进行感觉统合训练的重要工具。

2) 设备功能

器材对加强前庭固有感觉和增强身体姿态都有很大的效果,特别是在站立时,由于核心比较高,很难掌握平衡,可以通过反射感觉来完成强大的统合工作。通过改变姿态,使孩子获得平衡,有利于调节前庭感觉、固有感觉和视觉统合。

3) 训练项目及动作要领

训练项目一：平躺摇晃

活动器材：平衡台。

动作要领及注意事项：让孩子仰卧或俯卧在平衡台上,双臂和双脚都要放松,要让平衡台自然地摆动,也可以在指导老师的帮助下,做一个向左、向右倾斜的摇摆动作。当左右晃动时,要保持一种节奏,这样就能唤醒大脑中的重力感。刚开始时,要缓慢地摇动,当孩子能习惯时,可以逐渐地加速。在加速过程中,应注意孩子的面部表情、姿态等方面的变化,并以孩子能接受为宜。可以让孩子睁开眼睛、闭上眼睛做摆动,并观察孩子的不同反应,当孩子睁开眼睛时,可以让孩子看到一个目标。在摇动过程中,要有一个显著的暂停,先是向左,然后向右,再向左,然后再向右,观察孩子两边的反应。

活动效果：仰卧或者俯卧在平衡台上,通过左右交替倾斜的方式,可以增强大脑和脑干的感知能力,让肌肉通过四肢的舒展,达到倾斜时的平衡。

延伸活动：

(1) 跪坐或静坐摇晃：让孩子蹲在平衡台上,用自己的身体向左、向右摆动平衡台,或在指导者的帮助下左右摆动。当孩子们在平衡台上坐着或蹲着的时候,因为他们的核心要高于平卧的时候,所以很难掌握平衡的感觉,所以在晃动之前,一定要让他们先坐下,然后自己试着用能够活动的两只手来维持身体的平衡。通过观察孩子的手的位置和头的偏斜,来理解孩子在偏斜时如何应对不适感。可以让孩子张开眼睛摇晃10分钟,再闭合眼睛摇晃10分钟,这样孩子就能体会到在有和没有视觉补偿的情况下,所产生的平衡感是不一样的。视觉补偿会引起对前庭系统与固有体系功能的感官反应。

(2) 平衡台相互扶持：指导者与孩子并肩而立,两人手牵手,朝相对方向站在平衡台上,维持身体的平衡。站在平衡台上时,因为其核心比较高,所以重力感一般都比较不稳定,一些孩子站在平衡台上,浑身的肌肉都绷紧了,很难维持自己的平衡,还会从平衡台上摔下去。这时可以由指导者站在平衡台上,从孩子的后面把他搀扶起来,这样孩子的身体就可以稍微地靠着指导者。指导者站在平衡台上左右摇摆。等孩子习惯了,指导者换成站在孩子面前,手牵着手一起左右摇摆。可以先训练指导者带领孩子一起摇摆,然后两人以相同的速度相互配合,以同样的节奏互相摇摆。指导者与孩子并肩而立,能增强孩子的自信心,两人的协作有助于提升孩子的团队合作能力。手拉手地摇晃能充分激发孩子的身体协调性,刺激触觉、前庭体系。

训练项目二：平衡台站立摇动

活动器材：平衡台。

动作要领及注意事项：对于平衡感特别差的儿童，可以让儿童站立在平衡台上，双脚分开，由指导者在台下缓慢摇动平衡台，使平衡台左右晃动。站姿时重心较高，较不易把控平衡，所以这种活动有助于提升平衡反应的感觉反射的统合能力，对前庭固有平衡的建立帮助较大。指导者应注意观察儿童头、躯干、手、脚为保持平衡所做的伸展姿势。儿童为保持平衡所做的姿势调整，对前庭感觉、本体感觉和视觉统合的调整有很大的帮助。经过一段时间的训练，儿童的平衡感增强，就敢于自己主动地站立摇晃了。

活动效果：可以强化大脑和脑干的知觉机能，对儿童身体协调、触觉感、前庭体系都有足够的刺激。

延伸活动：

(1) 主动摇动：让儿童站立在平衡台上，双脚分开，核心交替从一只脚转移到另一只脚，自己控制平衡台进行晃动。

(2) 闭目摇动：当儿童站立在平衡台上摇动时，可让他双臂伸展，以保持身体平衡，也可让他双手叉腰或双手平举，尝试不同的感觉。同时，还可让儿童闭眼做上述动作，让他体会离开视觉补偿后身体的本体感觉和平衡感。

(3) 平衡台上拍球：可让儿童在平衡台上缓慢移动身体，感受不同的平衡反射，对前庭体系的调整帮助很大。可进一步延伸为让儿童站立在平衡台上一边摇动，一边进行抛球、接球练习，或者一边摇晃一边拍球，训练身体平衡的能力及运动企划能力。平衡台游戏刚开始时，可练习摇动10～20次，以后逐渐增加。到60次时，平衡效果较容易发挥，再根据儿童的情况逐步增加到100次或200次，对前庭固有体系的调整有很大的帮助。

(3) 平衡台上蹲起运动：儿童站立在平衡台上，进行自主地摇晃时，由指导者发出口令并示范，让儿童随着做下蹲和起立的动作，以及伸手、屈臂等动作。

(4) 平衡台上的移动：让儿童站立在平衡台上，先进行自主摇晃，然后指挥他移动身体，如往前进一步、往后退一步、向右转、向后转等。在核心不稳的平衡台上完成一系列的动作，对抗重力的影响，有助于双侧协调、身体形象和运动企划的成熟，对多动症、语言发展迟缓、身体协调不良的儿童都有帮助。

9. 太极平衡板

1) 器材简介

太极平衡板（见图7-11）是由一个圆形基座和两个不同图案套盘组成的平衡板，有大小两种规格，分别适合双人、单人使用。它是以太极的动作为基础，从摇摆、旋转的身体技巧动作来进行游戏，既是促进全身协调性、平衡感的辅助器材，也是互动学习的优质玩具，对成长中的儿童帮助很大。

图7-11 太极平衡板

2) 设备功能

太极平衡板上的摇摆和旋转可使前庭器官获得大量刺激信息，矫正重力平衡，促进前庭固有体系的活化。站姿时核心较高,不易把握平衡,有助于平衡反应的反射感觉进行强有力的统合。儿童为求平衡所做的姿势调整,对身体姿势的强化有很大的作用。套盘可单独拿于手中运球,训练手眼协调能力。两组不同轨道的套盘,可增加挑战性与趣味性。

3）训练项目及动作要领

训练项目：太极平衡板摇摆

活动器材：太极平衡板、球。

动作要领及注意事项：让儿童站在太极平衡板上,左右摇摆或用自己脚部和身体的力量带动平衡板转动,指导者注意观察儿童的头、躯干、手、脚为保持平衡保持的伸展姿势。

还可以让儿童站在平衡板上,双眼平视,身体直立,保持自然放松,指导者扶住幼儿的双肩,协助他左右摇晃或旋转。让儿童一会儿睁眼,一会儿闭眼,感受有无视觉补偿时不同的平衡感觉。旋转速度不宜太快,注意观察儿童的反应。

活动效果：矫正重力平衡,促进前庭固有体系的活化。

延伸活动：

（1）脚运球：将球放在套盘的轨道中,儿童站立在平衡板的基座上,利用脚部的控制使球在轨道中连续地运转,尽量使球在轨道中运行的时间长一些。平衡能力差、脚部控制不好的儿童,刚开始做运球游戏时,可能不知脚部如何用力,球一下就跳到轨道外,指导者应鼓励儿童不要急躁,耐心练习。经过一段时间的训练,就能得心应手地运球了。

（2）手运球：将套盘拿在手中,用手部的协调控制使球在轨道中连续地运行,训练儿童的手眼协调能力。

（3）双童摇摆：指导者和儿童或者两个儿童共同站在太极平衡板上,两人面对面、手拉手,以同一速度,配合彼此的节律摇晃。

（4）双童脚运球：两个儿童一起站在平衡板上,通过双方脚部的协调用力,使球平稳运行于轨道中,培养儿童互助合作的观念。

（5）双童手运球：两个儿童一起用手端着套盘,通过双方手的协调控制,使球平稳运转于轨道中,训练手的肌肉与平衡。

10. 蹦床

1）器材简介

许多儿童游乐场所都有弹性蹦床（见图7-12）,用于家庭健身的小型蹦床或席梦思床垫也可发挥相同的作用。

2）设备功能

蹦床上的跳跃运动能够强化前庭刺激,促进前庭感觉的统合,培养平衡感,抑制过敏信息,矫治重力不安和运动企划不足,还可以训练儿童的手眼协调,对儿童自主运动的成熟、大小肌肉的运作、视觉运动协调帮助很大。

图7-12 蹦床

3）训练项目及动作要领

训练项目：花样蹦床

活动器材：蹦床、球。

动作要领及注意事项：由指导者和儿童一起坐在蹦床上，利用蹦床的弹性，以身体为支撑进行上下摇动，不敢上去的儿童，为减少他的恐惧，开始可由家长或指导者一起在蹦床上跳跃。由指导者在蹦床上站立跳跃，将儿童弹起，让儿童体会蹦床上下起伏的感觉。儿童不用使力，所以更能放松，让前庭固有感觉有此输入时，不受到自己意识的干扰，对重力感的掌握和触觉感的清晰输入大脑更有帮助。

熟悉蹦床后，可以让儿童进行自由的跳跃，或双手抱球在蹦床上跳跃。儿童在弹向空中时，可以鼓励他唱歌或配合节奏感强的音乐弹跳，以减轻他的紧张感，并协助他逐渐增加跳跃次数和时间。

活动效果：强化前庭刺激，促进前庭感觉的统合，培养平衡感，抑制过敏信息，矫治重力不安和运动企划不足。

延伸活动：

（1）俯趴蹦床：让幼儿俯卧在蹦床上，头颈部用力抬起，胸部尽量抬高。可以强化前庭体系的感觉，促进全身肌肉本体感觉的形成。

（2）蹦床抛接球：让儿童自己在蹦床上跳跃，指导者在下面示范某种动作，要求儿童跳跃的同时模仿出来。另外，也可以和他握手或玩抛接球的游戏，甚至绕着蹦床周围跑，让儿童在蹦床上以眼睛追踪。

可进一步延伸为两个儿童一起在蹦床上跳跃的同时玩丢接球的游戏。这是有一定难度的动作，要鼓励儿童不怕失败、不断尝试，以培养提高运动企划能力。

（3）蹦床投篮：在蹦床周围放置许多篮子，让儿童在蹦床上一边跳跃，一边将手中的球投入指定的篮子内。可进一步延伸为在半空中多悬挂几个网篮，让儿童在跳跃中，按指导者的指示，将球投入指定的网中。也可以让两位儿童同时在蹦床上跳跃，各自将球投入指定的网中，再来比较谁的进步大。

（4）蹦床击球：在蹦床的上方悬挂一个气球，让儿童每次跳起时击打目标。还可在蹦床上方悬挂一个网篮，让儿童跳跃时投球入网。这种游戏可以协助儿童在半空中，以正确的前庭固有感觉，判断视觉空间，对手眼协调及身体形象的帮助很大。

（5）双童跳跃：让两个儿童面对面、手拉手站在蹦床上一起跳跃，或两人各握住一个小呼啦圈的一端，共同在蹦床上用口令配合同时跳跃；也可以轮流跳跃，互相带动，从而训练与对方协调运动的能力。通过跳动中的眼睛对视，增强视觉的稳定性。

11. 大陀螺

1）器材简介

大陀螺（见图 7-13）外观像一个大漏斗，直径 80 厘米，高 42 厘米，边缘较高，底部呈锥形，可以进行前后、左右摇晃和旋转，能强烈刺激儿童左右脑发展。

图 7-13 大陀螺

2）设备功能

大陀螺四周壁立相对较高，小孩可蹲坐其中，双手可持大陀螺棱，身体亦可与棱相倚。所以会觉得更有安全感，对内在前庭感觉的输入和调整有很大的帮助，可以自由放松地接受信息的刺激。同时对均衡和体态的健全发展也有帮助。在转动中练习针对固定目标的动作，可以加强前庭、视觉间的协调，更有助于控制身体的位置、视觉空间和眼球转动，并能有效发展高机动性的计划能力。对于多动的孩子和有孤独倾向的孩子进行矫正，是非常有帮助的。

3）训练项目及动作要领

训练项目一：坐大陀螺

活动器材：大陀螺、球、套圈等。

动作要领及注意事项：让孩子平坐或蹲在大陀螺里，由指导员在旁边帮他转动，速度不要太快，约2～3秒转一圈，注意孩子的反应。如有不适，立即放慢转动。另外要注意的是，在旋转的时候要注意将女生的长发束起，这样才不会把头发压住。可先向左转，稍作停顿后再向右转；或连续向左转数次，再向右转数次。可以适当地变换旋转的速度。回转完全不晕，或者眼球震动持续时间很短，说明前庭系统严重迟钝，需要更多的大陀螺训练才行。本游戏开始时每次旋转10～20次，缓慢增加到50～70次。

活动效果：加强前庭—视觉间的协调，更有助于控制视觉空间及眼球的转动，并能有效地发展高机动性的计划能力。

延伸活动：

（1）投球：可以在大陀螺周围不同的方向、不同的距离放置几个篮子或纸箱，递给儿童一些球，在指导者协助旋转的过程中，让儿童将球投入指定的篮子或纸箱中。经常变换投掷目标的位置，让儿童不断寻找目标。做这项活动时，旋转的速度不宜太快，难度适宜，使儿童能成功70%左右，以培养儿童对这项活动的兴趣。儿童兴趣越大，越想达到目标时，运动企划能力提高就会越快。

（2）套圈：在大陀螺周围放置一些小积木，给儿童几个小圈圈，指导者在一旁协助旋转的同时，让儿童将圈圈投向指定的积木并尽量套住它。另外，也可经常变换目标的方向和距离。

（3）抛接球：儿童坐在大陀螺中，指导者在外丢球给他接，指导者可以不断变换方向和距离。在核心不稳的状态下，完成抛接球的动作，需要完整的运动企划能力，对儿童注意力集中和自信心的建立有很大帮助。摇晃中，方向和距离感的判断，对儿童视觉空间、身体知觉以及控制能力的发展帮助较大。

（4）自主旋转：对前几项游戏掌握较好的儿童，可以让他坐在大陀螺中，自己稳定身体后，再用双手碰触地面，借助地面的反弹力量，带动大陀螺旋转。运动企划能力良好的儿童，很快会调整到身体姿态及双手力量充分协调的姿势，旋转时顺畅容易，全身的弯曲和伸展也较自然。平衡能力不佳的儿童，在做此动作时，便会表现出运动企划的灵活度和成熟度不足。

训练项目二：趴大陀螺

活动器材：大陀螺、球、套圈等。

动作要领及注意事项：让儿童趴伏在大陀螺上，尽量让身体保持平衡的状态。可以是双脚踩着陀螺边，双手抓住陀螺边的姿势；也可以是双手扶着陀螺边，双腿跪在陀螺边的姿势；或者是伸展四肢，在陀螺边架上上臂和大腿，呈平面飞行的姿势。尽量让孩子自己往上走，指导老师可以帮着把旋转的大陀螺扶起来，帮孩子把身体平衡好。等孩子踩稳好了，再轻轻地绕过去。轮换要由缓逐渐加快，但时间不能太长，中间有间歇是最好的。指导老师可在回转时与幼儿对视，鼓励幼儿抬头。本游戏时长15~20分钟。

活动效果：固有的俯卧动作前庭感觉输入较多，能促使脑干苏醒，同时身体肌肉受到更强烈的刺激，更强化了形体的概念。

延伸活动：

（1）站大陀螺：让儿童站在大陀螺中，用双手平衡的力量，来进行左右晃动。一般平衡能力不够的儿童，在大陀螺中会惊慌失措，不知如何维持身体的稳定，经常大声惊叫或拒绝再踏进去。这时指导者可以和儿童一起站在大陀螺中，拉着他的手，协助他一起晃动。

（2）双童同坐：两个儿童一起坐在大陀螺中，协调用力快速旋转。

12. 手摇旋转盘

1）器材简介

手摇转盘是圆形的转盘，周围有把手。规格有大小两种，适合单人使用的小手摇转盘，两个手柄；大手摇旋转盘可单人或双人打球，周围有4个手柄。

2）设备功能

手摇旋转盘上的摇动与旋转高度统合前庭系统与平衡反应，能强化前庭感受的刺激，也有助于本体觉的发展，如关节、肌肉等。在摇晃、转动时，肌肉伸展、屈曲的信息和前庭反射的信息都有助于运动企划的发展和改进。

3）训练项目及动作要领

训练项目一：半躺摇晃

活动器材：手摇旋转盘。

动作要领及注意事项：让儿童仰躺或俯趴在手摇旋转盘上面，手臂和腿放松，自然伸展，凭借身体核心的变化做左右倾斜的晃动动作。左右摇晃时要保持一定的节律，让重力的感觉能激起脑干的觉醒。让孩子睁眼摇晃，观察不同反应，能与孩子对视或在睁眼时让孩子看清目标对象。

活动效果：仰卧或俯卧于手摇旋转盘上，左右交互式倾斜，可强化脑与脑干的知觉功能，在倾斜中指挥肌肉在平衡感上做手脚的伸展运动。

延伸活动：

（1）坐立摇：通过自己身体的左右倾斜，让孩子坐或跪在手摇旋转盘上，用手扶住把手，使手摇旋转盘晃动起来。坐姿的核心比平躺时要高，比较不容易掌握平衡感，在摇晃之前一定要提醒孩子坐好,可以活动的手自己试着用,让身体保持平衡就可以了。注意观察孩子双手的姿势和头部倾斜的情况,了解孩子倾斜时遇到不安稳的情况时的处理方法。可以让孩子先睁眼晃10秒,再闭眼晃10秒,在有视觉补偿的情况下,可以感受到平衡感的不同。视觉往往会让前庭系统的功能与固有系统产生截然不同的感官反应。

(2) 坐立式旋转:用双手抓住手柄,用手摇动转盘,让孩子坐在转盘上转动,以加强大脑前庭平衡觉的刺激。另外,也可以两人背靠背共同坐在大手摇旋转盘中,两人协力摇动把手使其旋转。

训练项目二:站立摇晃

活动器材:手摇旋转盘、球等。

动作要领及注意事项:让儿童站立在手摇旋转盘上,双脚分开,从一只脚到另一只脚交替进行核心转移,晃动旋转盘的力度要自己掌握。站姿时核心较高,平衡容易不稳,因此这种活动有助于平衡反应的反射感做一个有力的统合,有助于强化前庭固有的平衡,这对建立前庭的平衡有更大的帮助。指导者应注意观察孩子伸展的姿势,以保持平衡,如头、躯干、手、脚等。

活动效果:孩子为保持平衡所做的姿势调整,对前庭觉和视觉统合有特定的帮助。

延伸延伸:

(1) 站立行走:可以让孩子为了保持身体平衡而伸展双臂,或者让孩子双手叉腰或双手平举,当孩子站在手摇旋转盘上摇晃时,可以尝试不同的感觉。也可以在离开视觉补偿后,让孩子闭着眼睛做上面的动作,体会身体的本体感和平衡感。它可以进一步延伸,帮助前庭系统的调整,让孩子慢慢地在手摇旋转盘上移动身体,感受不一样的平衡反射。

(2) 抛球、接球:让幼儿一边做抛球练习,一边站在手摇旋转盘上摇晃,以训练幼儿的身体平衡能力。

(3) 两个孩子摇晃:两个孩子一起站在平衡台上,面对面、手拉手,彼此保持平衡,左右一起摇晃。两人合作的举动,有助于建立彼此的合作关系。一起牵手的晃动,足够刺激孩子的身体协调性、触觉、前庭系统。

13. 跳跳球

1) 器材简介

跳跳球(见图7-14)是将中间凹陷的弹性的充气球拦腰卡住,两边留有大半个球的运动器械,用一个环形的塑胶板将球夹住。

2) 设备功能

跳跳球上的上跳下跳,能协助脑部在跳动时同时收缩全身肌肉,以统合前庭内在感受的输入,有助维持平衡的高度感受。

3) 训练项目及动作要领

训练项目:站立摇晃

活动器材:跳跳球、绳子。

动作要领及注意事项:指导儿童站立到跳跳球的环形板上,双脚夹住上面的半个球,

图 7-14　跳跳球

带动跳跳球一起上下跳动。这项活动难度较高,低龄儿童无法完成,可对学龄儿童或平衡能力特别好的儿童进行这项训练。

开始学习时,指导者可扶住儿童协助他保持平衡而不致摔倒,也可让儿童扶着门框或墙壁练习。熟练后就可以放手跳动了。这时可对跳动的高度、方向等提一定的要求,增加趣味性和挑战性,促使儿童努力将跳跳球控制得更自如。

活动效果:协助大脑统合前庭固有感觉的输入,跳动时全身肌肉同时收缩,有助于维持高度的平衡感。

延伸活动:

(1) 跳直线:在地上画一条线,要求儿童沿着线跳,不得偏离。

(2) 跳绳:在地上放一根绳子,要求儿童在绳子的两边跳过来、跳过去;把绳子设置到一定的高度,再让儿童跳过来、跳过去;可让儿童边跳动边完成跳绳的游戏。

(3) 抛接球、击球:让儿童边跳,边和指导者进行抛接球的游戏;或在半空中悬挂一个彩球,让儿童在跳动的过程中拍打彩球。

三、本体觉功能训练

本体觉是指来自自己身体的一种感觉,如肌肉、肌腱、关节、韧带等,在身体的各个部位。人是靠这种感觉来调节、修正动作和行为的,任何有目的产生的自身状态和运动,如肌肉的收缩和松弛、关节的屈曲和伸展等,都是由感觉处理的本体刺激信息而来。通过本体感受器获得深部感觉的感知,其传入信息和运动性的传出统合为位置觉、平衡觉和神经系统中的运动觉,并产生感觉到有力量。

本体觉感觉统合训练的重点在于增加中枢本体觉信息的输入,使本体觉正常化,提高基本统合功能,通过类似游泳、摔跤、拔河、爬绳、踩童车等感觉统合游戏,以及其他使肌肉紧张收缩的运动。

(一) 本体觉功能训练的基本对策

1. 本体觉功能训练的基本方法

(1) 单动作重复训练。该训练方法是指让儿童重复完成相对单一的动作,如沿曲线行走、滑板卧滑等。

(2) 多动作序列训练。该训练方法是指让儿童顺序完成多个动作,如直立直线前行、前滚翻、运动中传接球,多个动作相互衔接,顺序流畅完成。

(3)多动作整合训练。该训练方法是指儿童的不同运动器官同时完成不同的运动方式,如身体滚动推球、击球,头顶沙包曲线行走以及滑冰、游泳和各种球类运动等。

2. 训练强度

需指导者调控单次训练活动的强度或安排短期内的训练强度,一般而言,在训练开始的前两三次,以儿童不呈现生理疲劳为宜,忌发生肌肉酸痛或拉伤等现象。随着儿童对训练技能的掌握,逐步提高训练强度,确保每项训练活动后肌肉呈现轻度的生理性疲劳。

(二)本体觉功能训练项目及技术要领

1. 滑梯

1)器材简介

滑梯(见图7-15)是非常普遍的游乐设施,一般游乐场及幼儿园均有设置。一般分为两大类:直滑式和螺旋式,部分较为陡峭和急促。专门练感觉统合的滑梯,以高度50厘米左右,角度30°为宜。为了配合滑板进行比赛,滑道顶部有一个长约60厘米的平台,并要留出3米以上的长度,并在滑道末端前方搭上地毯。为了让游戏的角色更全面,经常会把滑梯和滑板结合在一起,设计出一种统合游戏的感觉。

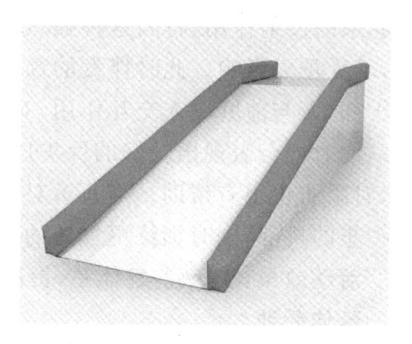

图7-15 滑梯

2)设备功能

儿童上下滑梯时的斜度和速度感,能把身体的紧张性迷失性反射统合起来,协助大脑把固有的感觉输入统合起来,保持平稳的体态。同时收缩手、肩及全身肌肉的动作,有助于保持高度平衡感,有助于塑造本体觉及形体形象。在滑梯上滑下的速度冲击,对前庭系统的刺激相当强烈,可以促进抗重力反应的练习,促进位觉器官感受重力的变化,直线加速运动的变化,从而改变全身伸肌紧张作用的分布,引起一系列的反射,同时收缩头部和颈肌,以及身体保护拉伸反应行为的成熟,对促进前庭神经和脑干系统的活跃化有很大的帮助,有利于儿童全身感觉统合的发展,促进前庭神经和脑干系统的发育。

3)训练项目及动作要领

训练项目一:俯卧滑滑梯

活动器材:大滑梯、小滑板、小球、泡沫积木等。

动作要领及注意事项:让儿童自己拿起滑板,放在滑梯顶端的平台上,身体俯卧在滑板上,头手在前脚在后,由指导老师协助轻轻推着滑板从滑梯上自然滑落,也可以让儿童抓住滑板的两面,左右两手同时用力均衡往后拉,借用反弹力让滑板往前滑,从滑梯的斜面滑落,速度更快,注意这个游戏要等儿童能够比较流畅的操作滑板之后才可以进行。头朝下滑的时候,刚开始比较容易害怕,要把软垫放在滑下去的地方。有指导者在滑梯前接应保护,注意指导儿童滑行时双手向前平伸,手腕、手指尽量伸展,双腿向后伸直,尽量保持身体及四肢与滑梯平行,当滑板未滑过滑梯斜面时,双手千万不要与滑梯斜面接触,否则会造成翻车的危险。当滑板"着地"后,教导儿童双手与地毯摩擦,利用摩擦所产生的阻力使滑板减速,直至停下来。由于滑行速度较快,手与地毯摩擦时会发热,触觉过分敏感的儿童刚开始往往不敢摩擦。这时要注意保护,帮助儿童停下来。同时,耐心鼓励和指导他进行摩擦,学会自己减速。

也可以采用头上脚下的方式,从滑梯上倒着滑下来。当儿童在滑板上沿滑梯滑下时,重力加速度会使其他重力感受器及半规管接受许多新的刺激和反应,对前庭体系的刺激颇为强烈。此时,一连串的前庭输入会打开脑神经系统的许多神经通路,一些过去没有建立起来的反射作用,将因这种强烈的前庭输入活动起来。这些反射作用会把头和脚举起来,不受重力影响。此时伴发的颈肌收缩和眼球移动,会发送肌肉、腱及关节运动觉回到脑干部,再与前庭输入交互作用,对身体保护伸展反应行为的成熟帮助很大。训练后,儿童跌倒时便会表现出较好的保护反应,头部较不易受伤。滑动中这些感觉流程反射的组合,对眼肌也很有帮助。当儿童对上述的滑梯运动熟练后,新奇感逐渐消退时,可以给予进一步的挑战,同时训练更复杂的感觉统合和动作企划的顺应性反应。

活动效果:刺激前庭体系,提高自我保护能力,提高本体感觉功能。

延伸活动:

(1)推球:当儿童滑下时,指导者从前面将皮球滚向他,要求他滑下时,先用双手摩擦地面减速,再用双手推开迎面滚过来的球。此活动能培养儿童的专注力,锻炼注意力的注视能力,判断眼与物之间的远近,以及手与眼之间的协调。

(2)取物:将装有小球或其他塑料小积木的筐或纸箱放在滑梯旁,让儿童在滑行的同时伸手去拿小小积木。开始的时候可以随便抓,拿到之后就可以随便往前丢,要求他在动作熟练之后,把指定的球或者积木拿出来,比如红色的小球、白色的小球、黄色的小球或者红色的积木。此项活动能提高儿童动作的敏捷性,使儿童的注意力、记忆力、运动规划等方面都能得到很好的提高。

(3)抛物:将一个筐或纸盒放在滑梯末端侧面或前方一定距离处,让儿童手持小球滑下滑梯前,或在滑梯过程中将手中的球投入指定的筐或纸盒内。可以是让儿童双手投球的大排球;也可以是小球,儿童一手拿着就可以投一个,两只手同时投到同一个筐或纸盒内,也可以两只手分别投到两个不同的筐或纸盒内。

(4)取物—抛物顺序活动:这是一个设计的游戏,它连贯了以上的取物和抛物活动。当儿童从滑梯上滑下时,先让儿童抓住指定的球筐或纸盒里的指定小球或其他物品,然后按要求将其抛到指定的球筐或纸盒里。

训练项目二:花样滑滑梯

活动器材:大滑梯、小滑板、小球、泡沫积木、布帘等。

动作要领及注意事项:对于较小的儿童或不敢随便尝试新活动的儿童,可以由指导员和儿童一起坐在大滑板上,由滑梯从上往下滑。可以面对滑梯的末端顺滑,也可以背对着滑梯的末端倒着滑,等儿童适应一些之后,儿童就可以独立坐着滑下去了。当儿童适应坐姿姿势滑动滑梯后,可指导他蹲在滑板上从滑梯上滑下。

活动效果:建立身体形象,提高动作企划能力。

第七章　感觉统合训练活动项目

延伸活动：

(1) 立位滑滑梯：可以让儿童踩在滑板上，由滑梯上面自由滑下来，由于立位时核心比较高，较难保持身体平衡，难度比较大。一般来讲，侧着身体滑下比较容易保持平衡。这个活动可以加强孩子的空间认知能力和同时收缩肌肉的能力，训练自我保护能力，强化儿童加速成熟的前庭感觉系统。根据儿童的平衡能力，可以增加一些延伸活动，如拿东西等。

(2) 逆上滑梯：让儿童俯卧在滑板上，抓住呼啦圈或木棍，由指导者牵引呼啦圈或木棍，将儿童与滑板由下往上上滑梯。或将一根绳子固定在滑梯上端，让儿童俯卧在滑板上，双手抓住绳子，交替向前，由下往上，完全依靠自己的力量爬上滑梯顶部。

(3) 仰卧逆行：让儿童仰卧于滑板上，双手抓住呼啦圈或木棍，由指导者牵引呼啦圈或木棍，将儿童与滑板一起由下往上上滑梯。或将一根绳索固定在滑梯上端，引导儿童双手抓住绳索，交替向前，完全依靠自身力量，由下而上，顺着滑梯向上攀登。有的儿童完全依靠双手的力量往上拉动有困难时，可允许他双脚着地，用劲蹬，用双脚掌与滑梯的摩擦力协助双手将身体逆行拉向滑梯顶端。

(4) 坐姿或站立逆行：让儿童蹲坐或站立在滑板上，指导者用呼啦圈或绳子牵引着他，自下而上将他拉向滑梯顶端。坐或站立时核心比较高，有的儿童控制不好，常常是身体跟着绳子移动，却不知如何带动滑板移动，因而容易从滑板上掉下来，要耐心教会他带动滑板一起移动。

2．球类

1) 器材简介

球类器材主要包括足球、排球、篮球、网球、羽毛球、乒乓球等。

2) 设备功能

球的种类很多，作用也很广泛，对于发展儿童的身体运动能力、眼球注视能力、双手和脚的协调能力都有很大的帮助。

3) 训练项目及动作要领

训练项目：趴地推球

活动器材： 根据儿童体格选择大小合适的球类。

动作要领及注意事项： 让孩子趴在地上，面朝墙壁，离墙 30～50 厘米，挺胸抬头，双臂悬空，双手将球横向推向墙壁，待球弹离墙壁后接住再推向墙壁，如此反复。头部、颈部和手臂都很难抬起，脖子和背部张力不足的孩子，常常需要用手肘撑地，推球动作都比较慢。这类孩子在练习俯卧推球时，指导老师可以帮助他将手肘抬起，并协助他将头部和颈部抬起。练习推球的频率要快一些，每天开始少量推，一周后增加到 200 推，最多可以到 600 推。

活动效果： 俯卧推球除了能促进颈部和背部肌肉紧张收缩外，还能加强眼球集中注意力的能力，改善眼球不稳定的活跃的躁动。手眼协调的循环动作，可以促使孩子更清楚了解自己的手、脚和身体，身体更充分地运用，是很好的治疗活动，可以缓解运动障碍。

延伸活动：

（1）俯卧抛球：让儿童趴在滑板上，面朝墙壁约1米，双手各持一个小球或排球，用力向墙高30～50厘米处抛出，待球弹回后尽力将弹回的球接住。这是比横向推球难度更高的动作，在颈背肌肉强力收缩的情况下，能促进前庭功能的发挥，还能增强视觉的立体判断，尤其对手眼协调时脑神经内部反馈的运用有很大的好处。这项活动对改善前庭功能和整体感觉系统也很重要，它还可以帮助左右脑协调，使手脚动作更灵活。

（2）对墙打球：让儿童在离墙1～2米处面墙站立，手持小球，自行用力将球抛向墙面，让球弹回，并尽量将弹回的球接住。对墙打球能培养儿童控制和利用外界生活中现有条件进行活动的本领。同时，可以训练儿童在丢球过程中的惯用双手，尤其对双侧大脑有特别的好处，让身体的形象变得更加精准，大脑内部的回馈也会得到提高。在丢球时，要用视觉和听觉来判断球弹回的方向和速度，同时要挪动双脚改变身体的位置，改变身体的姿态，把手伸出去接球。这是一种能提高大脑内部神经反馈，使身体形象更加精确，从而提高身体运用能力的综合各种感觉所做的快速判断和反应动作。

（3）对墙踢球：让儿童面向墙壁站立，用脚踢球，将弹起的球用脚接住或再踢回去。踢墙是一种精确的活动，不仅需要利用视觉、听觉判断球弹回的方向和速度，移动双脚改变体位，而且在稳住双脚后，将身体带向合适的位置，然后用脚将球踢出。这项活动需要合适的形体来完成，同时也会促进更精细的形体感觉，对于推动更高难度的策划能力大有裨益。

（4）拍球：教儿童将球抛向地面，待球弹地后再向下拍。刚开始练习拍球的儿童，只要能接住弹起的球，就可以让他跟着球跑。逐渐熟练后，可以增加难度，要求他站在原地拍，或者只能用规定的手拍，或者两手交替拍，或者左右手同时拍两个球，或者在平衡台上拍球等。随着儿童平衡能力的提高和运动能力的增强，排球、网球、乒乓球、羽毛球等各种球类活动都能鼓励儿童参加。特别是排球、网球、乒乓球，几个人就能打到一起，还能和墙壁对着练，易于操作。

3．独脚凳

1）器材简介

独脚凳（见图7-16）是一种小板凳，只有一条腿，唯一的一条腿在板凳中央，主要作用是锻炼身体平衡感、加强形体概念。

2）设备功能

由于独脚凳只有一条腿，核心不稳，儿童坐在上面既要保持身体平衡，又要尽量完成踢腿的动作，这样就会使腿部肌肉产生强烈的收缩，对本体的感觉信息输入得更强烈，对平衡能力要求更高；左右摇摆可以锻炼身体的协调性和平衡性；展臂坐在独角凳上保持平衡能够提供很强的本体觉信息，有助于帮助儿童建立前庭感觉功能，控制重力感，同时还能发挥身体的自我保护功能，练习拉伸和保持平衡，最大程度上帮助多动症和身体协调性差的儿童，同时也锻炼了儿童的腰腹力量。

图7-16 独脚凳

3) 训练项目及动作要领

训练项目一：坐独脚凳

活动器材：独脚凳、小球等。

动作要领及注意事项：让儿童用手扶起独脚凳，慢慢坐上去，两手平伸，双脚支撑，用臀部和脚力保持平衡。

活动效果：锻炼平衡能力；输入本体感觉信息，提高运动企划能力。

延伸活动：

(1) 击掌：两个人对着玩击掌游戏，各自运动身体保持平衡。

(2) 抛接：可以两人一组，距离稍远一些玩抛接的游戏，尽可能做到抛接成功。

训练项目二：单脚蹬地踢腿练习

活动器材：单脚凳、球具、球筐等。

动作要领和注意事项：坐稳后，让儿童双手叉腰，交叉连续踢腿，要求绷起脚尖，双腿用力踢到与上半身成一个层次。要做好这个动作，身体核心要不停地移动，有些儿童平衡能力差，对身体形象缺乏概念，一旦要他抬起一条腿，身体的核心就会失去平衡，显得手足无措、十分紧张。于是，全身的肌肉和关节都变得很僵硬。可以先帮他扶一下凳子，让他体验一下踢腿时身体放松的动作，然后放手让他自己尝试踢腿的动作，开始不能要求他踢得很平，只要能稍微抬起、把脚踢平就可以了，只要能把脚按要求踢到一定高度后，平衡能力和身体感觉都会有所提高，一些延伸的动作也可以加入。

活动效果：锻炼身体的平衡性；输入本体感官资讯，提升体育项目策划能力。

延伸活动：

(1) 伸手：平举或上举两手向上伸展，然后两腿交替蹬地。

(2) 手摸脚背：蹬腿时尽量将手伸向前方，脚蹬起时用手摸脚背。

(3) 单脚踢球：在球弹回的情况下，单脚将球踢向墙角。

(4) 视觉追踪：指导老师将彩色小球抛在一旁，让儿童眼睛随着小球的移动而移动。

(5) 射门：在孩子前方 1~3 米处，用积木搭成小洞或放置纸盒、筐等作为球门，让儿童单脚踢球入门或单手小球抛出（双手大球抛球入门）。此局比赛每局持续 20~30 分钟。

4. 滚筒

1) 器材简介

滚筒是内外均有海绵垫和帆布包裹的圆形木筒或金属圆筒，一端有底，另一端开口，高约 1 米，内径 50~60 厘米。此外，还可以用绑在一起的几个游泳圈来替代这种做法。

2) 设备功能

俯卧与站立于滚筒之上的平衡游戏，可以通过强化固有的感觉来提高儿童掌握平衡姿势的能力，还可以加强高度运动的企划能力，以努力完成规定的目标。进入滚筒时，需要头手脚的配合，才能全方位的机能地发挥。在滚筒内转动时，在增强前庭固有感觉及触觉刺激的同时，能有更多的感受性刺激，并能促进儿童建立本体感，强化形体意象的观念，同时也能产生身体颈肌张力的反应。这样的锻炼对于身体协调性差、触觉敏感或迟钝的儿童都有很大的帮助。

3）训练项目及动作要领

训练项目：卧式滚筒

活动器材：滚筒、积木、毛巾、小玩具等。

动作要领及注意事项：让儿童在滚筒上俯卧，姿势和在大龙球上俯卧一样，由指导者在做前后晃动时扶住儿童的腿，要求儿童用力将头、颈向上抬起，两臂向上伸展。站立平衡游戏是将滚筒竖起来，让儿童自己爬到滚筒上方，两脚分开，双手伸直，保持身体平衡。为建立儿童的运动规划能力，尽自己所能，指导者在旁边注意保护，遇到困难时给予适当的帮助。

活动效果：加强运动企划能力，改善身体协调性差的现象。

延伸活动：把滚筒当成隧道，玩爬出的游戏，可以头在后，顺进倒出，也可以脚在后，倒进去顺出，还可以蹲在里面转弯，提醒儿童手脚并用，可以把毛巾、地垫、小塑胶颗粒等放置在滚筒中，让儿童在不同的触觉刺激下，体验爬出的身体活动。可进一步延伸为将一些积木、玩具小动物等放置在滚筒内，当儿童爬进去后，由指导者在筒外发出指令，要求儿童将指定的物品抛出或拿在手里往外爬。或者让儿童爬进筒内，引导他将手指和手臂打开，注意保护头部，同时颈部用力支撑头部，不要将头靠在筒壁上，引导儿童将滚筒轻轻旋转，可稍作前后旋转，也可先缓慢地向一个方向旋转几圈后，稍作停顿。

5．羊角球

1）器材简介

羊角球（见图7-17）一般直径为45～55厘米，是适合3～6岁儿童的运动器材。

2）设备功能

保持身体弯曲的姿势，握把和跳动的动作都会对本体觉刺激较强的身体肌肉、关节和肌腱产生一定的刺激作用。同时，运动的维持也锻炼了平衡能力，头部位置在不断跳动时的变化也能为前庭系统提供强有力的刺激，同时身体与羊角球面的接触以及手部与握把的接触也能为身体提供一些触觉上的刺激。

图7-17 羊角球

3）训练项目及动作要领

训练项目：跳跃小小球

活动器材：羊角球。

动作要领及注意事项：在羊角上让儿童坐着，双手握球把，身体保持平衡，在上下方借助球的弹力震动前，尽量使球以较大的力量向下平坐。这个活动类似于大龙球的不同之处是羊角球有把手，儿童在活动中不用依靠指导者，可以依靠自己来维持平衡。

活动效果：加强孩子的体态反应，加强双方身体的融合。

延伸活动：

（1）边跳的时候，指导老师可以在旁边绕圈，让儿童看着你进行视觉跟踪，或者丢球给他看，训练儿童控制眼球的能力。

（2）沿线跳跃：为了使跳动的方向作前后、左右、旋转等变化，规定好路线，让儿童沿着规定的路线跳跃。

（3）跨越障碍：规定跳跃的高度和距离，并在地面上设置一个标志，要求儿童从上面跳过去。

（4）比赛：可以让两个儿童比赛跳，也可以规定距离，要求儿童跳几个来回，看谁先跳完。

6．平衡木

1）器材简介

平衡木（见图 7-18）大约 15 厘米宽，20～30 厘米高，只够儿童并拢双脚站，可以做不同方向的变换。

图 7-18 平衡木

2）设备功能

由于脚步的走向受到制约，所以要求儿童专注力高，平衡能力也高；走路的动作和为了保持平衡而做出的体态调整同样强烈地刺激着身体的感觉。

3）训练项目及动作要领

训练项目：过桥

活动器材： 平衡木。

动作要领及注意事项： 让儿童站在独木桥旁边，指导者先示范过桥姿势，双手紧握边栏，眼睛注意脚的移动，慢慢走过独木桥，让儿童练习过桥，可进行倒退过桥的游戏。

活动效果： 让儿童通过狭长的路径，可以协助身体平衡能力的建立。

延伸活动：

（1）闭目过桥：让儿童闭起眼睛来自我感受平衡及身体的控制，或在儿童移动身体时，和指导者做投接球动作。

（2）下蹲：儿童双脚开立在指导者的搀扶下下蹲、起立，踮起脚尖，速度逐步加快。这种训练可以让儿童初步感受并适应悬空位的心理要求。

（3）直立摆：儿童直立，指导者牵拉儿童双手或助推其身体，使儿童在多个方向上摆动，尽可能不从平衡木上落下，左右摆动时，可尝试一腿跷起后复原。

（4）原地转体：指导者助推使儿童旋转身体，下肢位置规定不变。

7. 平衡踩踏车

1）器材简介

平衡踩踏车（见图 7-19）是一种手扶踩踏车，由两块踏板、四个轮子和两个扶手组成。平衡踩踏车和脚踏车很相似，儿童可以用脚踩使车子随意前进或后退，扶手可拆下。

2）设备功能

适用于平衡感不足、本体觉不足的儿童，可锻炼膝关节的灵活度，可以促进腿部肌肉的发展，增进儿童的身体协调及平衡能力发展。

图 7-19 平衡踩踏车

3）训练项目及动作要领

训练项目：踏车独行

活动器材：平衡踩踏车、小球。

动作要领及注意事项：让儿童用手握住手柄，保持身体平衡，再用脚的力量踩踏，使踩踏车向前或向后行进、倒退。在儿童熟练的时候，不用扶手的帮助，也可以进行训练。

活动效果：促进腿部肌肉的发展，增进儿童的身体协调及平衡能力发展。

延伸活动：

（1）传接球：可以让儿童一边踩踏车，一边和指导者做传接球游戏。在踩踏的过程中，可以做投篮动作。

（2）两童互动：两个儿童各蹬一车，肩并肩、手拉手或前后间隔一定距离，沿既定路线行进。

（3）比赛：儿童在多种行进方式下进行比赛。

四、综合训练

1. 综合训练一

活动设计：滚筒或地道＋蹦床。

适用儿童：触觉敏感或不足、身体协调性差、前庭平衡性不佳的儿童。

活动器材：游戏坑道、滚筒、蹦床。

活动目标：提高多动症儿童的协调性和触觉敏感性。

指导重点：

（1）玩这个游戏必须熟悉滚筒和坑道。

（2）进行时，指导者可配合蹦床的动作，以增加刺激前庭的重力感。

（3）儿童在滚筒中可以自己摇，增加刺激的触觉和重力感。

(4) 将滚轮置于重心不稳的蹦床上,儿童在运动时,身体的灵活度一定要高一些。

延伸活动:也可将滚筒置于床上滚动,强化儿童与生俱来的刺激感。

注意:本游戏每次 20 分钟左右,一周两次。

2. 综合训练二

活动设计:大象爬行。

适用儿童:前庭平衡失调、身体协调性差的儿童。

活动器材:手印万象组。

活动目标:利用手和脚的交互运动,改善身体平衡能力,并能通过反应激发运动企划改善。

指导重点:

(1) 先做手模和脚模,在外线按手型排列,内线按脚型排列。

(2) 儿童排成一队,身体向下弯曲,臀部向上抬起,并手脚并用,使身体移动。

(3) 手足模具摆放的位置可以改变,让儿童按照新的玩法重新玩。

延伸活动:可将手足模具排成各种姿势变化,以便儿童们练习。

注意:本游戏每次持续 20 分钟左右,一周两三次。

3. 综合训练三

活动设计:奇智砖、做体操。

适用儿童:前庭平衡失调,手眼协调不佳。

活动器材:软积木、塑胶积木(奇智砖)。

活动目标:持续进行,提升身体协调、空间知觉和运动企划能力。

指导重点:

(1) 用双脚夹高奇智砖再放下。

(2) 用双脚夹高奇智砖,转一圈再放下。

(3) 儿童由头上传递奇智砖,给指导者。

(4) 儿童由膝下传递奇智砖,给指导者。

延伸活动:可配合音乐,手持或脚夹奇智砖做动作。

注意:本游戏每次持续 20 分钟左右,一周两三次。

4. 综合训练四

活动设计:比赛大融合。

适用儿童:前庭平衡失调、身体协调性差的儿童。

活动器材:塑胶积木(启智砖)、球具、球架。

活动目标:多种运动综合持续进行,对身体的协调性、空间感知能力以及锻炼计划的养成都有很大的帮助。

指导重点:

(1) 综合运用投、拍运动。

(2) 儿童先拿着球,从奇智砖上走过,爬到大平台上,然后把球放进篮网,跳下去,找到球,然后一边跳,一边把球拍下来。

延伸活动:可采用数次练习,或让儿童自己对照所需时间完成10次精确的投球入网练习。

注意:本游戏每次持续20~30分钟,每周两三次。

5. 综合训练五

活动设计:好玩的梯子。

适用儿童:前庭平衡失调,身体协调不良。

活动器材:梯子、塑胶积木(奇智砖)、原木板。

活动目标:在有高度的阶梯上进行活动,有助于内在感情的输入和形体形象的塑造。

指导重点:

(1) 把梯子架在两个平台中间(高度10~20厘米),儿童从梯子的一头慢慢地爬到另一头,这对儿童的身体协调性有很大帮助。

(2) 让儿童从梯子间隔的地方,一步一步往前走。儿童前进时必须有正确的空间感知能力和控制能力,这对先天感觉和运动企划能力、平衡反应都有很大的帮助,因为有高度和间隔障碍。

(3) 可以让儿童的双脚踩着梯子的直杆往前走。此动作难度较大,儿童能伸展双手保持平衡,对儿童视觉动作的平衡性、协调性都有很大的帮助。

(4) 可改用厚木板,宽度约15厘米,架在平台之间,让儿童走直线通过,训练儿童的平衡反应和运动规划能力。

(5) 可以让儿童闭上眼睛,慢慢地从梯子一头走到另一头。

延伸活动:可将平衡木摆在墙边,儿童左手伸出扶墙,右手持球,头向右转,下巴夹球于肩间,左脚右脚蹬板,缓缓前行。该运动是在练习原始反射(紧张性反射)游戏,帮助脑神经受到轻微损伤的儿童。

注意:本游戏每次持续20~30分钟,每周2~3次。

6. 综合训练六

活动设计:花式投掷。

适用儿童:触觉敏感或不足、肢体协调性差的儿童。

活动器材:纸盒、万象组合沙袋。

活动目标:让儿童在运输沙袋时,锻炼手眼协调能力,提升儿童运动企划的能力。

指导重点:

(1) 在儿童前15米放置纸箱或竹篮。

(2) 儿童可将沙袋放在头上,走或跑到纸箱前,用头将沙袋或纸袋扔入纸箱。

(3) 儿童也可将沙袋用背部运到纸箱前,用背部扔下。

(4) 儿童用手将沙袋扔向5米前的篮内。

注意:此游戏每次持续进行约20~30分钟,每周进行两三次。

7. 综合训练七

活动设计:爬行游戏。

适用儿童:前庭平衡失调,身体协调不良。

活动器材:1/4圆平衡板。

活动目标：利用梯子的间隔，让儿童进行各种身体活动，对固有感觉输入、身体形象的建立很有帮助。

指导重点：

（1）先在地上放好1/4圆平衡板。

（2）让儿童排成一列，由指导者示范慢慢以跪爬方式，将手脚置于梯中，屁股抬高，头眼向前，慢慢往前移动。进行这种姿势训练时，要注意头部抬高。

（3）让儿童模仿指导者动作，迅速通过训练梯。

（4）可连续练习5～10分钟，并可改变置梯方式，重新练习。

延伸活动：儿童动作熟练后，可让儿童双手向两侧平伸（成飞机状），练习自我控制能力。

注意：本游戏每次持续20分钟左右，一周2次。

第二节 家庭感觉统合培训项目

家庭是儿童接触到的第一个成长环境，所以对儿童进行家庭感觉统合训练是必不可少的。家长作为儿童的第一任老师，如果能结合感觉统合知识，在儿童出生后的第一个感觉发育异常关键的三年里，对儿童进行有效的感觉统合训练，就可以预防儿童的感觉统合失调，为儿童未来的发育打好基础。

家庭感觉统合训练是指根据个别儿童的需要和兴趣、家庭设施和照顾者（主要是父母）所制订的活动计划，是家庭训练的内容、形式和进行程序。

一、家庭感觉统合活动特点

学校或康复机构使用的感觉统合设备的特点，决定了贫困地区和一般家庭的儿童想要随时接受专业训练的难度很大，一方面是价格相对昂贵，另一方面是对活动空间和环境设计的要求更高。也就是说，这些专门为儿童设计的活动器械，很难普及开来。但感觉统合训练，只有每天不间断地刺激，才能不断地完善儿童的感觉器官。所以，如何让儿童每天都能进行感觉统合训练，是家庭感觉统合教育工作的重点。符合儿童身体发育需要的家庭感觉统合训练，其特点是父母可以根据儿童的具体情况，配合家庭现有条件，以家庭日常用品为主要活动器具，随时随地进行各种活动，以促进儿童身体的全面发育。具体有以下几个特点。

（1）简单易行。不用繁复的设计，家长随时随地都可以做到，简单易行。

（2）经济实惠。家庭中的感觉统合训练是在不需要另购玩具或另付培训费用的情况下，利用家庭中的日常用品来实现的，是经济实惠的。

（3）注重实际效果。父母是儿童成长的陪伴者，最懂儿童。所以，可以针对儿童在训练过程中的发展水平或出现的问题进行针对性的训练。

（4）增进父母子女感情。感觉统合训练在家庭中强调的是以游戏为纽带，所以，父母和儿童之间的互动很好，有助于加深父母与儿童的亲子关系，对儿童的身心成长有一定的正面效应。

二、家庭感觉统合活动项目

家庭感觉统合确保孩子的训练在设计活动时有很大的灵活性,可以做到日常、生活两不误,是一系列亲子游戏,以家庭日用品为主要活动器械。活动器械有圈圈、绳带、纸伞、鞋球等,还有自行车轮胎、沙包、皮筋、衣服、布包、玩具、澡盆、床单、扇子、竹竿、沙发、浴巾、梯子等,可供使用。以下是家庭感觉统合活动项目汇编。

(一) 触觉训练游戏

1. 抚触操

训练目标:促进儿童的触觉发展。

适合年龄:0~6个月。

操作方法:

(1) 准备工具:床单、干毛巾、音乐。

(2) 摆放工具:床单放在床上或地板上。

(3) 操作过程如下。

第一步:做好准备工作。摘去手、手腕上的饰品,洗手,擦小儿润肤油,播放优美音乐,铺好床单,准备好换洗衣服和纸尿裤。

第二步:启动抚触工作。

① 两颊做抚触动作:双手拇指放在儿童前额眉间上方,用指腹由前额向外平推,轻柔地由前额向太阳穴方向推。拇指沿面部轮廓由儿童的下巴向外推按,到耳垂时停止。用拇指和食指在耳朵上轻按,由上至耳垂,反复往下轻轻扯,再不停地揉搓、揉捏,动作一气呵成。

② 胸部的抚触动作:双手放在孩子两侧肋部边缘,先向儿童的右肩上滑右手,还原。换左手滑向儿童的左肩,还原。如此反复三四次即可。

③ 抚摩腹部。将手心放平,以顺时针方向画圈的方式,对儿童的腹部进行抚摩。注意动作要格外轻柔,不要过于靠近肚子。拉伸手臂,进行抚触。将儿童左右两臂分开,手掌朝上。再把儿童的胳膊轻轻捏一下,反复三四次,从上臂捏到手腕。

④ 腿部的抚触动作:用拇指、食指、中指从膝盖开始向尾椎下端轻轻揉捏儿童的大腿肌肉;一手抓住孩子的脚跟,另一手大拇指向外抓住儿童的小腿,捏压并顺着膝盖往下滑,一直到脚踝处。

⑤ 双脚脚掌互相触碰:一手托住儿童的脚跟,另一手四指聚拢在儿童的脚背上,用拇指指腹在脚掌上轻轻揉搓,反复三四次,由足尖到足跟都要轻抚一遍。

⑥ 背部的抚触动作:双手拇指平放在孩子脊椎两侧,其他手指并拢扶住儿童的身体,拇指指腹从中央到两边分别轻抚,从肩部开始,移至尾椎,如此反复三四次;五指并拢,掌根到手指成为一个整体,横放在儿童的背部,手背微微拱起,从儿童的颈部到臀部以均匀的力度交替轻拍,进行三四次。

注意事项:室温要调至27℃左右,抚触一般要在两次喂奶中间进行,一般在儿童洗浴后进行。另外,还要注意抚触时要用目光和儿童交流,要一边抚触一边和幼儿说话。

延伸训练:可以配合舒缓的音乐,进行有节奏性的抚触。

2．水中游

训练目标:通过水和水压对儿童全身皮肤的刺激,激发儿童神经系统、免疫系统和内分泌系统的系列良性反应。

适合年龄:0～6岁。

操作方法:

(1)准备工具:儿童浴缸、游泳项圈。

(2)摆放工具:无。

(3)操作过程:将水温调至35℃左右,给儿童戴好游泳颈圈。开始时,需要抱着儿童在水中试着入水,待适应后,将儿童放入水中。

(4)游戏时间:10～15分钟。

注意事项:室内温度要保持28℃,注意检查颈圈是否有漏气现象。

延伸训练:儿童适应后可以进行游泳姿势的学习。

3．抓握玩具

训练目标:刺激儿童的触觉,提高儿童的手眼协调能力。

适合年龄:0～4个月。

操作方法:

(1)准备工具:各种质地且有声响的玩具。

(2)摆放工具:挂在门、窗、墙上或儿童的床上。

(3)操作过程:将带声响的玩具挂在自家的门、窗、墙上,家长逗引儿童去抓握。

(4)游戏时间:5～10分钟。

注意事项:玩具应该是环保的,而且不能伤害儿童的皮肤。

延伸训练:也可以买些带声响且可移动的玩具,让儿童抓握。

4．虫子爬

训练目标:提高儿童的触觉反应力,促进智力发育。

适合年龄:0～6个月。

操作方法:

(1)准备工具:无。

(2)摆放工具:无。

(3)操作过程:家长用食指当虫子,在儿童的手心、脚心爬来爬去,同时可以念一些儿童熟悉的儿歌。

(4)游戏时间:5～10分钟。

注意事项:用手指做爬的运动时,指甲不能划伤儿童。

延伸训练:可以跟着儿歌的节奏做一些摩擦运动。

5．过手的丝巾

训练目标:促进触觉的发展。

适合年龄:0～6个月。

操作方法：

(1) 准备工具：丝巾。

(2) 摆放工具：无。

(3) 操作过程：用手轻轻捏住儿童的一只手腕，然后用食指从儿童的拳头伸入儿童的手心里，再用大拇指抚摸儿童的手背，儿童就会稍稍放松握紧的小拳头。然后，家长另一只手将丝质的小方巾放在儿童的手心里，儿童的手又会有握紧反应。这时轻轻来回拉动小方巾，让小方巾不断摩擦儿童的手心。一边进行上述活动，一边轻柔地对儿童说："滑滑的，多柔软啊。"

(4) 游戏时间：5～10分钟。

注意事项： 丝巾不宜太宽，最好能让儿童抓在手心里。

延伸训练： 当儿童握住丝巾以后，拉住丝巾的一头，快速地拽出来，然后重新再来。一下握住，一下又失去，会给儿童另一种奇异的体验。同样的游戏还可以换成另外不同质地的方巾进行。

6．包一包

训练目标： 预防触觉敏感，促进触觉学习。

适合年龄： 1～12个月。

操作方法：

(1) 准备工具：各种质地的包毯各一块。

(2) 摆放工具：平放在床上。

(3) 操作过程：用不同质地的毯子包住儿童，头露出来。然后，家长用手挤压或按压裹着毯子的皮肤，使孩子感觉到不同质地的毯子。

(4) 操作时间：10分钟。

注意事项： 选择毛毯、线毯或布毯等，家长在选择时要留心。

延伸训练： 可以在包裹儿童的时候，让孩子看着自己的身体。分松紧两种方法进行包裹感觉更好，再反复做10分钟左右的晃动、上举、再放下的动作。

7．写符号

训练目标： 发展儿童的触觉。

适合年龄： 4～8个月。

操作方法：

(1) 准备工具：无。

(2) 摆放工具：无。

(3) 操作过程：把儿童的身体当成画布，用准备好的各种生活用品，就像作画一样，用适度的力量在儿童的身体上从头画到脚，笔法不限。

(4) 游戏时间：5～10分钟。

注意事项： 做画笔的各种生活用品一定要环保或安全，不能太尖，还要注意儿童的表情，力量适度。

延伸训练： 可用食指作画笔，但要用指腹。另外，还可以在儿童的身上写数字、汉字、图形、拼音、字母等各种各样的符号，一边写一边说符号的名称。

8. 毛巾筒

训练目标：按摩身体,增加触觉学习。

适合年龄：5个月至3岁。

操作方法：

(1) 准备工具：毛巾被一块。

(2) 摆放工具：平放在床上或地毯上。

(3) 操作过程：将幼儿置于毛巾被上,将儿童用毛巾被卷成筒状,使其头、足外露。然后为了让毛巾被摩擦到孩子的身体,让儿童自己来回活动。

(4) 游戏时间：10分钟。

注意事项：家长在包儿童时要注意,以儿童能产生摩擦为准,不要太松。

延伸训练：可以让儿童在床上用毛巾包住身体来回滚动,持续10分钟即可。

9. 气球跑起来

训练目标：气球中的气给予的刺激,可以加强儿童的皮肤适应能力,对儿童的触觉也有很好的促进作用。

适合年龄：8~12个月。

操作方法：

(1) 准备工具：气球。

(2) 摆放工具：没有。

(3) 操作过程：给一个气球充气,家长将气球捏住,留出一点空隙,这样才能慢慢放气。放气时,将出气口移至儿童的身体部位,如手心、脚心、颈部、面部等处,使气流对儿童不同的身体部位造成冲击。

(4) 游戏时间：5~10分钟。

注意事项：刚开始的时候儿童可能会比较恐惧。家长应先试着在自己身上做,在儿童感到安全、消除恐惧心理时,再给儿童做。

延伸训练：放气时放开手,气球一下子飞出去,在气流的反作用下四处乱飞,并发出"嗤嗤"的声音。如果儿童不觉得害怕,就可以放开气球面对儿童的身体了。

10. 撕碎纸

训练目标：增加手的灵活性和触觉学习。

适合年龄：9个月至2岁。

操作方法：

(1) 准备工具：卫生纸一卷。

(2) 摆放工具：放在床上或地板上。

(3) 操作过程：把卫生纸分成小段给儿童,撕得越碎越好。

(4) 游戏时间：5分钟。

注意事项：家长要一直陪在儿童身边,看护儿童撕纸,不要让儿童把纸放在嘴里,以免发生危险。

延伸训练：可以把卫生纸换成稍厚或稍硬的纸让儿童撕,具体视儿童年龄和手劲而定。

11. 翻一翻

训练目标：促进儿童的手指灵活和触觉的发展。

适合年龄：9个月至2岁。

操作方法：

(1) 准备工具：五颜六色的图画书、文字少的图画书。

(2) 摆放工具：无。

(3) 操作过程：每天固定时间进行亲子阅读,尽量把"翻书"的工作交给儿童来做。刚开始时儿童会几页几页地翻,家长可以做示范一页一页地翻,慢慢地儿童就学会了一页一页地翻书。在翻书的过程中,手的感觉能力就培养出来了。

(4) 游戏时间：5~10分钟。

注意事项：选用的图画书要随儿童能力的发展由厚到薄,翻书页时不要给儿童错误的示范,如将手指放入口中蘸一下口水等。

延伸训练：把照片贴到过期的台历本上,制作一本属于儿童自己的照片册,更能引起儿童的兴趣。

12. 球池乐

训练目标：提高身体感觉能力,增加全身触觉学习。

适合年龄：9个月至3岁。

操作方法：

(1) 准备工具：浴盆一个、小球或纸团若干个。

(2) 摆放工具：将小球或纸团放在盆中,以达到浴盆的一半多为准。

(3) 操作过程：让儿童进入浴盆中,做游泳状,让身体能和小球或纸团充分接触,起到按摩身体的作用。

(4) 游戏时间：10分钟。

注意事项：家长要看护好儿童,提醒儿童身体不停地变换姿势,并给予必要的指导。

延伸训练：可以在上面活动的基础上,在部分小球上标上号码,让儿童找出来;或放些小毛绒玩具让儿童找,增加趣味性。

13. 抓痒痒

训练目标：预防触觉敏感,增加触觉学习。

适合年龄：1~6岁。

操作方法：

(1) 准备工具：线手套一只,软垫一个。

(2) 摆放工具：将软垫放在地板上。

(3) 操作过程：让儿童平躺在软垫上,家长戴上线手套,从颈部开始,给儿童抓痒,往下到后背、肚皮。反复几次,直到儿童不笑为止。

(4) 游戏时间：10分钟。

注意事项：家长戴的手套要干净,用力要适中,以儿童能接受为宜。

延伸训练：家长可摘掉手套给儿童抓痒,部位可扩展到颈部、腋下、脚心等,视儿童承受度加大力度。

第七章 感觉统合训练活动项目

14．梳一梳

训练目标：针对怕触碰的儿童，减轻触觉敏感。

适合年龄：1～5岁。

操作方法：

（1）准备工具：木质或牛角梳一个，镜子一面。

（2）摆放工具：家长拿梳子，儿童拿镜子。

（3）操作过程：让儿童坐好，家长拿着梳子给儿童梳头。先向下梳，然后向上、向左、向右，反复梳。

（4）游戏时间：5分钟。

注意事项：刚开始可以轻轻来，直到儿童接受后，再开始稍稍用力梳。

延伸训练：可换成粗、细两种齿的梳子交替给儿童梳头，并逐渐加大力度或把头发弄湿，重复以上动作，反复梳5分钟。

15．刷、刷、刷

训练目标：增加身体对外界刺激的感觉，预防触觉敏感。

适合年龄：1～5岁。

操作方法：

（1）准备工具：软毛刷子、硬毛刷子各一把。

（2）摆放工具：家长用手拿着。

（3）操作过程：家长先拿软毛刷子在儿童身上轻轻地刷，由颈部开始，在前胸、后背、双臂、双脚反复刷。

（4）游戏时间：5分钟。

注意事项：最好在儿童不穿衣服的情况下进行，并逐渐加大力度。

延伸训练：可换成硬毛刷子，并让儿童说出与软毛刷子的不同感觉。然后软硬交替着刷，也让儿童说出感觉，共刷5分钟。

16．冲、冲、冲

训练目标：提高身体对冷、热的感觉及触觉学习。

适合年龄：1～5岁。

操作方法：

（1）准备工具：浴盆一个、热水器淋浴喷头一个。

（2）摆放工具：在浴室中进行。

（3）操作过程：让儿童坐在浴盆内，家长用温水冲儿童身体的不同部位，可随意变换水流的强弱，让儿童说出不同感觉。

（4）游戏时间：5分钟。

注意事项：家长要注意调整好水温，不要烫着或让儿童着凉，建议最好在夏季做此游戏。

延伸训练：可以适当将水温调热或调凉，或冷热交替着冲儿童，让儿童感受冷热的变化，并说出感觉，每次5分钟。

17. 擦一擦

训练目标：提高儿童身体对粗细的感觉，增加触觉学习。

适合年龄：1～6 岁。

操作方法：

(1) 准备工具：粗、细海绵各一块。

(2) 摆放工具：放在浴室中待用。

(3) 操作过程：让儿童坐在浴盆中，放入温水，家长先拿细海绵带着水开始擦儿童的身体，从上到下逐渐加大力度，反复擦。

(4) 游戏时间：10 分钟。

注意事项：水温不宜过热，用力要适中。

延伸训练：可以换成粗海绵擦儿童的身体，并让儿童说出感觉。然后粗细交替着擦，并让儿童说出粗细不同的感觉，共擦 10 分钟。

18. 滚一滚

训练目标：增强身体对外界刺激的感觉和触觉学习。

适合年龄：1～6 岁。

操作方法：

(1) 准备工具：小皮球、小颗粒球各一个，软垫一个。

(2) 摆放工具：把软垫铺在地板上。

(3) 操作过程：让儿童躺在软垫上，家长拿小球在儿童身上从上到下、从头到脚开始循环滚动、反复按摩。

(4) 游戏时间：10 分钟。

注意事项：家长用力要视儿童的接受程度而定，逐渐由轻到重、由慢到快。

延伸训练：可以换成颗粒小球，重复做以上动作，让儿童感受两种小球的不同感觉，并描述出来，也可让儿童自己来操作，每次 10 分钟。

19. 压一压

训练目标：对触觉进行调整，并在学习中强化触觉能力。

适合年龄：1～6 岁。

操作方法：

(1) 准备工具：一个大龙球。

(2) 摆放工具：将其置于平整的地毯上。

(3) 操作过程：让儿童趴在一个大龙球上，家长把儿童的腰抱住往下压，开始往下弹。反复几次后，让儿童翻过来躺在球上，重复上面的动作，次数慢慢加快。

(4) 游戏时间：10 分钟。

注意事项：家长要提示儿童注意安全的同时，尽量将头仰起。

延伸训练：可以让儿童趴在球上，爸爸妈妈牵着儿童的脚来回滚动，这样儿童的手就可以和地面接触了。然后翻过来，躺在球上滚。触地动作，重复做 10 分钟即可。

20. 挤、挤、挤

训练目标：触觉敏感度的调节，触觉学习量的增加。

适合年龄：1～6岁。

操作方法：

(1) 准备工具：一个大颗粒的龙球。

(2) 摆放工具：放置于墙角，相对安全。

(3) 操作过程：家长在墙角用球堵住儿童，让儿童自己想办法往外走。家长要用力推球，让儿童使劲往外挤，以达到把儿童的身体用球挤出去的目的。

(4) 游戏时间：10分钟。

注意事项：要在保证儿童安全的情况下玩这个游戏，为了增加游戏的趣味性，要给儿童挤出来的机会。

延伸训练：上述游戏动作可用大颗粒龙球重复进行，也可由家长和儿童交换位置，每次10分钟。

21．拍一拍

训练目标：对触觉敏感进行调节，促进触觉学习。

适合年龄：1～6岁。

操作方法：

(1) 准备工具：大龙球、大颗粒龙球各一个，地毯一块。

(2) 摆放工具：将地毯平铺在地板上。

(3) 操作过程：让儿童先仰面躺在地毯上，四肢伸平，家长用球拍打儿童的身体，按照上身、胳膊、腿等部位的顺序依次拍打；然后让儿童翻身，趴在地毯上，再按照上身、胳膊、腿等部位的顺序依次拍打，并重复多次。

(4) 游戏时间：10分钟。

注意事项：拍打时要避开儿童的头部和脸部，要从轻拍、慢拍开始，逐渐加大力度和加快速度，用力以儿童觉得适应为宜。

延伸训练：可用大龙球压儿童的胳膊、上身和腿部，然后换上颗粒大龙球重复以上动作，让儿童描述不同的感觉，压10分钟。

22．搓、搓、搓

训练目标：增加身体触觉学习。

适合年龄：1～6岁。

操作方法：

(1) 准备工具：毛巾一条、软垫一个。

(2) 摆放工具：把软垫放在床上。

(3) 操作过程：家长先将两手对搓，待搓热后开始对儿童进行颈部、背部的摩擦，接着对儿童进行腹部、手臂、腿部等部位的摩擦。次序反复揉搓，让儿童把感受说出来。

(4) 游戏时间：5分钟。

注意事项：手部力量要注意调节，以儿童能接受的程度为宜。

延伸训练：可以用毛巾来擦儿童的身体，而不是用手去擦，让儿童感觉到手和毛巾的区别，并加以形容。

23. 赤脚走路

训练目标：赤脚走在各种路面,会给儿童以丰富的触觉感受,积累各种感觉经验。

适合年龄：2～3 岁。

操作方法：

(1) 准备工具：不同触感的路面。

(2) 摆放工具：无。

(3) 操作过程：在适宜的天气里,带儿童至路面,脱掉鞋子,光着脚走一走。除了草地之外,泥土路、细沙路、小石子路、泥泞路、柏油路,各种不同的路面,都让他尝试走一走。

(4) 游戏时间：10～20 分钟。

注意事项：走的时候,家长要和儿童一起走。刚走时,儿童不适应,要慢些走,适应后可以适当加快速度。

延伸训练：可以让儿童走平坦的、上坡的、下坡的、高低起伏的、直的、弯曲的等各种不同的地形路面。

24. 纸飞机

训练目标：锻炼儿童的触觉和手眼动作的协调性。

适合年龄：2～4 岁。

操作方法：

(1) 准备工具：彩色折纸。

(2) 摆放工具：无。

(3) 操作过程：先给儿童示范如何折纸飞机,家长带儿童一起折。家长折一步,儿童折一步,最后完成折飞机的过程。另外,也可以将折好的飞机再打开来,让儿童反复练习,也可以多折几只,直到儿童学会为止。

(4) 游戏时间：10 分钟。

注意事项：别让彩纸割坏儿童的小手。

延伸训练：家长可与儿童用折好的小飞机进行飞行比赛,看谁的飞机飞得又高又远,或是谁的飞机能飞到离指定的地方最近等。

25. 玩沙子

训练目标：消除情感压力,强化触觉学习。

适合年龄：2～6 岁。

操作方法：

(1) 准备工具：塑料盆 1 个,沙土半盆。

(2) 摆放工具：在地砖上或庭院中摆放。

(3) 操作过程：让幼儿蹲在盆边,用手在沙中搅动,作洗手状或抓沙等任意动作,反复进行。

(4) 游戏时间：10 分钟。

注意事项：家长应注意孩子玩耍过程中,不要弄沙子入眼,以保证安全。

延伸训练：可以往沙子里倒水,让孩子用手搅动,感受干沙、湿沙的区别,并说出感受,也可以用模型扣成各种形状,每次玩 10 分钟,体会到创作的快乐。

26．捞豆子

训练目标：增加手的精细动作和触觉学习。

适合年龄：2～6岁。

操作方法：

（1）准备工具：碗两个，半碗绿豆。

（2）摆放工具：把绿豆放入其中一个碗中。

（3）操作过程：让儿童把一个碗中的绿豆抓到另一个碗里，直到最后一粒，然后反复进行多次。

（4）游戏时间：10分钟。

注意事项：家长要看管好年龄小的儿童，不要把豆子放在嘴里，并且注意是抓，不是倒，直至抓到最后一粒。

延伸训练：也可在碗里倒上水，让儿童在水里捞豆子，放在另一只空碗里，直到最后一粒。然后再把豆子一个一个抓回空碗中，反复几次，做10分钟。

27．打水仗

训练目标：加强身体的触觉学习。

适合年龄：3～6岁。

操作方法：

（1）准备工具：水盆、喷水枪、水瓶等。

（2）摆放工具：找一个宽阔的场地。

（3）操作过程：家长和儿童同时手拿加满水的水瓶或喷水枪，开始往对方身上喷水或泼水，展开水战。

（4）游戏时间：10分钟以上。

注意事项：家长要注意安全性，最好选择夏天来玩。

延伸训练：可以多找几个小伙伴一起互动，家长在旁边督战，或者在北方的冬季下雪时去外面打雪仗。时间视具体情况而定。

28．玩泥巴

训练目标：增加手部触觉学习，对脑部进行感觉刺激。

适合年龄：3～6岁。

操作方法：

（1）准备工具：陶泥一大块、垫板一块。

（2）摆放工具：放在一张书桌上。

（3）操作过程：让儿童抓一块陶泥，尽情地用手搓、捏、拍、压、擀等，或制成各种形状。

（4）游戏时间：视需要而定。

注意事项：家长要先给予必要的指导，提示儿童对变化的感受，并鼓励儿童的创造性。

延伸训练：也可以让儿童把陶泥做成各种具体的形状，如蔬菜、水果等。晾干后刷上颜色，以增加趣味性和创造力。时间视具体情况而定。

(二)前庭觉训练游戏

1. 玩转椅

训练目标：训练前庭平衡,预防运动眩晕。

适合年龄：3～6 岁。

操作方法：

(1) 准备工具：转椅一个。

(2) 摆放工具：将椅子放在没有障碍物的空地上。

(3) 操作过程：让儿童坐在转椅上,双手把住扶手。家长开始推动转椅,旋转起来,速度由慢转快,左转与右转交替进行,反复多次。

(4) 游戏时间：5～10 分钟。

注意事项：胆子较小的儿童和年龄小的儿童,可坐在家长身上,和家长一起转。

延伸训练：可以在儿童转的过程中,投给儿童一些毛绒玩具让儿童接住,然后投到指定的位置。每次不超过 10 分钟。

2. 滑滑板

训练目标：预防四肢无力、大肌肉运作不好、前庭发育不良的情况发生。

适合年龄：3～6 岁。

操作方法：

(1) 准备工具：一块 30～40 厘米的木板,下方四个角安上滑轮做成一个小滑板。

(2) 摆放工具：放在宽敞光滑的地板上。

(3) 操作过程：先让儿童盘腿坐在滑板上,用手滑着向前走,然后让儿童趴在滑板上,头抬高、脚并拢、小腿抬起,双手在地上用力向前滑。

(4) 游戏时间：5～10 分钟。

注意事项：注意儿童趴在滑板上的重心要稳,滑的过程中不要压到手。

延伸训练：可让儿童在趴着滑的过程中,脚部夹着沙袋或皮球。这样可提高儿童的专注力,每次训练 5～10 分钟。

3. 灌篮高手

训练目标：预防手眼不协调,身体经常撞碰别人的情况发生。

适合年龄：3～6 岁。

操作方法：

(1) 准备工具：几个圆桶,几个沙袋,几个皮球。

(2) 摆放工具：将圆桶摆在距儿童站的位置 1.5～3 米处。

(3) 操作过程：让儿童将沙袋先后投进圆桶内,反复练习,直到投进去为止。然后让儿童将皮球分别投进圆桶内。反复练习,直到投进为止。

(4) 游戏时间：10 分钟。

注意事项：家长注意要视儿童的年龄和动作的熟练程度,随时调整桶和儿童间的距离,同时对儿童予以鼓励。

延伸训练：可以在高处挂一个篮筐,让儿童往高处投球,直到能将球准确地投进去。

时间视儿童的兴趣而定,一般10分钟左右。

4. 趴地推球

训练目标:训练手臂的力量,以及手眼的协调,强化前庭觉。

适合年龄:3～6岁。

操作方法:

(1) 准备工具:坐垫一个,与排球一样大的皮球一个。

(2) 摆放工具:把坐垫放在距墙约0.5米远的位置。

(3) 操作过程:让儿童趴在坐垫上,只有肚子着地,头、上肢、小腿及脚都抬起来,手心向外,两手五指相对,然后把球推向墙壁。待弹回后,再连续推50～100次,速度由慢到快。距离由近及远,并随熟练程度来调整。

(4) 游戏时间:10分钟左右。

注意事项:家长注意让儿童的头和上肢一定要抬起来,肘关节千万不要着地。

延伸训练:可在儿童推球时,用脚部夹一个沙袋或皮球,以增强注意力,推球数量可连续推500～1000个。

5. 袋鼠跳、跳、跳

训练目标:强化前庭刺激,强化身体核心。

适合年龄:3～6岁。

操作方法:

(1) 准备工具:一个长50厘米、宽35厘米的布袋,一块宽2米、长3米的地毯。

(2) 摆放工具:把地毯平铺在地板上,周围没有障碍物。

(3) 操作过程:让儿童站在袋子中,双手提起袋子边,双脚同时向前跳,确保平稳的情况下,跳Z形线,曲折前进。

(4) 游戏时间:10分钟。

注意事项:注意让儿童在袋中站稳再跳,开始起步不要太大,速度不要太快。

延伸训练:待儿童熟练后,可以增大跳的难度,如设置跳的距离,每次跳0.5米等;或设些障碍物,让儿童绕过障碍跳。每次10分钟。

6. 跳皮筋

训练目标:预防身体笨拙、易跌倒等情况的发生,提高平衡能力。

适合年龄:3～6岁。

操作方法:

(1) 准备工具:一根长2～4米的橡皮筋,普通的椅子一把。

(2) 摆放工具:把椅子放在平稳的地板上,把皮筋的一端固定在椅子上,另一端由家长押着。

(3) 操作过程:家长先给儿童示范如何把腿跨过皮筋,然后让儿童双脚轮流跨过皮筋,并按照一定节奏反复训练。

(4) 游戏时间:10分钟。

注意事项:开始时家长不要把皮筋放得太高,10厘米为宜,并给儿童示范如何做,同时提醒儿童注意安全。

延伸训练：随着儿童熟练程度的提高，家长可提高皮筋高度，让儿童伸脚去够皮筋；或配合各种儿歌跳皮筋，跳 10 分钟。

7．独角凳

训练目标：训练儿童身体的控制能力，练习伸展和保持平衡。

适合年龄：3～6 岁。

操作方法：

（1）准备工具：一块边长为 30 厘米的方木板，一根长 10 厘米的粗木棒，并把木棒钉在木板下方的正中央做成独角凳。

（2）摆放工具：放在平稳的地板上。

（3）操作过程：让儿童坐在独角凳上，双手放在腿上，腰要挺直，身体保持平衡，让儿童数数或唱儿歌，坚持坐着。

（4）游戏时间：5 分钟左右。

注意事项：开始时，家长可以帮助儿童保持平衡。待儿童坐稳后，鼓励儿童坚持。

延伸训练：家长可以坐在儿童对面与儿童玩传球游戏，也可以让儿童把右手举起来，右脚向上踢到手心，然后换左手左脚。反复练习 10 分钟。

8．学芭蕾

训练目标：训练脚部运动核心及平衡能力。

适合年龄：3～6 岁。

操作方法：

（1）准备工具：单靠背椅子一个。

（2）摆放工具：将椅子平衡地放在地板上。

（3）操作过程：让儿童手扶椅背，然后用脚尖站立，坚持 3 秒落下，然后站立，反复练习，直到适应为止。

（4）游戏时间：5 分钟。

注意事项：开始时，家长要扶着儿童，并教儿童站立的要领，以免弄伤脚趾。同时，要鼓励儿童坚持。

延伸训练：当儿童扶椅子能够站稳后，可以让儿童松开手练习站立，并延长站的时间，然后开始练习用脚尖行走。练习 10 分钟。

9．前滚翻

训练目标：训练身体的协调和平衡能力。

适合年龄：4～6 岁。

操作方法：

（1）准备工具：宽 1 米、长 2 米的软垫一个。

（2）摆放工具：将软垫放在周围无障碍物的地板上。

（3）操作过程：让儿童模仿家长做前滚翻，学会以后，先做一两次，然后连续做 5 次，反复练习。

（4）游戏时间：10 分钟。

注意事项：家长要先给儿童做示范，指导儿童动作要领，使儿童保持身体成直线，注意安全并给予鼓励。

延伸训练：可以在前滚翻熟练的基础上做后滚翻,并前后混合练习,也可以前后交替练习。练习10分钟。

10. 抱抱、亲亲

训练目标：刺激儿童的前庭觉。

适合年龄：0～6个月。

操作方法：

（1）准备工具：无。

（2）摆放工具：无。

（3）操作过程：婴儿出生之后,家长可以轻柔地将婴儿抱在怀里,亲亲他并轻轻摇晃,或放在摇篮里轻摇,让他重温羊水世界的感觉,增加婴儿的安全感。

（4）游戏时间：5～10分钟。

注意事项：注意晃动的幅度不要太大,摇晃的幅度不宜超过5°,而且时间不宜过长,一次5～10分钟为宜。

延伸训练：可以拿一个枕头,将婴儿置于枕头上,轻轻地摇晃,同时播放音乐,让婴儿在悠扬的音乐中享受前庭感觉的刺激。

11. 抬抬头

训练目标：扩大儿童的视野,促进其智力发育。

适合年龄：1～3个月。

操作方法：

（1）准备工具：无。

（2）摆放工具：无。

（3）操作过程：将婴儿竖直抱起来,靠在家长的肩头,让他的头部慢慢离开,自然竖立几秒。可以在每次喂完奶后进行。或让婴儿与家长面对面趴在身上,把他的头扶正,然后由斜靠姿势慢慢躺平,婴儿会自然地努力抬头。

（4）游戏时间：1～2分钟。

注意事项：婴儿刚吃饱时,注意不要让其俯卧;练习抬头时间不能过长,以一两分钟为宜;游戏完后要让婴儿仰卧休息。

延伸训练：让婴儿趴在床上,头偏向一侧,然后在另一侧呼唤或逗引他,让他把头抬起片刻。另外,也可以从背后拉着婴儿的两条手臂做抬起、放下的动作。

12. 爬呀爬

训练目标：锻炼婴儿头、颈、背部及四肢肌肉的运动能力,增强其体质。

适合年龄：1～6个月。

操作方法：

（1）准备工具：无。

（2）摆放工具：无。

（3）操作过程：每天给婴儿洗完澡或做完按摩操后,让婴儿俯卧在床上。尽管他还抬不起头来,但是当用手抵住婴儿的小脚板时,他就会向后用劲蹬,并以腹部为支点向前爬行。

(4) 游戏时间：1～2分钟。

注意事项：婴儿1个月时，训练时间要短至约1分钟。随着月份的增加，可以逐渐延长时间。

延伸训练：待能爬时，放障碍物让幼儿爬行。

13. 摇啊摇

训练目标：预防肢体不灵活、易跌倒、前庭觉失调等情况的发生。

适合年龄：3～15个月。

操作方法：

(1) 准备工具：床单一条。

(2) 摆放工具：平铺在床上或地毯上。

(3) 操作过程：让儿童躺在床单中间，两位家长各抓起床单的两个角开始做左右和前后摇晃，摆幅由小到大，反复进行。

(4) 游戏时间：5～10分钟。

注意事项：家长注意不要离地面太高，以儿童不害怕为宜。

延伸训练：家长蹲在地上将床单放窄放松，让儿童横趴在床单上，使其头、上肢和腿部在被单上，然后做前后摇晃，并在地上放些毛绒玩具让儿童去摸或去抓。每次5～10分钟。

14. 宝宝飞

训练目标：促进前庭觉的发展。

适合年龄：3～9个月。

操作方法：

(1) 准备工具：无。

(2) 摆放工具：无。

(3) 操作过程：躺在床或地板上，轻柔地将婴儿举起、放下，或搂着他的胸部或腹部，让婴儿向前"飞"，向后"飞"，或从一边"飞"向另一边。缓缓地放低他的头，然后放低他的脚，让他慢慢而轻柔地朝各个方向移动，使婴儿沉浸在一种舒适、飞翔的感觉中。

(4) 游戏时间：5～10分钟。

注意事项：在婴儿可以抬头时，才能玩这个游戏。

延伸训练：可双手托住婴儿的两只脚，转圈飞。

15. 忽上忽下

训练目标：感受空间变化，促进前庭觉的发展。

适合年龄：5～9个月。

操作方法：

(1) 准备工具：无。

(2) 摆放工具：无。

(3) 操作过程：可将婴儿以水平的方式抱起，并且慢慢地上下移动，让婴儿感受上下不同的空间感。之后再改换一手托住婴儿的臀，另一只手托住头颈部，以坐姿的形式平顺地上下移动,有时托高一点,有时托低一点。待一会儿,回到水平仰躺状。之后再慢慢地让婴儿脚上头下、头上脚下,使其有头脚位置的变化。

(4) 游戏时间:5~10分钟。

注意事项:若婴儿出现惊慌的表情,则不宜再进行。

延伸训练:可以先让婴儿仰躺在床上,用手轻轻抓住婴儿的两只小脚,平顺而自然地将他倒提起来。接着模仿钟摆的方式,左右轻摇两三次。特别提醒的是,若婴儿出现惊慌的表情,则不宜再进行。

16. 左转右转

训练目标:接受来自不同方向的前庭刺激,强化肌肉关节张力,促进儿童站立与行走平衡感的发展。

适合年龄:8~12个月。

操作方法:将儿童以水平方式抱起,慢慢地左转转、右转转,让儿童感受左右不同的空间感,视儿童状态变速转动。

注意事项:儿童在1岁前头顶的囟门尚未闭合,因此在给予其前庭刺激时,速度要缓慢,而且动作幅度不宜过大。

延伸训练:可以让儿童趴在家长的肩膀上,由家长托起其双脚,先顺时针转1~3圈。稍作休息后,再逆时针转1~3圈。如果家长本身平衡感不佳,抱着儿童坐在摇椅上玩,也是很好的刺激。

17. 模仿秀

训练目标:预防好动不安、注意力不集中、易摔跤等情况的发生。

适合年龄:12个月至3岁。

操作方法:

(1) 准备工具:地毯一块。

(2) 摆放工具:将地毯平铺在地板上。

(3) 操作过程:让儿童趴在地毯上,同时学小动物爬行,并不时抬起头,学小动物叫。然后家长也四肢着地趴下来,让儿童从家长身下来回钻爬或围绕家长转圈爬。

(4) 游戏时间:10分钟。

注意事项:家长应视儿童的大小来决定运动量,累了可坐下来休息一下。

延伸训练:儿童可模仿兔子跳蹦,学蛇弯曲爬,模仿一切可模仿的动物爬行,也可让儿童骑在家长身上做骑马状,每次10分钟左右。

18. 跷跷板

训练目标:预防肢体不灵活、手脚协调能力差的情况发生。

适合年龄:12个月至3岁。

操作方法:

(1) 准备工具:一根直径15~20厘米、长约150厘米的木棒,毛巾被一条,软垫一个,木凳一个。

(2) 摆放工具:将木棒的一端用毛巾包好,把木凳垫在木棒下作为支撑点,把软垫放在木棒包好的一端下面。

(3)操作过程:让儿童坐在木棒包好的一端,手抱紧木棒,家长拿着另一端,以木凳为支撑点,像跷跷板一样,上下压动50~100次。

(4)游戏时间:10分钟。

注意事项:家长在压的过程中要注意儿童的安全,压的速度逐渐由慢到快。

延伸训练:家长可将木棒压平,让儿童在空中做划船状,并逐渐把手松开或举起。

19. 踢皮球

训练目标:预防肢体不灵活、手眼不协调、大肌肉不健全的情况发生。

适合年龄:12个月至3岁。

操作方法:

(1)准备工具:大纸箱一个、皮球一个、小毛巾被一条。

(2)摆放工具:将毛巾被铺在纸箱上,皮球放在脚下方或吊在脚上方能踢到的位置。

(3)操作过程:让儿童仰躺在纸箱里用脚去踢皮球,脚下的皮球连续踢10~20次。然后把球挪到脚上方,让儿童抬高脚去踢上方的球,连续踢10~20次。

(4)游戏时间:5~10分钟。

注意事项:注意纸箱中不要有钉头,要用毛巾被盖好,以免刮伤儿童,掌握好用力程度。

延伸训练:可将球悬挂在较高的地方,让3岁的儿童跳起来反复击打皮球,每次10分钟。

20. 拉马车

训练目标:训练前庭平衡力,提高其空间判断能力,预防紧张焦虑。

适合年龄:12个月至2岁。

操作方法:

(1)准备工具:纸箱一个或筐一个。

(2)摆放工具:纸箱或筐用绳子拴上,放在平滑的地板上。

(3)操作过程:让儿童坐在纸箱或筐里,用手抓住绳子的一端,家长拉着绳子的另一端,四处走动,可以直线走,也可以转圈走。

(4)游戏时间:10分钟。

注意事项:家长在拉儿童时,要确保儿童已坐稳,以免拉翻。

延伸训练:可把纸箱或筐改成浴盆,里面放半盆温水,让儿童系好颈圈泡在里面,手拿绳子的一端,家长拉另一端,来回走动。做10分钟。

21. 爬楼梯

训练目标:预防肢体不灵活、易摔跤的情况发生,提高其平衡能力。

适合年龄:2~4岁。

操作方法:

(1)准备工具:木制阶梯一段,有3~5个台阶。

(2)摆放工具:将阶梯平稳地放在地板上。

(3)操作过程:让儿童抓住家长的手臂,家长拉着儿童上下阶梯,直到儿童能一步跨上一个阶梯,家长开始松手,让儿童自己练习上下阶梯,再反复练习。

(4) 游戏时间：10分钟。

注意事项：家长在保护好儿童安全的情况下，鼓励儿童独立完成。

延伸训练：可以让儿童到真正的楼梯上练习，直到能独立地上下楼梯。训练10分钟。

22．打滑梯

训练目标：预防眼睛易酸、看书跳字、丢字或把数字看颠倒的情况发生。

适合年龄：2～4岁。

操作方法：

(1) 准备工具：大纸箱一个、塑料布一块、棉布一块。

(2) 摆放工具：找一个约30°的斜坡，将塑料布铺在斜坡上，纸箱放在上面，棉布铺在纸箱里。

(3) 操作过程：让儿童坐在纸箱里，从斜坡上滑下来，或让儿童坐在斜坡上直接滑下来，反复进行多次。

(4) 游戏时间：10分钟。

注意事项：家长要注意把纸箱内垫好，不要划伤儿童。另外，要注意儿童的核心，不要让其往后仰，以免碰了头。

延伸训练：可让儿童头朝上躺在斜坡上，将头抬起往下滑，家长站在旁边保护并鼓励，做10分钟或做30～50次。

23．走S形线

训练目标：训练儿童的空间概念和肢体的平衡能力。

适合年龄：2～4岁。

操作方法：

(1) 准备工具：彩色或透明胶带一卷。

(2) 摆放工具：用胶带在地上贴出一条S形的线段。

(3) 操作过程：家长站在儿童前面拉着儿童的双手，引导儿童从线的一端走向另一端。待儿童走稳后，家长放手让儿童自己从线的一端走向另一端，反复多次。

(4) 游戏时间：10分钟。

注意事项：家长可以站在儿童的后面鼓励儿童走，并注意儿童的安全。

延伸训练：可增加S形线的曲度，让儿童自己从线的一端走向另一端，也可以让儿童推着手推玩具沿着S形线来回走约10分钟。

24．学鹤立

训练目标：训练脚部力量及身体的平衡能力。

适合年龄：2～4岁。

操作方法：

(1) 准备工具：单靠背椅子一个。

(2) 摆放工具：将椅子平稳地摆放在地板上。

(3) 操作过程：让儿童手扶着椅子，一只脚站立，另一只脚抬起，脚尖朝下，约站10秒后，换另外一只脚，也站10秒左右，左右脚交替反复进行。

(4) 游戏时间:10 分钟。

注意事项:在开始时,家长可以扶着儿童练习,并注意儿童的姿势是否正确。

延伸训练:儿童可以不扶椅子,自己单脚站立。在确保站稳后,一只脚站立,另一只脚抬起或向前伸平,左右脚交替反复进行;同时,双臂配合,抬起并伸平,保持10 分钟。

25. 走平衡木

训练目标:促进大肌肉的发育,增强其平衡能力。

适合年龄:3~4 岁。

操作方法:

(1) 准备工具:宽 20 厘米、长 200 厘米、高 10 厘米的板凳。

(2) 摆放工具:将板凳固定在平稳的地板上。

(3) 操作过程:让儿童站在板凳上,手臂伸开、伸平,保持身体平衡后,开始从一端走向另一端,反复练习。

(4) 游戏时间:10 分钟。

注意事项:开始时,家长应该扶着儿童或拉着儿童的手走,待儿童能够站稳后再松手,注意儿童的安全。

延伸训练:在确保儿童能够走得平稳的情况下,让儿童单手提着物品走。然后双手提着物品走,反复练习 10 分钟。

26. 运乒乓球

训练目标:训练手部控制能力和平衡能力。

适合年龄:2~3 岁。

操作方法:

(1) 准备工具:汤勺、球拍各一个,纸盒两个,两种颜色的乒乓球各 10 个。

(2) 摆放工具:将装有不同颜色球的两个纸盒,分别放在相距 3~4 米的地板两侧。

(3) 操作过程:让儿童从一个纸盒中取出一种颜色的乒乓球,放在汤勺中,运送到另一个纸盒中,再取出另一种颜色的乒乓球运回来,来回运送。

(4) 游戏时间:10 分钟。

注意事项:家长要注意指导儿童动作的规范性和控制儿童的速度。

延伸训练:可用乒乓球拍来回运球,确保球不掉下来时,加快速度,来回运送。练习 10 分钟为宜。

27. 跳圈圈

训练目标:训练双脚的协调能力及身体的平衡能力。

适合年龄:3~4 岁。

操作方法:

(1) 准备工具:直径为 1 米的呼啦圈一个,板凳两个。

(2) 摆放工具:将呼啦圈固定在两个板凳之间。

(3) 操作过程:先让儿童一只脚向前迈入呼啦圈,另一只脚随着迈入;然后,一只脚再迈出呼啦圈,另一只脚随着迈出;左右脚交替着迈入和迈出呼啦圈,反复练习。

(4) 游戏时间：10分钟。

注意事项：开始时,家长可以帮助儿童完成动作,随着儿童熟练程度的增加,可以适当提高高度。

延伸训练：让家长拿着呼啦圈,可以随时提高高度;让家长拿着呼啦圈站在儿童身后,让儿童双脚左右交替向后迈入呼啦圈内,再双脚左右交替迈出呼啦圈。反复练习10分钟。

28．蹦接球

训练目标：预防身体协调不良、手眼协调、空间判断能力差的情况发生。

适合年龄：3~6岁。

操作方法：

(1) 准备工具：一个充气垫子,一个毛绒玩具或皮球。

(2) 摆放工具：把充气垫子放在地板中央,四周没有障碍物。

(3) 操作过程：让儿童站在充气垫上,开始脚不离地上下晃动。待站平稳后,开始蹦跳,不要跳太高,家长在正对面,把毛绒玩具或皮球投给儿童,儿童接到后再回传给家长,边跳边传。反复20~30次。

(4) 游戏时间：10分钟。

注意事项：家长要让儿童注意安全。

延伸训练：可以让儿童边跳边在地上拍皮球,然后边跳边转身,向左、向右,交替进行。每天10分钟左右。

(三) 本体觉训练游戏

1．被动操

训练目标：促进大动作发展。

适合年龄：0~6个月。

操作方法：

(1) 准备工具：无。

(2) 摆放工具：无。

(3) 操作过程如下。

准备活动：家长握住婴儿的两只手腕,数节拍4拍,从手腕向上4次按摩至肩部。然后从足踝向上4次按摩至大腿部;自胸部开始,按摩由里向外,由上向下按摩至腹部2轮,目的是让儿童身体放松,避免运动损伤。

婴儿仰卧位,两臂放身体两侧,家长将双手拇指放在婴儿掌心,其他四指轻握婴儿的两只手腕,开始以下运动。

上肢运动：将两臂左右分开侧平举,掌心向前;两臂前伸,掌心相对;两臂上举,掌心向前;还原预备姿势。

扩胸运动：将两臂左右分开;两臂胸前交叉;两臂左右分开;还原。

下肢运动：家长两手轻握婴儿的脚踝部,将双脚抬起与床面呈45°,左腿屈至腹部(右腿同);再将双脚抬起与床面呈45°;还原。

举腿运动:家长两手轻握婴儿的脚踝部,左腿上举与躯干成直角;还原(右腿同)。

放松运动:拍捏婴儿的四肢及全身。

(4)游戏时间:每天做一遍全套操即可。

注意事项:把握好做操的力度,不能强行,以免伤及骨头。

延伸训练:可随月龄的增加,适当做主、被动操,如翻身运动、俯卧抬腿、拉手起坐、弯腰拾物、扶走运动、跳起运动等。

2．升降机

训练目标:空间刺激,发展本体觉。

适合年龄:8个月至2岁。

操作方法:

(1)准备工具:无。

(2)摆放工具:无。

(3)操作过程:家长仰卧,腿弯曲,让儿童趴在弯曲的小腿上;家长的小腿上下左右移动,将腿部抬得高一点,可作为进阶动作。

(4)游戏时间:5~10分钟。

注意事项:注意安全。

延伸训练:家长可以加快腿部移动的速度来训练儿童。

3．坐一坐

训练目标:促进前庭和本体功能的发展。

适合年龄:4~8个月。

操作方法:

(1)准备工具:棉被、垫子、枕头等。

(2)摆放工具:用上述工具围在婴儿的屁股和腰部,放在婴儿正后方。

(3)操作过程:让婴儿靠着上述摆好的工具坐一会,渐渐撤掉一些支撑物,婴儿的手掌会自然地向前伸在地上以保持平衡,看上去就像一只青蛙一样蹲坐在那里,这时家长可以慢慢离得远一点,让幼儿独自坐几分钟。

(4)游戏时间:3~5分钟。

注意事项:家长应顺应婴儿的发育进程,不要强迫婴儿,婴儿累了就可以停止。

延伸训练:让婴儿一会儿坐,一会儿趴,或者翻几个身,以促进身体的灵活性。

4．摸一摸

训练目标:训练反应能力和本体感。

适合年龄:8个月至3岁。

操作方法:

(1)准备工具:无。

(2)摆放工具:无。

(3)操作过程:家长坐在儿童对面,训练儿童摸五官,家长喊口令。比如,家长喊眉毛,儿童就摸眉毛;家长喊哪儿儿童摸哪儿,让儿童摸得准确、到位。

(4)游戏时间:10分钟。

注意事项：家长可以先给儿童示范或和儿童一起做。

延伸训练：可以左右手交替摸五官,训练10分钟。

5. 练表情

训练目标：加强面部本体感觉。

适合年龄：1~3岁。

操作方法：

（1）准备工具：镜子一面。

（2）摆放工具：放在儿童正前方。

（3）操作过程：让儿童对着镜子,看着自己,家长给儿童喊口令表达,比如笑、生气等,让儿童去做,让其能掌控自己的表情。

（4）游戏时间：10分钟。

注意事项：家长可以先给儿童做示范。

延伸训练：可以让儿童和家长比赛,由另一个人喊口令,儿童和家长一起做表情,看谁做得快或表情到位等。做10分钟。

6. 找妈妈

训练目标：训练反应能力和本体觉。

适合年龄：1~4岁。

操作方法：

（1）准备工具：无。

（2）摆放工具：无。

（3）操作过程：爸爸站在前面挡住妈妈,儿童站在爸爸的对面,然后开始去抓妈妈,爸爸要极力挡住妈妈,儿童要想办法直到能够抓到妈妈为止,反复进行。

（4）游戏时间：视具体情况定。

注意事项：家长要事先和儿童讲好游戏规则,也要防止儿童摔倒。

延伸训练：可让儿童和妈妈互换位置,让儿童从主动去抓变为被动地躲,然后说出两种不同的感觉,视具体情况定时间。

第八章 感觉统合训练与幼儿园课程的融合

学习目标

知识目标
知道感觉统合对特殊儿童的训练对策。

技能目标
掌握感觉统合训练融入幼儿园的原则和策略。

情感目标
有意识的把感觉统合训练融入幼儿园课程中。

案例导入

晓晓,5岁半,是个聪慧的女孩,但是经常生闷气,无论父母怎么问,她只回答"不知道。"这令父母十分烦恼。妈妈担心女儿的这种个性往后会发展成忧郁症,于是咨询儿童治疗师,探究女儿问题的症结。

感觉统合评估结果发现,晓晓的视知觉功能达到优程度,但是动作技巧表现普遍较差。通常眼高手低的儿童,自尊高但自信低,在不愿面对或承认自己的缺点、问题时,就会用"不知道"来逃避问题。高智商、低情商的儿童就是如此养成的。晓晓的母亲原本有些怀疑自己是否过于担忧了,但儿童治疗师肯定她的做法,因为这样可以防微杜渐。

母亲认为晓晓上了两年半的××私立幼儿园,视知觉功能有明显的改善,但过于强调静态的课程,可能也是女儿动作笨拙的原因。所以,现在已将晓晓转到公立幼儿园去就读。但是另一个女儿3岁了,要为她选择启发多元智慧的幼儿园就十分困难。时下的幼儿园大多只强调个别特色,想要找个把握儿童大脑可塑最强的阶段,帮助她开发全脑的托育机构,似乎并不容易。

近年来,随着欧美发达国家等地的儿童早期教育领域开始引入感觉统合训练,国内北京、上海、南京等地的心理学、医学专家对此展开了一系列深入的研究与讨论。目前,国内学前教育机构对幼儿感觉统合能力的培养已非常重视,并已进行了初步探索。目前,很多幼儿园都投入了大量的人力物力来开展幼儿园的感觉统合教育,"感觉统合矫正"也正在逐步向"感觉统合教育"的方向发展。

那么感觉统合训练与幼儿园课程有哪些契合点呢?教育工作者能做的工作有哪些?

第一节　感觉统合训练融入幼儿园课程的原则

当代社会与科学技术信息发展日新月异,教育工作的开展也随之迎来新的挑战,幼儿园早教作为终身教育的伊始阶段,受到社会各界的广泛关注,其中感觉统合训练在幼儿园的教学体制中,得到了空前的重视与运用。将感觉统合训练融入幼儿园的课程教学中,切实落实了儿童发展纲要的精神理念,丰富了教育活动,有针对性地激发了幼儿的学习潜能,在一定程度上规避了儿童出现感觉统合失调的现象,合理开展感觉统合训练,对儿童的发展起到了重要的推动作用,并有效提高了教学效果。通过对"感觉统合"理论的理解、研究与实践,提出了在教学中应坚持趣味性、科学性、差异性的原则,以提高教学效果,实现教学的预期目的。

一、以游戏的形式使感觉统合活动充满趣味性

(一)构建富有趣味性的感觉统合游戏

福禄贝尔曾说:"儿童早期的游戏,是一切未来生活的幼芽。"在游戏中锻炼与学习符合幼儿的心理需求与兴趣,在游戏中获得生活技能与知识,能够达到寓学于乐、寓教于乐的目的。因此,教师积极为儿童构建富有趣味性的感觉统合游戏,提高幼儿的参与度,动员儿童的参与兴趣,使儿童充分感受游戏的乐趣,在玩乐中汲取知识,有效地开展感觉统合训练。例如,教师可以组织幼儿开展大海里的小金鱼、老狼老狼几点了、猫捉老鼠、小动物的积木在哪里等游戏活动,从儿童喜欢的小动物入手,为儿童讲解有趣的故事情节,使儿童能身临其境扮演角色,提升参与游戏的兴致。教师合理利用专门器材,丰富教学活动的内容,儿童能够在外部环境的刺激下,获得多样的感觉知觉,有针对性地带领儿童在玩乐中提高自身的协调能力,促进感觉统合能力的发展。在《乌龟仰躺赛跑项目》的感觉统合游戏活动中,教师要以引导性的口语激发儿童兴趣,如"今天我们要扮演小乌龟的角色,进行赛跑比赛,谁能用正确的姿势跑到终点就能获得胜利,得到我手中的笑脸印章",以此来激发儿童争先的欲望。在游戏中,儿童眼神飘忽不定、不自信时,要及时给予儿童肯定的目光,用鼓励性的话语告诉孩子:"我相信你,你是最棒的。"使其获得自信,燃起胜利的信心,摆正心态,提高身体协调能力。

(二)做好物资准备和经验准备的感觉统合游戏

物质资源方面体现在感觉统合训练器材绝大部分可与幼儿体育游戏相结合,如彩虹伞、滑板、跳袋、蹦床、大龙球、滑梯、平衡车、平衡木等,这样可以充分利用已有的器材,减轻幼儿园的财务负担。并且感觉统合训练与体育游戏相结合不仅能充分发挥器材的作用,还可以设计出奇妙有趣的游戏活动,改变原有的枯燥训练模式,提高幼儿参与训练的兴趣,从而达到更好的感觉统合训练效果。

经验资源方面则体现在角色游戏、竞赛游戏等方面。例如,在感觉统合训练前,设定一个故事情境,让儿童扮演故事中的角色。例如,儿童故事《丑小鸭》的情节就是丑小鸭克

服种种困难才变成了美丽的白天鹅,教师可以利用故事主人公的形象特点,让儿童做这只想要变成白天鹅的丑小鸭,如果想要变成白天鹅就要走过触觉板、穿过拱桥、滑板渡过小河等重重障碍,从而吸引幼儿的游戏兴趣。

(三) 符合《幼儿园教育指导纲要(试行)》(以下简称《纲要》)的游戏精神

感觉统合训练符合《纲要》游戏精神主要体现在两个方面:一是整体教育观,二是差异教育观。相关文件指出,幼儿园要把游戏作为基本活动,通过游戏与教育相结合的方式来引导儿童成长。而感觉统合训练就是采用游戏与教育的方式,让儿童在游戏中锻炼身体,培养人格。但这种感觉统合游戏又并非漫无目的地游戏,在游戏的同时,教师会设置相关的感觉统合训练目标,儿童在一定挑战性下完成,儿童在完成游戏时可以获得成就感和自豪感,既有利于培养勇敢刚毅的性格,又增加了自信心和自尊心,还有利于儿童在团队感觉统合游戏中良好人际关系的建立。同时,纲要也十分强调儿童个性方面的发展。在游戏中教师要尽可能地调动幼儿的积极性,激发儿童的兴趣,同时还要让游戏的内容丰富起来,不能总是千篇一律。兴趣是最好的老师,儿童兴趣饱满才会起到积极的作用,没有了积极的兴趣,儿童参与游戏的积极性也就弱了,从而训练效果大打折扣。而感觉统合游戏的特别之处就在于教师可以科学合理地运用感觉统合训练的专用器材,设计各种有趣的游戏,使儿童愿意积极参与这种有目的、有安排的"玩",并在训练过程中主动获取充分的、不同种类的刺激,促使幼儿感觉统合能力的提高,促进神经系统整体功能的协调。

二、科学安排感觉统合教育活动

将感觉统合训练融入幼儿园教育活动,要做到把科学合理和安全结合起来,因为这两点在训练的过程中同样重要。在保证安全的前提下制订科学合理的方案,不同情况的儿童要有不同的训练,促进儿童各方面协调发展。

1. 科学性

感觉统合训练要依托于环境和儿童具体发育情况制订实际可行的训练计划。一方面要注重训练的全面性,要使儿童机体的各个部位、各器官系统的机能都得到充分的感官刺激,不能单纯针对一个方面或几个方面进行训练,应采用多样化的练习手段,防止单一性,注重全面性。在对儿童进行感觉统合训练时,教师应该结合实际情况制订训练计划,保证训练内容的多样性,有效完善各个感知系统的功能,使儿童身体各器官系统得到全方面发展,同时还能够有效提高儿童的身体素质,增强儿童的感觉统合能力。另一方面要加强家园合作,与儿童家长密切配合。及时同家长沟通训练的情况,家庭延伸中及时巩固训练。

2. 安全性

学龄前儿童具有好奇心强、好动、好模仿等特点。其身体机能和心理尚未成熟,往往会因好奇而作出忽略自身能力范围的举动,从而带来危险。而感觉统合训练中的一些特定训练器材带有一定的危险性,因此在感觉统合训练融入幼儿园活动的过程中,要把安全问题放在首位,提前做好这方面相关的知识讲解。在每一次进行活动之前,教师要认真负责检查好所用设备是否安全,每一处细节都需要注意,这个过程也尤为重要,可以避免活动中发生不必要的意外。在进行活动时,教师首先要对用到的所有设备的功能和正确的使用方法作出详细的讲解,可以用一些特殊的讲解方法,如亲手示范,将每个角度的动作展示给幼儿,确保每一位儿童能够理解。紧接着教师需要向儿童讲清楚游戏规则和注意事项,让每个儿童自觉遵守游戏规则,确保活动时良好的秩序。在游戏过程中,教师要时刻注意每个儿童的动态,并且要有能够应对突发情况的措施,把危险系数降到最低,确保每一次活动完美结束。

由于儿童年龄较小,接受能力有限,所以教师在进行训练时要重视训练的强度和密度,以达到一定的效果和质量。对儿童进行感觉统合训练是一个循序渐进的过程,所以在训练过程中要保证活动的频率,且活动的频率要逐渐上升,保持稳定状态,然后适当降低活动频率,活动的难易程度也要从弱到强,难易结合,适当调节训练的强度。

三、针对儿童不同的需求组织活动

儿童是具有个体差异的。孩子在进入幼儿园的时候,因为受到不同的遗传和家庭的影响,他们的个性倾向,如兴趣、能力都是不同的。即使是同样年龄的儿童,其体质、性格、活动经验、能力等各方面的差异也是存在的。因此,在教育实践中,重视儿童的个体差异,更好地满足儿童的各种需求,是教育工作者十分关心的内容。训练老师一定要把握好个体的差异,使用有区别的教学方法,提出不同的要求(如次数多少、距离长短、速度快慢等),并在原来的基础上逐渐地提高这些要求,从而让每个儿童都能在不同的水平上得到发展。同时,老师也要注意活动的全过程,时刻注意学生在运动中的反映,并给予反馈,以便及时做出调整。一旦出现不正常现象,应及时分析原因,并采取相应对策,对方案及目标进行调整,对流程及训练方式进行优化,提高训练效果。

(1) 对于感觉统合失调的儿童,要激发并激励他们参加感觉统合游戏的积极性。一般而言,老师在感觉统合教育上的选择,更倾向于为大部分儿童所能接受的课程。但是从长远来看,对于某些有天赋的儿童或者能力强的儿童来说,这种课程不能满足他们需要,对于某些有能力的儿童来说,就是一种变相的才能被扼杀。因此,教师应该注意到儿童的个别差异,特别是那些不愿参与感官游戏的儿童,他们通常会因为一些感觉障碍或者天生的害羞,担心自己"做错了"会成为别人的笑柄,从而导致他们不愿意参与各种活动。但是,在幼儿园时就已经根深蒂固的恐惧感,对他们的一生都有很大的影响。因此,老师们需要用"成功导向"来驱散这些儿童内心的恐惧,让他们加入团队中。

(2) 对于部分有良好的感觉整合能力的儿童,应在其基础上进行深入、广泛的探究。通过设置发散式提问,使儿童充分挖掘自己的潜能,激发求知欲。这样儿童就能在脑海中构思出各种高难度的游戏,就能学会自己思考,拓展自己的眼界。比如玩平衡木,老师会让儿童想象出除了一般的游戏外,还有什么其他的方法可以用来走路。有些儿童就想出了"用手撑着平衡木行走、退着走、双脚蹦跳着走、蹲着走"等,老师要适时地对儿童进行鼓励,并对他们进行表扬,从而增强儿童参与的兴趣和积极性。

(3) 对于某些特别的儿童,要制订特别的培训方案,并有专人进行跟踪和记录。因为儿童感觉统合障碍的病因和症状各不相同,所以训练方案一定要有针对性。

第二节 感觉统合训练融入幼儿园课程的策略

建设教育强国是中华民族伟大复兴的基础工程,必须把教育事业放在优先位置,深化教育改革,加快教育现代化,办好人民满意的教育。而学前教育是高质量教育体系中最基础的和起始的环节,在高质量体系建设中起到奠基性和持续性的作用和影响。

将感觉统合训练内容纳入幼儿园课程中,并将其作为一种在幼儿园日常活动中进行的教学方法,能够丰富幼儿园的课程内容,促进幼儿身心潜力的开发,对教师的专业发展也有帮助。

感觉统合是每一个儿童成长的必经阶段,是一个身心和谐的学习过程。目前,人们已经开始意识到,在儿童早期发育过程中,感觉统合的重要性。然而,在幼儿园的课程中加入感觉统合训练,要与幼儿园的实际情况相结合,更要对幼儿的学习特点进行充分考虑,让幼儿能够感受到乐趣,从而实现幼儿的全面发展。

一、创编生动有趣的感觉统合操和感觉统合游戏

儿童是自我发展的主人,玩是人与生俱来的天性。在感觉统合训练中,用各种不同的游戏方式来激发儿童的参与欲望,让儿童能够感受到感觉统合游戏带来的快乐,是一个非常重要的教学特点。

1. 利用生动有趣的感觉统合操吸引幼儿

选择儿童喜欢的节奏感较强的音乐,并与各种感官训练的动作相结合,在每天的感觉统合游戏活动之前,由教师带领儿童做感觉统合操,这不仅可以作为对器械活动之前的准备练习,还可以通过表演儿童喜欢的各种动物,吸引儿童的注意力。

创编的感觉统合徒手操具体内容如下:小手拍拍、拉拉小手、拍拍宝宝、小鹤站站、风车转转、蜗牛爬爬、小猴翻身、抱抱小腿、小鱼游游等操作环节(见知识链接1)。在这套操中,"小手拍拍、拉拉小手、拍拍宝宝"以触觉学习为主,利用幼儿间的皮肤接触,不仅可以改善儿童触觉异常,还可以促进儿童之间的交往;而"小鹤站站、风车转转"属于对儿童平衡、重力感的训练;"小猴翻身、抱抱小腿、小鱼游游"则对儿童前庭平衡觉发展有很大帮助。这套感觉统合徒手操得到了很多儿童的喜爱,儿童在欢快的音乐中,模仿着各种小动物,不仅可以提高儿童的感觉统合能力,还可以发挥出活动之前的准备活动的效果,还可以让儿童参与到感觉统合教育活动中。

2. 通过创编感觉统合游戏让幼儿充分感受感觉统合教育活动的乐趣

好的游戏是开启儿童心灵的一把金钥匙。《前庭游戏——小动物在哪儿?》《本体感游戏——猫妈妈睡着了》,还有《触觉游戏——大象老鼠玩滑板》《综合游戏——猫捉老鼠》《运动企划游戏——大海中的小金鱼》,这些都是儿童很喜欢的游戏(见知识链接2)。这些游戏都是以儿童喜爱的小动物为主角,再加上活泼有趣的剧情,儿童在游戏中情绪十分高涨。教师的角色,不仅体现在对感觉统合的专用器材进行合理、正确地运用,还应该设

计出多种趣味盎然的教学活动,让儿童积极地参与进来。此外,教师还应该注重在活动的准备和活动的过程中,慎重地将计划与器材运用结合起来,让儿童可以获得更多的刺激,从而促进儿童感觉统合能力的发展。儿童从外表看来似乎是在"玩",但正是这种有目的有组织的游戏,才能把他们神经的全部机能协调结合起来。在此要特别指出两点:第一,在儿童的活动和训练中,由自己指导自己行动的时候,效果最好;第二,就是以竞赛的方式进行游戏效果更好。比如,在《仰躺乌龟赛跑》的比赛中,教师一边指导,一边说:"看谁能坚持最久,爬得最远,谁的力气最大,谁就是第一名。"这样,儿童会竭尽所能地做好每一件事。

3. 把我国传统民间游戏融入感觉统合教育活动

中国传统的民间游戏具有很好的游戏性,很好的趣味性,不仅有很多好听的童谣,还有很多有趣的动作、剧情、规则,这些都很受儿童的欢迎,能吸引儿童积极参与,使儿童的触觉、前庭、本体感等感觉统合能力得以发展。

二、渐进性增加游戏难度

在进行感觉统合教学时,应坚持循序渐进的原则,兼顾儿童生理和心理的发展特点,由浅及深,贯穿于整个教学过程,以取得较好的教学效果。

1. 根据儿童的兴趣点不断延伸,增加情节和难度

一般而言,以一项基本的感觉统合教育活动为基础,老师可以以儿童的兴趣为出发点,不断地扩展、添加故事情节,增加难度。

例如,一款名为《滚筒式时光隧道》的游戏,一开始的时候,老师会站在通道的两边,让儿童的脑袋在前方,想办法从通道里钻出去,然后让他们用双腿先钻进去,倒着翻过通道。等儿童学会了,再增加难度。两位教师一左一右摇晃通道,让儿童慢慢地爬过晃动的通道。待完全适应以后,就可以让儿童在快速旋转的通道里去摸球了。而球体的颜色则从与坑道颜色不同逐渐变换到与坑道颜色相同,逐步加大了难度。为了更好地挖掘儿童的兴趣,老师还可以添加许多有趣的故事,比如"人民解放军挖地雷""山洞找宝",儿童会更沉浸其中。

2. 由简单到复杂,逐渐增加难度

在一系列的感官统合教育游戏中,同样应从简到繁,循序渐进地递增难度,以维持儿童的学习兴趣,培养儿童的自信。

例如,训练触觉的游戏有泥土游戏、涂料游戏、塑胶粒游戏、抓痒游戏、麻布刷身游戏、冰袋游戏、梳头游戏、吹风机游戏、球池游戏、洗澡游戏、毛巾蛋卷冰淇淋游戏、软垫三明治游戏等,要慢慢地尝试,从儿童易接受的、感兴趣的游戏开始,慢慢增加难度。又如,艾尔丝教授的主要发明就是"滑板",而"滑板"更是被认为是"感官统合"类游戏中最有效的教学工具。因为它的变化多,对感觉刺激的形成也是多种多样的,所以可以使用滑板设计出一系列由浅入深的游戏,以满足儿童不同层次的需求。首先,用小滑板设计《飞机宝宝》《乌龟回家》《青蛙弟弟学捉虫》等游戏,儿童对滑板有了一定的了解后,再设计《飞机试飞》《蜗牛爬坡》。等儿童完全掌握了滑板,再设计《超人钻山洞》《过山车》《学做小超人》等游戏。

《飞机宝宝飞呀飞》：儿童趴在滑板上，仰着脖子，挺直胸膛，身体紧贴着滑板，腹部向上，手脚向上，就像飞机要起飞一样。

《乌龟回家》：让儿童躺在一块小小的滑板上，然后把手放下来，像乌龟一样往前爬。在爬行时，要注意把头抬起来，行走时可以转向或倒退，可以做到360°转圈。还可以采取比赛的形式，让所有的儿童一起玩"乌龟爬"，教师一边看着儿童做动作，一边用语言引导儿童，如"看看哪只小乌龟能在最短的时间内爬回家，哪只小乌龟的力量最大"。

《青蛙弟弟学捉虫》：让儿童趴在滑板上，像是一只会游泳的青蛙，双脚贴到墙上，然后往前踢，看看谁踢得更远，去抓前面放置的"小虫"。老师将前面的"小虫"一步一步移开，鼓励儿童参加挑战。

儿童在掌握了以上游戏的基本知识之后，可以尝试玩大滑板游戏，这种由浅及深的方式，能够满足儿童不同层次的需求。

《飞机试飞》：让儿童趴在小型的滑板上，然后从大型的滑板上自然地滑下去。滑动的角度在25°~35°，教师可以在飞机起飞的时候稍微用力一推，或者是让儿童在滑行的时候用手握住大滑板的两侧，借助反弹力用力地滑下来。如果是比较小的儿童或者是不敢尝试新活动的儿童，也可以让教师带着一起坐在小滑板上。对比较熟练的儿童还可以用倒滑的方法，头朝下滑行。

《蜗牛爬坡》：首先让儿童趴在小滑板上，然后教师用呼啦圈或木棍把儿童从下面拽上来，拽到大滑板上。或者，教师在大滑板上系一根绳子，让儿童可以自己攀爬上去。

《超人钻山洞》：在滑梯的正中央，用弓形门做成小隧道，让儿童趴在大滑板上面，身体随着滑板的移动滑向小隧道。滑行时，要求儿童双手向前伸展，头向上，脚尖向上。另外，还可以在大滑道的底部放上一些障碍（如报纸围成墙），让儿童在滑道上滑下去的时候可以把它推倒。

《过山车》：将一根绳子的两端绑在高处，让儿童仰卧在滑板车上，后背作为核心，脖子、胳膊、腿都弯曲起来，将绳子放在儿童的手和脚能够到的地方，儿童可以用手和脚抓住绳子，左右手交替向前推，然后仰着身体缓慢地往前滑。在比赛过程中，教师适时地鼓励儿童克服困难，以最好的姿态冲过终点线。

《学做小超人》：儿童拿着塑料棒躺在滑板上，一边从大滑板上滑过，一边用手抓住旁边的小球。在滑行过程中，要把头抬起，双臂伸平，在滑到小球旁边的时候，要用一只手去把小球抓起来，也可以让儿童在滑行过程中，用手中的塑料棒击倒身边的玩具，还可以让儿童手拿小球，投入固定的纸箱中。当儿童在滑板上向前滑动的时候，教师要及时纠正他们的动作，以达到锻炼的效果。

3. 有计划地安排儿童尝试各种难度的游戏系列

幼儿园感觉统合教育活动课程的设计，必须符合儿童的身体和心理发展特点，采取由浅及深的方式，系统地设计出一系列具有不同难度的游戏，让儿童在玩得开心的同时也能得到发展。

三、感觉统合训练与其他领域教育内容相融合

儿童感觉统合能力培养的终极目标是促进儿童的全面发展。《纲要》还清楚地表明：

"各个领域之间互相交叉,互相渗透。"将感觉统合游戏结合到幼儿园各个方面的教育教学过程中,既可以更好地发挥感觉统合训练的功能,又可以让各个方面的教学内容更加丰富,更好地促进儿童情感、能力、知识、技能等方面的和谐发展。

1. 与健康领域相融合

感觉统合训练与健康领域的结合点是,用丰富多彩的游戏活动,来培养儿童参加体育活动的兴趣和习惯。同时,还可以用儿童感兴趣的方式来发展他们的基本动作,提升动作的协调性和灵活性,从而培养儿童坚强、勇敢、不畏困难的意志品质以及积极、乐观、合作的态度。在开展感觉统合教育活动的时候,儿童在身体运动过程中,会与运动器械、场地器械、环境等产生互动关系,对身体各个部位的器官产生刺激,进而促进了视觉、触觉、平衡觉及空间知觉、时间知觉、运动知觉的发展,让儿童能够灵敏、协调地对动作进行控制和支配。可以说,绝大多数的感觉统合训练都是健康方面的。两者的结合在预防疾病和发展儿童身体协调、灵敏、力量、耐力、速度、柔韧等方面都发挥着非常重要的作用,还能对儿童的生理发育、心理发育和智力发展产生积极的影响。

第一,幼儿园为儿童的感知统合能力的培养提供了良好的环境。幼儿园给儿童营造了一个可以刺激他们跑、跳、滚、爬、攀动作的环境,为儿童准备各种大型的玩具,如障碍物、平衡木、皮球、跳绳、飞机垫、健身车等。色彩鲜艳、新颖、有趣的感觉统合训练和体育器材能够引起儿童进行体育活动的愿望与构思,并产生出与之相对应的行为与活动,从而激发了儿童进行活动的主动性与积极性。

第二,感觉统合能力可以结合到儿童的日常生活中,也可以结合到儿童的户外活动中。例如,每日早晨的晨练、一小时半的室外活动,在此期间可以安排自由的运动器材,也可以安排一些团体的体育运动或比赛。在开发基础动作的过程中,提高中枢系统对肌肉组织、内脏器官等的调控能力,以确保儿童运动的顺畅,并有效提高儿童素质。以《能干的脚》为例,它是一节关于健康方面的感觉统合课。

活动名称:能干的脚

活动准备:平衡木、石子、海绵垫、泡沫地板块若干、圆圈、拱形门、小绳、装有温水的小脚盆和擦脚巾,轻松、活泼的背景音乐。

活动过程:

1. 游戏《请你向我这样做》导入

教师和儿童围坐在泡沫地板块上,一起玩《请你向我这样做》的模仿游戏:"伸出你的左脚来;伸出你的右脚来;双脚一起伸出来"等。

2. 引导幼儿观察脚的外形特征

师:"小朋友们,请你们互相看看脚是什么样子的?"

师:"互相比一比,你们的脚有什么不一样的?"

儿童自由发言。

3. 儿童尝试各种活动,感知脚的用途

(1) 鼓励儿童自由选择活动,感知脚的用途,提醒儿童活动时不争抢,注意安全(踩脚踏车、踢球、钻山洞、跳绳、走平衡木、石子路、海绵路)。

走平衡木:走的时候,要防止幼儿因动作不协调而摔跤,如果摔跤了鼓励他爬起来再走。

走石子路:走路时不要拥挤,慢点走。

走海绵路:体会一下走路时脚有什么样的感觉。

钻山洞:注意手脚协调配合。

跳圈:不要踩到圆圈上。

(2) 儿童交流自己的体验。

师:"你的小脚是怎样帮助你的?"

"你在走石子路、海绵路的时候,脚有什么不一样的感觉?"

引导幼儿用脚尝试与之前不同的玩法。如用脚跟走路、用脚掌走路、蹲着走路、单脚跳圈、倒着走、一起踢球、一起跳圆圈,鼓励儿童互相交往共同活动。

组织儿童讨论:"脚有什么用处?"

(3) 儿童体验脚的各种感觉。

师:"用手挠一挠脚心,有什么感觉?"(痒痒的)

师:"脚踩在地上感觉怎样?"(感觉地是凉凉的)

师:"天气热时,你的脚出汗吗?"

4. 洗洗小脚讲卫生

师:"刚才我们的小脚帮我们做了很多事情,现在我们让小脚丫休息一下,给它洗澡吧!"(教师与儿童用温水泡脚)边洗脚边讨论:为什么要经常洗脚?怎样洗脚才洗得干净?

活动延伸:

(1) 在日常生活中继续培养儿童自己走路来幼儿园,不让爸爸、妈妈抱的好习惯。开设"能干的小脚"竞赛台,自己走路来幼儿园的小朋友印上小脚丫,予以鼓励。

(2) 脚丫印画:可爱的小脚丫。

(3) 在体育活动区内让儿童练习自己用脚踢球、踢口袋。

(4) 脚趾夹"豆":用废旧报纸搓成小"豆子",儿童练习用脚趾夹"豆子"。

这一健康领域的感觉统合教育活动设计,将重点放在了让儿童在体验中感知上,儿童通过自己看一看、比一比、做一做、说一说、洗一洗等环节,不仅可以了解到小脚在日常活动中的功能,还可以对儿童的触觉进行有效的锻炼。在活动的一开始,采取了游戏的方式来吸引孩子,目的是让儿童积极地参与到活动中,在小组活动的时候,儿童因为年纪太小,对赤足走在石头上很不熟悉,也很害怕,所以老师要给儿童营造一个安全、温暖的心理氛围,鼓励儿童大胆地走石子路。最后,一起洗脚这个环节,还能让儿童和老师之间的关系更进一步,让儿童在一种轻松愉悦的气氛中,完成情感统合教育。

第八章 感觉统合训练与幼儿园课程的融合

第三,可以将感觉统合训练与体格运动结合起来进行。幼儿园每年都会进行身体素质的测试,因此把不同年龄的儿童的身体素质训练计划和日常的感觉统合教育活动计划结合起来,会形成一个互补的效果。比如,对于身体平衡能力较差的儿童,可以适当让他们多参与一些身体体能训练活动和游戏,比如踩高跷、走平衡木、练单脚跳等,这些都可以帮助儿童提升身体的平衡能力。幼儿园各个年龄段的儿童体质体能训练的内容和目标与感觉统合训练有很多相同之处,两者的结合不仅能够促进儿童的触觉、前庭、本体感等感觉统合能力的发展,还能够提高体质体能训练的趣味性和可操作性,并且随着儿童的兴趣程度的提高,他们的表现也会越来越好。

例如,"2~2.5岁组托班"的体质体能训练目标是:动作协调熟练地上下五层台阶;跑步20米;稳定地站在20厘米高的地方跳下;熟练地在平衡木上走2米(高度18厘米)并双脚跳下;熟练地迈过15厘米宽的障碍物;动作准确地向前抛大皮球1米;熟练地钻过拱形门,手不着地,头不碰门;动作协调地连续手脚爬行10米;会站在1米线上用沙包打靶(沙包重量80克);能够助跑跳摸标准高度的物体(儿童向上伸出手臂,取指尖上5厘米高度)。

如果只是简单地进行训练,儿童就会丧失兴趣,而如果把这些目标结合到感觉统合教育活动中,再加上老师创造出一个生动、有趣的游戏情节,就可以很轻松地达到训练目标。

比如《勇敢的小白兔》,就是将体质体能训练和感觉统合训练结合在一起,用小兔子采蘑菇的故事情节,来吸引儿童,让儿童能够更好地完成训练。

> "兔子妈妈"带着"兔宝宝"们去采蘑菇(跑、跳、摸到沙袋的标准高度),他们经历了爬山(上下爬五级台阶)、过桥(在平衡木上走2米双脚跳下)、过小河(跨过15厘米的障碍)、进山洞(手脚爬10米,双手不着地,脑袋不碰到房门)、大灰狼出现后追赶兔子(跑20米),在"兔子妈妈"的指挥下,"兔宝宝"英勇地与大灰狼战斗(扔一个大球,再用沙包打大灰狼),最后将大灰狼赶走,"兔子们"欢呼雀跃。

除此之外,"打沙包"也是一种很常见的感觉统合训练,可以用来锻炼儿童的闪避和协调能力,而且在幼儿园的体能训练中,还包括了"抛沙包"和"抓接沙包",两者配合可以起到很好的效果。因此,通过沙袋,可以设计出数十种感觉统合的游戏,来达到提高身体素质的目的。

2. 与艺术领域相融合

将感觉统合训练与艺术领域的结合,是为了让儿童能够对艺术中的美有一个初步的认识,并且让儿童喜欢参与到艺术活动当中,能够大胆地表达自己的情绪和体验。两者结合在一起,既能鼓励儿童的自我表达,又能抒发情感,并让儿童从中获得自信、满足感及成就感。

比如《有趣的声音》这一课,就是一个将艺术融入感官统合训练的课程。不仅能让儿童体会到美术作品的美感,而且能锻炼儿童的听力和手眼协调性。

> 老师让儿童闭目倾听环境的声音，或者听"狮子王"等乐曲，等儿童熟悉声音后，让儿童自己去想象，让他们把自己听到的话说出来。有的儿童听到了脚步声，有的儿童听到了森林里的各种动物和鸟儿的叫声，还有的听到了小河的流水声……由于儿童都很喜欢动物，因此，教师可以让儿童模仿不同动物的声音和行走的姿态，还可以让有能力的儿童把他听到的动物和场景都画出来。最后，教师要带领儿童进行游戏，要求儿童依照教师的指示，把自己想象成一只动物，发出命令后，儿童要模仿所要模仿的动物，并且要在模仿的过程中，找到跟自己一样的伙伴，围成一个圆圈。通过这种方式，既能训练儿童的听觉、想象力，又能培养儿童的其他能力。

将感觉统合训练与艺术领域中的表演游戏结合起来，让儿童充分发挥自己的想象能力，利用自己的身体来进行表演，这样不仅可以对儿童的本体感觉进行训练，还可以培养表达能力和创造力。

比如《好玩的声音》这堂课中，老师从儿童的兴趣出发，通过与儿童的表演游戏相结合，创造出了一堂艺术性的感官统合课。在进行儿童听力训练时，常常要求儿童闭上眼睛，完全依靠自己的听力去辨别老师给出的各种声音。有些儿童还可以通过自己的身体发出各种各样的声音，老师利用这个机会，和儿童讨论咳嗽、打喷嚏、咯咯笑，让儿童模仿这些声音和动作。接着可以让儿童利用手、脚、舌头、牙齿等身体部位发出各种声音来，也可以利用地板、椅子、玩具等物品产生各种声音，并让儿童讨论哪些声音好听，哪些是杂音。大班的教师可以引导儿童尝试用动作来表达所听到的曲调。

> 慢：教师引领儿童轻轻摇晃，让儿童想象他们自己是恐龙，是海龟……
>
> 快：在教师的带领下，儿童可以以一种轻快的速度，跳跃的方式向前跑，儿童可以把自己想象成一辆小汽车、一只小兔子或是飞机、火箭升空。
>
> 轻轻：教师可以指导儿童，或者让儿童直接表演轻柔。有的儿童会踮着脚行走；有的把自己当作抓老鼠的猫；有的会轻轻地敲门；还有的儿童还会像舞蹈那样轻轻扭动身体……
>
> 最后，教师还可以让儿童来表现什么是大声，什么是小声，什么是哭声，什么是笑声……儿童有的会兴奋地大声尖叫，有的会窃窃私语，有的用脚踢地板、用手敲地板等不同形式来表现。

这些活动儿童兴致很高，老师带领着儿童初步感受到了艺术中的美。此外，感觉统合训练器材色彩鲜艳，形态各异，既有利于培养儿童对美的感受，也有利于儿童今后探索艺术的概念（形状、线条、色彩、材质等）。比如城堡、小路等很多游戏场景，都是小朋友亲手拼出来的，很有美感。

3. 与语言领域相融合

感觉统合训练与语言领域的融合点在于为儿童创造一个自由、宽松的语言交流环境，并养成儿童注意倾听的习惯和敢于大胆、明确地表达自己的能力。同时，人的语言能力，包括发声、词汇认知、组句、语言逻辑、说话、认字、读书、写作等方面的能力。这些能力与人的肌肤触感、前庭感受以及动作策划能力等有着密不可分的联系。儿童通过感觉统合训练也能掌握许多概念和知识,如儿童通过跳绳,对直线和曲线有了视觉上的认知。

例如,在《有趣的摩板》这一语言领域的感觉统合教育活动中,老师先以模板(平衡触觉板)为参照物,让儿童体会粗糙与平滑、上与下、左与右等概念,然后用儿童非常喜欢的音乐律动"宝宝的小手":"我把左手放在上边,我把右手放在下边,我把左脚放在前边,我把右脚放在后边,我把左手放在右肩,我把右手放在左肩,我把左脚放右边,我把右脚放左边。"让儿童体验上下左右等以自己为参照物的概念,同时背诵好的儿歌。这对于开发儿童的潜能,以及今后的读书学习,都有很好的效果。

教师还可以根据儿童的生活经验,通过感觉统合教育活动材料和形式的新异性和变化性,唤起他们的兴趣和求知欲,发展他们的语言表达能力。比如玩吊索或荡秋千,既是感觉统合训练的重要方式之一,也是儿童抒发情感的最好方式,还是健康领域的体育游戏内容。在运动时,也可利用吊索或荡秋千等动作,使儿童的语言能力得到发展。当儿童荡秋千的时候,老师应该有意地让儿童发挥想象力,想象自己是飞机、是飞鸟、是钟摆摆动……接着老师还可以提问:怎样才能让自己的速度更快一些呢?有的儿童会说一只脚立着,另一只脚以很快的速度弯曲;有的儿童却说两只脚是直立的,而且两只脚都是以很快的速度弯曲;有的说身体弯曲……"那比一比,哪种办法是最快的?"儿童探索的积极性在老师提问的过程中不断提升。

教师还可以让儿童在充满乐趣的氛围中学到知识,用感官去感受和体验事物的特性,通过一些富有趣味性的感觉统合教育活动,使儿童的语言能力得到发展。如通过"比一比""尝一尝""闻一闻""摸一摸""动手画""走迷宫""找一找"等游戏,培养儿童观察、比较、思考的能力,从而激发、整理儿童的大脑神经纤维网络,发挥幼儿潜在的能力。比如做智力游戏"什么东西消失了",不仅要求儿童说出什么东西消失了,还要求他说出这个东西是怎么消失的,把发现的过程重新说一遍。这不仅锻炼了儿童的注意力、观察力、记忆力、判断力,语言表达能力也得到了很好的发展。

4. 与科学领域相融合

感觉统合训练与科学领域的融合点在于为每个儿童提供活动的条件,让他们可以使用多种感官和方式去探索,培养儿童的好奇心和求知欲,并学会将探索的过程和结果用恰当的方式去表达和交流。同时,通过生动有趣的感觉统合智力游戏,激发和整理儿童脑神经纤维网络,在自愿、愉快的情绪中促进知识、开发智力。

以前的感觉统合训练是先由老师示范动作,再由儿童跟着做,这是被动式学习的一种教学模式。但随着儿童年龄的增大,学习需求得不到满足,特别是一些能力比较好的儿童,有自己的思考方法,对大人的想法不一定会完全听从。虽然儿童的认知发展各不相同,但儿童的创造力远高于成人。所以,在感觉统合教育活动中,教师要让儿童充分参与到课程中,引导他们的发散性思考,让他们在问题中发掘潜在的能力;要让儿童成为游戏的主人,充分调动儿童的积极性、主动性,探索各种玩法,让儿童变被动为主动,探索新的玩法;要让儿童充分参与到活动中。

例如,《奇妙的滑梯》是感觉统合教育活动融合科学领域的典型。大型滑梯是幼儿园里最常见的活动器械,也是常见的感觉统合训练器械。但滑梯不能动,功能性也就少。年龄较小的儿童由于喜欢单一重复,非常喜欢玩滑梯。但随着儿童年龄的增大,伴随着理智感的明显形成,好奇好问就成了这个年龄段的主要特征,滑梯也渐渐被冷落在一边。所以,教师要给儿童新的刺激,就是引导儿童想象非传统的玩法。比如改变滑的方法:可以坐着滑,可以躺着滑,也可以趴着滑,或者头朝下滑,往往只要有一个儿童率先做到了,别的儿童就会立刻模仿起来。此外,老师要打破常规思路,以儿童的眼光看问题,也许会有意外收获。

老师引导儿童参加不同的活动对于儿童来说是一种挑战,需要儿童能够正确地回应来自感官的信息,也就是有效的回应。但是,教师在引导活动目标时,不能只关注儿童的自发的感知过程,而要关注儿童对动作的反应。当一个学习过程中有更多的知觉系统参与时,就会有更好的学习效果。儿童自己指导自己的行为进行活动与训练,其效果最佳;因为,当儿童需要某种刺激,并且能够自己参与到活动中去获得这些刺激的时候,就会形成感觉统合能力,并且可以有效地推动神经结构的发展。教师应在教学中加入新的教学内容,并在教学中逐渐提升儿童的能力,让儿童在学习过程中能作出有组织的、更加成熟的回应。因此,教师不仅可以使用感觉统合器械,去对感觉统合教育活动进行设计,还可以对器械的使用、顺序、数量等进行改变,让儿童成为设计者,进行自主的游戏,自己动手解决问题。在儿童遇到困难、遇到障碍,或者兴趣不高的时候,教师要擅长于解决问题,激发儿童的思考能力和想象力,培养儿童的探索欲望。

5. 与社会领域相融合

感觉统合教育与社会领域的融合点,就是要对儿童的交往能力进行培养,让他们学会互助、合作和分享,并不畏惧困难,拥有自信。在《勇敢的小蚂蚁》中,注意力集中在了勇敢、团结和合作的优秀品质上,这些品质与社会的价值观不谋而合,符合社会领域的教学目标,对儿童的交流和成长,也有很大的帮助。

《勇敢的小蚂蚁》是以大龙球、触摸板和其他感觉统合器械为背景,以沙包取代谷物。在游戏中,老师饰演蚂蚁妈妈,儿童饰演蚂蚁宝宝,由于大水将至,蚂蚁妈妈对蚂蚁宝宝说要迁移。每一只小蚂蚁都必须搬运食物,为这个家贡献自己的一分力量。他们需要走很长的一段路,才能将食物运到安全的地方。小蚂蚁首先要双手双膝着地,头上顶着一个沙袋在地上爬,爬的时候头朝上,双手双脚着地,这样才能保持平衡不掉下去。再用双手抓着龙球,光着脚在触摸板上移动。最终,钻过一个洞后,将粮食放进仓库里。在这个过程中,儿童要自己动脑来选择搬运粮食的方法(如腋下夹、下巴夹、后背背等)。此外,儿童还需要两人或三人合作,才可以将所有的粮食搬运走。这样,儿童就可以体验到勇敢、合作、克服困难的快乐,同时也对培养儿童的集体主义感有很大帮助。

为了提升儿童的交际能力,幼儿园还可以利用感觉统合器械,搭建一个儿童小天地,让儿童可以开展各种社会领域的感觉统合教育活动或者角色扮演游戏等,游乐园、动物园、剧院、小剧院、医院、地铁站、饭店、运动会等。在这片小天地中,儿童是游戏的主人,他们可以自由地扮演每一种角色,模仿成人的行为、语言展开活动,将现实生活中各种角色之间的关系反映出来。在玩游戏的过程中,他们可以有创造性地、愉快地学习,还可以让扮演角色的情感体验变得更加丰富,使学生的交际能力得到充分的提高。

所以,感觉统合教育在幼儿园的开展,积极地促进了幼儿园的课程设置。学龄前是人生发展的关键期,也是人生的启蒙期。所以感觉统合教育活动的目的是让孩子在原有的发育程度上,得到身心的基本训练,让儿童在享受快乐童年的同时,身体和心理都获得与他们的发展程度相符的发展和提升。

第三节 特殊儿童训练

一、学习困难儿童的训练对策

(一)学习困难儿童的概述

关于学习困难儿童的概念,学术界对它的定义很多。美国1975年的《障碍儿童普及教育法》提出:"特殊学习障碍儿童指儿童在理解或应用语言的心理过程中,表现出一种或多种不正常的状态,以致在听课、思考、说话、阅读、写作或计算时,表现出能力不足的现象,是指儿童在学习中这种异常包括意识障碍、脑外伤、轻微的脑功能紊乱、阅读障碍、发展失语等。这个名词不包括听力、视觉、运动障碍、智能不足、情绪困扰,以及由于环境、文化、经济上所产生的学习问题。"学习困难儿童,可以定义为没有特殊的身体障碍,智力比较正常,但学习上接受有困难的儿童。

(二)学习困难儿童的表现

学习困难儿童普遍表现为听力识别能力差、知觉转换障碍、运动协调(感觉统合)障碍、学习能力偏异、视觉空间知觉障碍、理解与语言表达缺乏平衡等。

1. 听觉辨别能力差

听觉是一种经过大脑皮层分析后得到的声音感觉,是由具有传导声音作用的传音结构(外耳道、鼓膜、中耳及中耳腔内的听骨链)以及具有感受声音作用的感音器官(耳蜗、蜗神经、脑干听神经核团、大脑皮层听区等)共同组成的听觉神经系统共同完成的。听觉神经的任何一个部分的结构和功能的改变都会引起不同程度的听力损害。

有些儿童虽然没有明显的听力损伤,但他们在听人说话时,很难分辨出"尼""逆""您""呢"和"秒""喵""猫""妙",从而影响了儿童的听讲、理解,给他们的学习造成了很大的困难。

2. 知觉转换障碍

有知觉转换障碍的儿童,在他人说到一个物体或老师说到某个问题时,无法迅速将该物体或该问题的情况联系起来。比如,教师要儿童描写"狗"的形象,并将"狗"的汉字写在黑板上,儿童不可能马上就想到一只狗,或者"狗"的汉字,但可能把"狗"想象成"猪""虎""熊"或其他动物。

3. 运动协调障碍

运动协调障碍是指身体协调能力差,具体有以下表现。

(1) 重力不稳。不能平稳走路,有时候行走的时候,外在显示像是在奔跑。造成这种情况的主要原因是人体与地心的协调性与控制性不够,即缺乏平衡性。

(2) 身体形象不明。比如在玩五官指法的时候,经常指的是错误的位置,也就是对自身各个部分的知觉不够,没有很好的控制。

(3) 空间位置关系不明确。一是对远近的判断不准确,比如经常把水倒在杯子外面,不会扣纽扣,或者经常扣错纽扣;二是往往会出现方向上的误判。

(4) 对刺激的敏感性过于强或弱。比如转动这个动作,有些儿童害怕转动,一转动就会头晕目眩,因为他们对转动太敏感;而有些儿童却很喜欢转动,无论转动多少次都不会头晕目眩,这是对转动不敏感。

(5) 触觉防御过当或不足。害怕被人摸,被人摸一下就觉得疼或者痒,特别难受。有些儿童的皮肤很迟钝,摸他的时候没有感觉,捏他也不会觉得疼。

(6) 不正常的固有感觉反应或听觉反应,如对某种动作、转动或攀爬尤其敏感,或对某种声音恐惧。

(7) 学习上遇到以下各种困难。

① 手指迟钝。手指是人与外界接触最多的地方,也是最常用的地方。一般情况下,它并不惧怕陌生人的触碰,是人在探险中很重要的工具。运动协调不良的儿童,他们的手指触觉不好,手的柔韧性差,对陌生人的触摸感到恐惧。手眼协调能力差,这一点在写字和绘画能力方面最为突出,如字的笔画越复杂,写得就越乱;在画图案的过程中,把圆形的东西画成是偏方的,把方的东西画成是圆的。

② 坐姿不良。"坐如钟、站如松、行如风"是用来描述一个人的姿态和神态。有的儿童在坐着的时候,经常会出现弯腰驼背、两手无处放等情况,不能长时间的静坐,坐不了多久就要起来无目的地活动,或者心神不宁,焦躁不安。

③ 听写时错误不断。听觉和视觉的协调性不好,会严重影响儿童的学习能力。协调性差的儿童不能立即理解所听的声音,因而也就不能将声音与视觉相匹配。这样的儿童,听写会特别困难,经常会漏字,甚至跟不上节奏。

④ 分不清次序。在进行数列时,每一位数的次序也常常搞错,比如 6 之后,往往会忽略 7,而直接成为 8。

4. 学习能力偏异

学习能力偏异的儿童,主要表现在操作及语言能力的偏异。如有的儿童在操作方面对拼装玩具很感兴趣,从模板上拆下零部件,然后按照图例拼装,操作起来得心应手。如果让他用剪子进行裁剪,就显得非常笨拙,或者根本就不可能完成。语言能力方面偏异的例子就更多了,比如有的儿童对家长或老师专门教的语言,往往记不住或表达能力较差而儿童之间传诵的儿歌不但学得快,而且背诵起来绘声绘色。

如有的儿童阅读有困难,主要表现为认读、拼读准确性差或理解困难。他们常常有字不会写,错别字多、难以纠正,拼音不好,听写、默写、背诵困难。但是,这样的儿童有的数学比较好,有的喜欢音乐,还有的喜欢绘画。

再如,有的儿童存在数学计算技能障碍,主要表现为数量、数位概念混乱,数字符号命名、理解与表达、计数、基本运算和数学推理障碍,以致严重影响日常生活和学习。但是,在这些儿童中,有的特别喜欢体育运动,甚至在某项体育竞技中很有建树。

5. 视觉空间知觉障碍

有视觉空间知觉障碍的儿童,一是辨别形状的能力差,主要表现为常常分不清6与9、d与b、p与q等数字或字母,以及月与用、了与子、车与东、马和与等汉字,把正方形看成长方形,把长方形看成平行四边形,把普通三角形看成等腰三角形。二是字总是写不好,根本达不到横平竖直的基本笔画要求,不是横七竖八,就是上歪下斜,常常把上下结构或左右结构的字,要么写得挤做一团,让人无法辨认,要么就是中间隔很远,让别人误认为是两个字。三是在生活、学习中操作不协调。如用热水瓶或水壶往杯子里倒水,常常把水倒在外边,在有格子的练习簿上做作业,总是不能按照格子来做,不是靠上,就是偏下,不是左歪,就是右斜,一行字写下来,总是有高有低。

6. 理解与语言表达缺乏平衡

一般来说,对一件事情、一篇文章的理解和语言表达,思考是基础,而思考、语言思维能力是听觉与视觉能力的综合提升,是在具备基本的听觉和视觉的基础之上再进一步升华出来的能力。它综合所听到的、看到的事物,并对这些事物进行思考、理解,然后用语言表达出来。若听觉或视觉有问题,思考和理解也会出现问题,理解与语言表达就会缺乏平衡。

(三)学习困难儿童的训练

1. 听说能力的训练

在儿童的语言发育过程中,"听"是幼儿语言发育过程中最为重要的一环。在一切语言中,"听"是非常关键的。儿童躺在母亲的怀里,听着母亲温柔的声音,这就是大家学语言的起点。儿童透过"听",从言语中获得最初的信息和感觉。充分的语言刺激,可以培养孩子灵敏、健全的听力,为以后的口语发展打下良好的基础。可见,"听"能力是语言发展应具备的最基本能力。

在学习困难儿童中,语言能力落后占很大比例,其中最突出的表现就是存在语言理解和语言表达方面的问题。国内外大量研究证明,一个儿童在语言能力发育上明显落后的最根本的原因是"听"能力不足。这是因为一个儿童听能力低,必然会严重影响其语言发展,最后导致学习困难。然而,有些家长、老师把这类问题归咎于视觉障碍和不良的学习习惯,认为儿童经常对老师的提问不知道如何回答的原因,是上课不集中注意力或看书不够细致等,在对儿童进行行为矫正时,也常把重点放在"看"方面,如反复让儿童阅读某一段文字等。在语言发展方面,家长往往侧重于书面语言的培养,如写作方面的训练等,而忽视了儿童听觉方面的问题。

学习一门语言要从倾听开始,听力是语言的基础。对于语言发展迟缓的孩子,要从"听"开始。许多研究已经证明,幼儿的听力水平会对幼儿的注意力产生直接的影响。听觉能力差,很容易导致孩子在课堂上注意力不集中,注意力涣散等。

要让儿童提高"听"的能力,首先要教育儿童学会"倾听",强化"倾听"的重要性,要对别人的讲话仔细地听、认真地听;其次要进行听觉学习能力的功能训练,如听觉分辨、听觉记忆、听觉排序、听觉理解力、听觉—动作反应等能力的训练。在各种训练中要注意以下四点。

（1）要增强训练的趣味性。尽量将各方面内容与游戏结合起来，让儿童在游戏中完成训练。

（2）训练的量要适度。训练量太少，往往达不到提高相应能力的效果；训练量过大，又会导致承受不住，而且易产生逆反心理，拒绝合作，不但达不到训练要求，而且会影响现有能力的巩固。

（3）训练的难度要适中。一定要遵循从易到难的原则，不要让训练起点过高，应重视从基本能力训练开始。

（4）要及时总结反馈训练结果。注意训练过程中儿童各种能力的变化，当儿童出现训练认真、能较好完成任务，特别是当儿童有进步表现时，老师或家长一定要及时予以表扬和鼓励，以增强儿童自信心，更好地进行后面的训练。

2. 观察力与记忆力的训练

1）观察力训练

通俗地说，观察能力就是通过"看"来进行"感知"的能力。这种"看"的能力的基础是人的视知觉能力。许多人简单地认为视力就是视知觉，有了正常的视觉感官，就可以正确反映所看的对象，只要想看就一定能看到。其实，视知觉不仅包含着知觉的复杂过程，也是一种需要经过一番发展才能获得的能力。

在学习活动中，70%的信息都是通过视觉来接收的。眼睛的生理结构先天已定型，学习中的视知觉能力不仅包括单纯的生理功能，还更多地涉及大脑的高级加工过程。视知觉能力大量依赖于后天的视觉经验，是经过练习获得的。只要给予适当、充分的训练，就能够刺激它的发展，例如，丰富了视觉的联想能力，增强了视觉的分辨能力等。在初级阶段，无论是阅读、识字、计算、朗读、抄写，还是做应用题，都离不开视觉的培养。视觉感知的发育与学习的成功与否有着密切的关系。

2）记忆力训练

感觉记忆系统的障碍，严重影响儿童学习能力的发展。心理学家研究发现，可以通过心理训练的方式来帮助儿童克服困难，提高记忆力。例如，训练儿童在纸上走迷宫；观看一个图形 10 秒，然后默画下来；在一大堆数字中找出某个数字并画掉；在许多复杂线条中，找出某个特殊图形或将一些未完成的图形完成等。这些都是训练记忆力的方法。还可以让儿童大声朗读一篇短文，然后复述它，看能记住多少。

二、多动症儿童的训练对策

（一）多动症概述

注意力缺陷障碍又称幼儿多动综合征，简称多动症，特发于幼儿学前时期，明显症状是活动量大。注意力缺陷障碍是多动、注意力不集中、参与事件能力差，伴随认知障碍和学习困难、智力基本正常等表现的一组综合征。世界卫生组织在《国际疾病分类（第 10 版）》中命名本病为幼儿多动综合征；美国精神病学会在《精神障碍诊断和统计手册

(第3版·修订版)》中则称为注意力缺陷—多动障碍。

(二) 多动症的特征和表现

1. 注意力缺陷

儿童的积极注意维持能力较低,是多动症的主要表现之一。这类儿童的注意力极容易受到周围环境的干扰,且在短时间内无法集中。因此,当儿童做游戏时,或者在课堂上,很容易被周围的环境所干扰,儿童的注意力经常从一件事情转到另一件事情上。在做作业的时候,不能集中注意力,一边做一边玩,不停地更改作业的内容,不断地以喝水、吃东西等理由打断作业,粗心大意、随意涂改、丢三落四,因为动作拖拉,导致做作业的时间显著地延长。儿童几乎对所有的东西都有反应,无法过滤掉不相干的东西,因此很难集中精神。有的儿童会看着一个地方发呆,或者坐在教室里看着老师,但他们的大脑活动却与学习无关。

2. 活动过多

大部分多动症儿童从小就很活泼,但在需要相对安静的环境中,活动量和活动内容都会显著增加,这是多动障碍的又一核心症状。大部分多动症儿童在幼年时期就出现了活动过度,而在上了小学之后,由于种种制约,这种现象更加明显。有些儿童在婴幼儿时期就出现了过度活动,行为异常活跃,甚至会从摇篮或小车中爬出来。他们刚学会走路的时候,常常用跑步来代替走路。年龄较大的孩子,在阅读儿童书籍时,往往只看了一两页,就会去找其他的书籍。在进入小学之后,主要表现为:在教室里过于不安分或有很多小动作,不会安静地坐着,在自己的座位上扭来扭去,东张西望,摇桌子转椅子,说话时会发出很多嘈杂的声音,还经常会去触碰任何可以触摸到的东西,还会故意弄出一些声响来吸引别人的注意力。

3. 冲动性

由于缺乏自制力,多动症儿童往往会对某些令人不快的刺激有过度的反应,并且经常会做出不经过深思熟虑的行为。这些儿童容易被激怒,他们做事情不计后果,还喜欢破坏东西等。他们的特点是幼稚、任性、自我克制力差,行为粗鲁,在做出冒失行为之前没有经过缜密的考虑,甚至还可能在冲动之下,做出一些危险的举动。在情感上,他们想要什么,就必须立即得到满足,不然就会哭闹、发脾气,还经常会惹出一些麻烦,而且会表现出不稳定的情绪,会无缘无故地大喊大叫,他们没有耐心,无论做什么事情都很暴躁。简而言之,冲动和任性是多动症孩子显著和常见的特征。对此,一些学者认为这是一种"核心症候"。

4. 学习困难

多动症儿童的智力水平大部分是正常或者接近正常的。但是,因为他们的注意力存在缺陷以及活跃过度,仍然会给他们的学习造成一些困难,这对他们的课堂学习效果以及完成作业的速度和质量产生了影响,从而导致他们的学业状况不佳,他们的学习成绩与他们的智力水平并不匹配。一些儿童有视—空间定位障碍,无法区分主体和背景,无法解析图形的组合,无法将图形中的各个部件整合为一个整体,无法区分左边和右边,导致书写时出现了字母倒置,将"部"写为"陪",将"6"写为"9",将"b"写为"a"。此外,他们还存在着诵读、拼音、书写或语言表达等方面的问题,多动症儿童经常会不经过认真思考就回答问题,这也是导致学习困难的一个因素。

另外,30%～60%的多动症儿童伴有对抗性障碍,20%～30%的患者伴有行为和焦虑性障碍,20%～60%的患者伴有学习能力下降。

多动症儿童的临床表现会出现起伏不定的情况,这与他们所处的环境和所从事的活动有一定的关系。多动症儿童在做作业、做重复性的、做需要很大精力的活动、做一些没有新鲜感的事情时,是最难保持注意力的。在吸引人的地方,新的情况,或者陌生的情况下,多动症的症状会得到缓解。当提示语做了必要的重复后,多动症儿童保持注意力也没有太大的问题。多动症儿童的症状会随着情境的变化而变化,这表明多动症儿童的症状会受到所处环境的影响,并且与所处环境有很强的交互作用。

5. 神经系统异常

有一半的多动症儿童存在着精细运动、协调性和空间位置觉障碍。在动作技巧上有一定的缺陷,比如翻手、对指运动、系鞋带、扣纽扣等,都有一定的难度,但是随着神经系统的发育成熟,这种情况就会慢慢改善。少数多动症儿童存在言语发育迟缓和言语表达障碍。神经心理测试结果显示,多动症儿童存在注意力、记忆力、视觉运动以及归纳推理能力等方面的缺陷。

6. 行为品行问题

多动症儿童常常不听家长和教师的训诫,喜欢争斗、打架、撒谎、虐待他人和小动物,妨碍集体活动。多动症的症状是多种多样的,并且随着年龄、环境而变化。

(三)感觉统合训练对多动症的矫治作用

实践证明,在多动症儿童的矫治中,由专门的老师实施感觉统合训练是有效的。培训内容如下:使用滑板、网绳、水桶秋千、平衡木、平衡桌、大龙球、球池、时光隧道、袋鼠跳、万象组合、踏石等健身器材,锻炼身体;使用串珠、夹珠、穿针、88轨迹、迷宫走珠等游戏来练习精细动作;通过文字、图形、数字等手段,对学生进行视觉、听力和记忆力的专门培训。平均一周3次,每次60分钟,每个周期24次,2个周期。在每一期训练的开始和结束的时候,对幼儿感觉统合能力发展量表进行评估,并设计训练效果跟踪表,具体包括情绪稳定、完成作业、注意力集中、学习成绩、运动协调等内容。

具体而言,感觉统合训练对多动症幼儿具有以下两方面的作用。

(1)通过感觉整合训练,能提高注意能力。在进行感觉统合训练之后,多动症儿童的好动不安和注意力不集中现象都可以得到改善,他们的运动协调能力、情绪稳定、完成作业和学习成绩也有了较大的提升。其中,与8岁以上儿童相比,8岁以下儿童的改善情况更加明显,训练时间越长,在协调能力、情绪稳定、学习成绩方面效果越明显。

(2)感觉统合训练能提高人的组织性、自控性等。感觉统合训练的结果是正面的,幼儿的感觉统合功能是在发展的过程中,从单纯的各种感觉发展到初级的感觉统合、身体两侧的协调、手眼协调、情绪稳定及从事有目的活动,再进一步发展到高级的感觉统合,也就是注意力、组织能力、自我控制、学习能力、概括和推理能力的提高。感觉统合功能失调可以通过训练得到矫正。

三、发育迟缓儿童的训练对策

（一）发育迟缓概述

发育迟缓是指儿童在生长发育过程中，生长速度减慢、发育顺序异常等。儿童出现发育不良的概率是6%～8%。确切地说，儿童发育迟缓是指在6岁之前，由于多种原因（包括脑神经或肌肉神经、生理疾病、心理疾病、社会环境因素等）所造成的，在认知发展、生理发展、语言及沟通发展、心理社会发展或生活自理方面，表现为发育落后或异常。

（二）发育迟缓的特征和表现

1. 体格发育落后

从出生到青春期结束，体格生长连续不断地进行，但是生长不是匀速的，各个年龄段的生长速度并不相同。体格发育落后就是在体格发育的过程中由于内在和外在的因素造成了发育低于正常指标范围。

2. 运动发育落后

运动发育落后是指儿童运动机能发育落后于普通同龄儿童，此类儿童身体发软、运动明显减少、反应迟钝、头围异常。

3. 语言发育落后

语言发育落后是指由各种原因引起的儿童口头表达能力或语言理解能力明显落后于同龄儿童的正常发育水平。智力低下、听力障碍、构音器官疾病、中枢神经系统疾病、语言环境不良等因素均是儿童语言发育迟缓的常见原因。

4. 智力发育落后

智力发育落后是指与同龄儿童相比，在某方面或多方面的智力发育水平明显滞后，通常滞后同龄人4～6个月。

5. 心理发展落后

人类各种心理活动包括感知觉、注意、记忆、学习、想象、思维、语言、情感、意志行动、自我意识以及个性心理特征等，都是在0～3岁这个早期阶段发生的。每一种心理过程的发展都有其独特的特点、具体的发展进程及其规律。如果心理发育落后，则要进行一系列的治疗和锻炼。

总体而言，生长发育迟缓的症状比较多，一般会出现体格发育、运动发育、智力发育滞后等症状，但是也有可能会出现其中一种症状。如果身高、体重、头围的测量值都偏低，说明孩子的发育有一定的迟缓，建议到医院进行详细的检查。只有身高、体重、头围的一项指标偏低，说明孩子有局部的发育迟缓，需要做脑神经、内分泌等方面的检查，看有没有影响孩子的生理发育。

（三）感觉统合训练对发育迟缓的矫治作用

感觉统合训练可以促进大脑发育，通过动作活动使人的大脑获得有关身体各部位的信息，获得身体与外界环境平衡与否的信息，而使动作协调起来，对外界作出正确的反应。

从这一意义来看,通过感觉统合训练可以促进儿童大脑发育以及智力发展。

(1) 感觉统合训练可以促进注意力的发展。通过感觉统合训练的大运动训练可以帮助儿童提高专注力,因为无论是拍球、滑滑梯,还是平衡木等,要完成这些训练都需要注意力的集中。

(2) 感觉统合训练可以促进语言和交往能力的发展。在感觉统合训练中,蹦床运动就可以增加气息的顺畅性,边跳边说可以提高声带的功能,增强发音力量。另外,感觉统合训练是玩和运动的结合,是可以促进儿童社会交往能力的发展。

(3) 感觉统合训练可以稳定情绪。感觉统合训练可以释放儿童身体里过剩的能量,使儿童心情愉悦。

(4) 感觉统合训练可以促进平衡及空间知觉能力的发展。平衡能力的提高使儿童对各种感官信息的接收、传导及统合都有明显作用。大多数发育迟缓儿童平衡感差,做翻跟头、滚动、滑板、攀登、走平衡木、旋转及左右手和左右脚的协调活动(踢球、跑步、上下楼梯等)可以有效提高身体平衡能力和空间感知能力。

四、自闭症儿童的训练对策

(一) 自闭症概述

自闭症也叫孤独性障碍,是一种神经功能异常引起的一种神经发育异常,临床表现为社交、交流、兴趣、行为等方面的异常,是一种典型的广泛性发展障碍。孤独症是一种严重影响人类交流能力的疾病,通常表现为行为、兴趣僵化,通常在3岁之前出现。孤独症的发病率通常为每一万人(儿童)中2~5人,男孩和女孩的比率为(4∶1)~(3∶1),女孩的症状通常比男孩重。

(二) 自闭症儿童的特征和表现

1. 社会交流障碍

社会交流障碍被划分为社交心理障碍、社交功能障碍、社交情绪障碍三种类型,具体表现为:在与人交往的时候(特别是在公众场合下),会不由自主地感到紧张、害怕,以至于手足无措、语无伦次,严重的甚至害怕见人,这种情况通常被称作社交恐惧症、人际恐惧症。在这些人群中,有的人最大的特点就是怕异性,这就是所谓的"异性恐惧症"。与人相处时,缺少自信,老是觉得自己不够好,缺少与人相处的胆量和自信心。在社交活动中,人们对自己的言谈举止过于拘谨,使自己的思想情感不能得到充分的表达,从而妨碍人际关系的健康发展。

2. 语言交流障碍

语言发育落后,或者在正常语言发育后出现语言能力倒退,或语言缺乏交流性质,与人言语沟通不能顺利进行。

3. 重复刻板行为

刻板行为是指重复的、固定的、无明确意义的行为。通常,这种行为被打断时,会引发强烈的情感冲突。

(1) 刻板的动作。比如,反复甩手、反复玩手指、反复摇晃身体、打头自伤等肢体动作的刻板。此类刻板行为最为常见。

(2) 刻板的思维。例如,积木必须搭成一条线,数数必须从1到10不能从中打断,讲故事只讲同一个,必须沿着同一路径回家等。此类刻板行为具有一定的思维秩序性。

(3) 刻板的语言。儿童总是重复同样一句话(有自言自语的性质),唱同一句歌词或只会使用单一词汇,如只能表达打开,什么都是打开,拿起苹果也叫打开,画画也叫打开。此类刻板行为不能将语言灵活运用,尤其表现为句子组织能力弱。

(4) 刻板的规则。例如,到某一餐馆必须吃某种特定食物,没有的话就会崩溃,或者游戏玩熟练之后,拒绝更改任何规则。

4. 智力异常

(1) 大约70%的自闭症儿童智力发育迟缓,但也有一些特殊的能力,其中20%的儿童智力处于正常水平,10%的儿童智力异常,大部分儿童的记忆力都很好,特别是机械性记忆。

(2) 各方面能力的发展显著不均衡,而且发展过程和一般幼儿差异较大。

5. 感觉异常

(1) 对特定的声音、颜色、食物或光线表现出明显的焦虑或强烈的反应。

(2) 对冷热和疼痛反应微弱,对危险的行为缺乏警惕和恰当的反应。

(3) 不停地扭动自己的身体,或者用奇怪的方式去寻找物品,沉浸在一种特殊的感觉之中。

(4) 多动、注意力不集中、易怒、攻击性、自我伤害等。这种行为很可能是因为在家长的教育过程中,经常用打、骂、罚等方式来进行,因而无法与他人形成正常的沟通。

6. 兴趣狭窄

(1) 一成不变的生活方式,对环境的要求也是一成不变的。

(2) 一些儿童的记忆会出现异常。

(3) 在个人特别爱好及技术上,可能会有非常出色的成绩。

7. 缺乏社会交往

(1) 对周围的一切都漠不关心,对其他人情感的感知也很弱。

(2) 缺少与他人的眼神交流,无法与他人进行交流、分享或参与他人的行为。

(3) 群体中的成员表现为模仿能力差、不能熟练运用社会技能、缺少合作精神。

(4) 缺乏想象力,很少用玩具来做象征意义上的游戏。

(5) 言语发育迟缓,有障碍,言语内容、语速、音高等不正常。

(6) 在言语交流与非言语交流方面存在一定的障碍。

(7) 语言表达能力不足。

8. 行为异常

(1) 一成不变,拒绝接受新鲜事物。

(2) 爱好偏狭,对特定的对象或者特定的部位、特定的形状有兴趣。

(3) 很少与他人有眼神交流,不会留意他人的神情和情感,很难从言语、行为中推断出他人的思想,也不愿意、不能理解他人的感情。

（4）有时会出现不适当的情绪表达和社会行为，比如在他人不高兴的时候放声大笑，在特定的环境中说了不适当的话语，或者无法与他人分享自己的喜悦。

（5）对一种味道、一种颜色、一种没有吃过的东西会产生抵触情绪，从而产生严重的偏食现象。

（6）容易失眠。

（三）感觉统合训练对于自闭症儿童的矫治作用

1. 感觉统合训练可稳定自闭症儿童的情绪

感觉统合训练是一种社会性活动，是儿童学习的一种方式。有一些孤独症儿童在陌生的环境中会感到焦虑、害怕等，难以更好地投入学习中。通过对他们的感觉统合训练，可以让他们有一种成就感，并愿意投入学习中。通过循序渐进的引导，并创造一种愉悦的氛围，可以有效地消除焦虑和恐惧，让儿童感受到游戏的乐趣，抑制不好的情绪，将不好的情绪转变成好的情绪。比如，一个患有孤独症的儿童非常排斥陌生人，但是他的好奇心很强，学习能力很强，而且有很好的眼神接触，那么可以做"点虫虫"或者"捞鱼"的游戏，让一个玩家和一个熟人一起玩，然后把另一个玩家替换掉，一次只有一两个陌生人可以加入。经过一个多月的训练，他已经可以无视陌生人的存在，全身心地投入游戏中，自己的情绪也被完全掌控，变得更加积极。

2. 感觉统合训练可增进自闭症儿童语言的发展

自闭症儿童就医的主要原因是语言交流障碍，也有一些儿童可以开口说话，但语言缺乏交流能力。游戏对语言水平较低的儿童有很大的帮助。通过游戏，提高儿童的学习兴趣，培养儿童的愉悦心情，从而提高语言交际能力。

3. 感觉统合训练可以让自闭症儿童学会遵守规则

患有自闭症的儿童，认知水平很低，对周围的一切都不了解。所以，既要培养儿童对游戏的兴趣，使他们乐于参加，又要对他们遵守和执行规则有一定的要求。首先，要让儿童了解这个游戏，了解这个游戏的规则，这个时候就要有教师或者父母的帮助。比如，多多是一个活泼好动、不听指挥、不喜欢人多、脾气暴躁的孩子，不能参加星期六的家庭游戏，但是多多的理解和模仿能力很强，对新的东西也很好奇，于是老师和多多的妈妈一起做了一个"我的美好的一天"的演示，让多多看，体会一下游戏的乐趣，过了两周，多多也可以参加，如果多多能够遵守游戏的规则，老师就会立即给予他正面的评价。在这种情况下，只要学生对游戏的兴趣保持稳定，老师的帮助就可以逐渐变少，慢慢地，他们都很自觉地遵守了这个游戏的规则。

4. 感觉统合训练可以培养自闭症儿童学会观察

在与周围的人以及环境建立起联系的时候，自闭症儿童不会去观察某个人或者某个物。但是，可以用游戏的方式，来提升他们的兴趣，并逐渐培养他们学会观察他人。比如，让四个儿童来看"木头人"，一开始，四个儿童对"不要笑，不要哭，不要动"这句话没有反应，没有理解，也不知道该怎么看，他们有的在玩耍，有的在奔跑，有的在笑。老师和家长们依旧在玩着自己的游戏，气氛很好。渐渐地，一些儿童感觉到了活跃的氛围，就开始积极地参加比赛。到第四天时，有一个儿童懂得了这个游戏的规则，能够看着儿童移动，并且能够用语言来表达自己的想法。

5. 感觉统合训练可以培养自闭症儿童感受游戏气氛及乐趣

玩是孩子们最开心的事情,玩的氛围对儿童的各种能力有很大的影响。设计大量的亲子游戏,简单有趣,儿童可以自由地参加,不被活动所需的条件所束缚,在活跃的气氛中获得精神上的快乐。举例来说,有一个妈妈和儿童的班级,每天都会有一堂快乐的游戏课程,教师会根据儿童的实际情况,为孩子们设计出适合他们的游戏。比如"刷牙"和"洗脸",就是为了让儿童能够按照自己的指示,做出更快的反应,儿童非常喜欢这样的游戏,他们玩得不亦乐乎,每一次都会被儿童和家长们的欢呼声所淹没,让儿童玩得很开心。

知识链接1

感觉统合徒手操

特性:
(1) 具有游戏性,趣味性,儿童愿意参与。
(2) 作为进行感觉统合器械练习之前的预备练习。
(3) 在清脆、活泼的音乐中,让儿童的身体协调一致。
适用年龄:1.5岁及以上。
准备:感觉统合训练录音带。

第一节 听音找朋友

引导目标:儿童在听到音乐的时候,会明白自己需要进行一些准备活动,从而会有和孩子们一起合作的欲望。

指导方法:当开始播放欢快的音乐的时候,儿童可以在老师的指引下,或者自己去找一个可以合作的伙伴(边拍边找合作者),当找到了伙伴之后,两个人要一直保持着相对拍手的姿势。

指导重点:儿童可以跟着音乐走,也可以鼓掌,发现同伴后,停下来,站着不动。

第二节 小手拍拍

教学目的:培养儿童进一步的交流能力,让儿童在两个人的手掌接触中,培养儿童之间交流的兴趣。

指导方法:儿童要比较自然地站直身体,跟着音乐的节奏,先自己拍一下手,然后伸出右手,与对方的右手相拍,再独自拍一下手,伸出左手,与对方的左手相拍,这个动作会随着音乐的节奏重复。

教学要点:初学者或年幼的儿童,由老师进行个别辅导,这个动作必须两个人合作,在做的时候不得被打断。

第三节 拉拉小手

教学目的:通过儿童手部牵拉的过程,促进儿童上肢、身躯的身体素质协调动作。

指导方法:在听音乐的过程中,儿童要保持一个相对自然的站立姿势,然后分别将双手交叉握在对方的手上,并且跟着音乐的节奏,左右手臂交替拉动,带动双方的身体进行自然摆动,这样就可以促进儿童上肢的运动协调。

注意事项:做这个动作时,以两个孩子的身体为中心,儿童不能前后移动,要保持身体的平衡。

第四节　拍拍宝宝

教学目的:用手在儿童的后背上拍打,给他最直接的触感刺激。

指导方法:两个儿童一前一后朝一个方向站好,在听到音乐之后,站在前面的儿童弯腰,将双手放在膝盖上,而在身后的儿童则用手轻轻地从上到下拍打前面儿童的后背,再从下到上轻轻拍打,重复一遍,两个儿童进行相互拍打。

指导要点:儿童在拍打对方后背的时候,不能停留在一个位置,要用两只手从上(颈部)到下(腰部)的顺序进行,注意不要太用力。

第五节　风车转转

教学目的:改善儿童的身体平衡,培养儿童的自我控制能力。

指导方法:儿童双手平放,在老师说"刮风了"时,孩子做旋转动作,从360°开始,慢慢增加旋转的角度(视孩子的身体情况),停下来后,儿童的身体要保持平衡;接着,儿童朝相反的方向旋转。老师可以用"吹大风、吹小风"的口令调节旋转的速度,从而增加儿童的参与兴趣。

指引重点:儿童在自然站立的时候,应该彼此之间保持一段距离,不要靠近不安全的区域。

第六节　小鹤站站

教学目的:维持人体的平衡性,加强对地心引力的训练,增强双腿和双足的力量。

指导方法:儿童用一只脚站直,另一只脚的小腿向上提起,膝盖弯曲,双臂水平举起,保持身体的平衡。接着抬起站立一腿的后脚跟,用前脚掌支撑身体,保持静止不动(抬脚跟适合3岁以上的儿童,3岁以下的儿童可拳脚着地)。要把头直起来,尽可能地向上顶,同时要让自己的身体保持一定的紧张。在练习过程中,老师会引导儿童去想象小鹤站立的姿势,然后进行一场比赛,看谁可以坚持的时间更长。也可以张开双臂,学着小鹤的样子,一只脚跳来跳去。

操作要领:用一只脚站着的时候,可以用另一只脚来摇摆;当无法站稳的时候,也可以用一只脚跳动来保持身体的平衡。

第七节　小猴翻身

教学目的:训练儿童的前庭系统、肢体触感、肌肉张力。

指导方法:儿童平躺在地毯上,双臂伸直,首先向一个方向做一个180°的翻滚。也可以在一个翻滚之后,再反向翻滚。在游戏过程中,老师要求儿童模仿猴子的动作翻滚。

操作要领:在翻身过程中,手脚自然伸展,身体紧贴着地板滚动。

第八节　抱抱小腿

教学目的:借由身体的伸长,来训练儿童的颈部张力、动作规划、身体平衡能力。

指导方法:儿童平躺,双臂自然张开,向上贴于头的两侧,向前伸展双臂,抬头带动上身坐起来,用手抱住双膝,低头,稍停,双臂向后伸展,轻轻地平躺,重复动作。

动作要领:动作时,两条腿可以弯曲,也可以笔直;当儿童在锻炼时,不要让上半身倾斜,胳膊接触地面;可以教会儿童脖子抬高抬头(3岁以下的老师可以帮助儿童做这个动作),同时要注意保持身体的平衡。

第九节　蜗牛爬爬

教学目的:训练儿童肢体协调性,提高腰部肌肉的柔韧性。

指导方法:两岁及以上的儿童,可以选择双手跪在地上向前或向后退步。超过两岁的孩子,可以选择前进,然后后退。学着小蜗牛爬行,让儿童的肢体互相协调,互相配合。

提示:儿童学着蜗牛爬行的样子,仰着脖子,两条腿弯曲着。

第十节　小鱼游游

教学目的:帮助儿童在前庭系统、脖子紧张度、动作规划等方面进行整合。

指导方法:儿童俯卧,挺胸抬头,上身向后仰,两条腿向后弯,两条手臂向后弯曲,手臂向上,学着小鱼在水里游来游去。可以趴着前进,双臂和双腿交替前进,这也是练习身体协调性的一种方式。

注意事项:儿童将上半身尽可能地向后弯起,脖子抬高,整个人保持弯腰的姿势。

知识链接2

本体感游戏——猫妈妈睡着了

活动目标:

(1)让儿童喜欢和老师、同伴一起玩角色扮演。

(2)可以抱紧环状的绳索,刺激身体各部位的肌肉群进行高强度的运动,从而激活神经功能。

(3)感受游戏氛围,锻炼自我控制力。

适用年龄:4~5岁。

可移动的材质:母猫与幼猫的帽子,圆形的绳索。

活动进程:

(1)教师扮作母猫,或蹲或坐于场地中间,戴着头巾的儿童扮作幼猫,蹲在母猫的身边。

(2)游戏一开始,母猫熟睡,幼猫低声吟唱一首童谣:"母猫熟睡不醒,幼猫偷溜出来,幼猫爱玩,轻跑上树。"唱完了这首儿歌,小猫轻轻地跑向环形绳索,在另外一位教师的协助下,要求孩子双手双脚环绕绳索的外环,做前后、左右或360°旋转。

(3)母猫缓缓地睁开眼,说道:"我的宝贝没了,我的猫!"

(4)小猫在母亲的怀里,发出"喵喵"的叫声。

注意事项:为了保证儿童的安全,可以在绳索下放置一个跳台或一个垫子,以防止儿童跌落时受到冲击。

活动扩展:可以让儿童坐在毛毯的中央,家长分别握住毛毯的两侧,时而向左,时而向右,样可以让儿童的中枢神经时刻做好应变的准备,对培养敏感性很有帮助。

前庭游戏——小动物在哪儿?

活动目标:

(1) 喜欢和老师、同伴一起玩感觉类的游戏。

(2) 能俯身躺在一个大的球体上,并能根据自己需要的形状,将其拼装成不同的形状。

(3) 加强前庭系统的功能,改善颈部的紧张状态。

适用年龄: 3~5岁。

游戏道具: 大龙球、正方形、三角形、长方形、小鸡、小猪、小狗。

活动进程:

(1) "寒冬将至,鸡鸭鹅狗却无巢可居?如果我们看到了,会怎么做?"

(2) "孩子们要翻过一座很高的小山(龙球),小山的底部有一个可以为他们搭建巢穴的地方,你能克服这个困难吗?"

(3) 同样地,儿童躺在一个巨大的龙球上,给小鸡搭建一个三角形的窝,给小猪、小狗搭建一个四方的窝。

(4) 鼓励儿童能够战胜困难,帮助儿童完成任务。

提示: 请留意教师动作不能过快,否则儿童会因为核心不稳而摔下大龙球。

活动扩展: 通过与儿童一起做抛接大龙球的游戏,加强儿童的视力、肢体的协调性和反应速度,并在他们的脑部重新建立起动作规划的能力。

触摸的游戏——大象、老鼠玩滑板

活动目标:

(1) 喜欢和老师、同伴一起玩角色扮演。

(2) 能够准确地按照人物的名字,在倾斜的坐垫上翻滚。

(3) 感受快乐的游戏氛围,培养儿童对游戏的反应。

适用年龄: 3~5岁。

可移动的材质: 将垫子铺开,大约倾斜30°,象、鼠头饰。

活动进程:

(1) "来来来,小朋友!这只象和这只耗子在干什么?"(在倾斜的垫上放一只大象的头饰,在垫下一只老鼠的头饰),这样可以给儿童充分的想象力和思维空间。儿童会说"滑板,这就是大象和老鼠的滑板"。

(2) 让一个儿童爬到一个倾斜的垫子上,然后对另外一个儿童说:"你看!秋千上是谁?"(他很轻,所以被顶了上去)你看!现在是谁躺在斜坡垫子下面?(象,象!)他重得站不起来,让儿童在玩的过程中体会到轻重缓急和角色转换。

(3) 不断变换宝宝,让游戏渐次走向高潮。

教学重点: 在翻滚过程中,要注意儿童的姿态,以及身体各个部分的协调性。

活动扩展: 父母可以把三四张沙发垫子做成斜坡,让儿童尽情玩耍。

触觉、前庭游戏——猫捉老鼠

活动目标:

(1) 喜欢伪装成一只小猫,在"山洞"里抓耗子。

(2) 能一边快速爬行,一边抓鼠。
(3) 体会成功带来的快乐。

适用年龄:3～5岁。

可移动的物质:一个塑料或金属制成的圆柱形通道、一个用绳子拴着的玩具老鼠、一个小猫的头饰。

活动进程:

(1) 儿童提前装扮成猫咪,"瞧!小猫咪!前方那个(通道)黑洞中是否有我们的食物?有没有胆子第一个进入那个黑洞,寻找食物?"

(2) 教师用绳子拉着一只老鼠,在通道的一边走来走去,儿童伪装成一只小花猫,从另一边进入通道寻找食物,一边说:"我叫小花猫,喜欢唱歌,喜欢吃小老鼠,一只都逃不掉。"说着,他在通道里一把抓住了一只小白鼠,然后,从通道里钻了出来,和其他小猫一起分享。

(3) 鼓励儿童勇敢地进入通道,去抓老鼠,看看谁抓得最快。

提示:提醒儿童注意自己的手足动作。

活动扩展:可以让儿童在通道中向后爬行,增加了游戏的难度,也增加了游戏的趣味性。

运动企划游戏——大海中的小金鱼

活动目标:

(1) 喜欢和老师、同伴一起玩。
(2) 可在转盘上随意地转动咖啡杯。
(3) 感受关爱小动物带来的愉悦情绪。

适用年龄:3～5岁。

物品:一个咖啡杯、一个金鱼头。

活动进程:

(1) "小朋友们,有没有听过《渔夫和金鱼》这首歌?你们看!小金鱼又被坏蛋抓走了!我们赶紧过去帮忙!"

(2) 两个儿童一人抱着"小金鱼"一条胳膊,从20多米的高空一跃而下,正好落入咖啡杯里。小金鱼在水里欢快地游动着!多么幸福啊!(儿童放松地在杯子里转动着。)

(3) 请儿童扮演一条小金鱼,体会一下自己被人救下的感觉。

(4) 请其他小朋友以小组的形式,扮演拯救小金鱼的角色,体验关爱小动物的喜悦。

注意事项:不要过快地转动身体,并且要留意小孩的反应。

活动扩展:可以让两个孩子同时坐在咖啡杯里,在相互协作中练习协作的动作。

触摸的游戏——刺猬摘苹果

活动目标:

(1) 喜欢和老师、同伴一起玩。
(2) 能在斜盘或垫子上滚动滚筒,同时采摘苹果。
(3) 感受不同的生物,拥有不同的能力。

适用年龄:3～5岁。

可移动的材质：斜板、软垫、卷筒、刺猬帽、粘绒苹果、绒布。

活动进程：

(1) "金秋时节,瓜果满园！这只小刺猬是来摘苹果的!"孩子戴着刺猬帽,像一只刺猬一样,趾高气扬地走进圆筒,说道:"让我们看看,苹果在哪里!"

(2) 指导员手在斜盘或垫子上轻轻滚动滚轮,让粘绒苹果尽量粘到"小刺猬"的身体上。

(3) 每个人扮演一只刺猬,体会一下自己的能力。

(4) 讨论:你认识的其他动物都有哪些特殊的能力?

提示：在转动过程中,要特别留意儿童的身体及脖子上的肌肉反应,看他有没有受到惊吓。

活动扩展：可以让儿童装扮成不同色彩的小圆球,进行色彩练习和搭配练习。

本体感游戏——羊儿过河

活动目标：

(1) 喜欢和老师、同伴一起玩。

(2) 可以用石块铺一条坚实的道路。

(3) 体会成功带来的快乐。

适用年龄：3～5 岁。

物品：踏石、羊头饰。

活动进程：

(1) "小羊羔要和它的好伙伴们在森林中玩耍,嗯？他为什么留在这儿?"(使孩子们的思想活跃起来)他们达成了共识:一条河拦住了羊群,他们该怎么办？(没错！给我铺一条路!)

(2) "当小羊将手里的一块踩踏石放在地面上时,它会踩着这块将另一块踩踏石放在地面上,直到将所有的踩踏石都放在地面上,才会有一条路通到河的另一边。"

(3) 比赛,看谁的小道铺得更好？让儿童体会成功的快乐。

教学重点：注意在任何时候都要鼓励儿童自己铺路(踩到石头)。

活动延伸：可以让儿童在室外拾起石头,一边用石头铺好道路一边走,这样可以让儿童的中枢神经发挥高度的调节和反应能力,可以提高儿童本体感的成熟度。

参 考 文 献

[1] 单亚,朱敏.特殊教育结合感觉统合训练治疗孤独症谱系障碍患儿疗效观察[J].康复学报,2019,29(6):55-58,69.
[2] 王燕红.感觉统合功能训练可有效治疗儿童注意缺陷多动障碍[J].基因组学与应用生物学,2018,37(1):199-204.
[3] 赵非一,段怡汝,夏小芥,等 基于感觉统合理论的体育游戏对发展障碍儿童临床康复疗效的评价[J].体育学刊,2016,23(4):127-134.
[4] 高峰,李长荣.3～6岁儿童感觉统合和学习技能训练的探讨[J].中国妇幼保健,2009,24(13):1804-1805.
[5] 张挚,李赫南,翟宏.我国儿童感觉统合训练及其研究[J].教育探索,2008(4):12-13.
[6] 王爱芝,刘贺威,魏云霞.开展感觉统合训练,促进幼儿全面发展[J].学前教育研究,2007(10):45-46.
[7] 高瑛瑛,黄柏青,陈少蓉,等.感觉统合治疗临床疗效观察[J].中国妇幼保健,2007(16):2222-2223.
[8] 张炼.感觉统合研究综述[J].中国特殊教育,2005(12):60-63.
[9] 凌诒洁.感觉统合训练对提升幼儿身体及心理素质作用的研究[J].学前教育研究,2004(12):20-21.
[10] 彭海红,甘雯.感觉统合训练运动操的作用研究[J].学前教育研究,2004(12):24-25.
[11] 蔡丽如,高瑛瑛,王盈盈.儿童感觉统合失调的特征及训练效果[J].中国临床康复,2004(24):5095.
[12] 陈书香.感觉统合训练对婴幼儿(0～3岁)心理发育的观察[J].中国心理卫生杂志,2003(7):454-461.
[13] 王芙蓉.感觉统合——幼儿教育的新视角[J].学前教育研究,2000(2):18-19.
[14] 王翠玲.学前儿童感觉统合训练[M].长沙:湖南师范大学出版社,2021.
[15] 陈国鹏.儿童感觉统合理论与实务教程[M].上海:上海教育出版社,2019.
[16] 王和平.特殊儿童的感觉统合训练[M].北京:北京大学出版社,2011.
[17] 高丽芷.感觉统合全脑开发(中)[M].南京:南京师范大学出版社,2008.
[18] 王萍,高宏伟.家庭中的感觉统合训练[M].北京:清华大学出版社,2011.
[19] 吴汉荣.给孩子智慧的教育 3～6岁儿童感觉统合训练与潜能开发[M].呼和浩特:内蒙古人民出版社,2004.
[20] 王廷礼,梅建.冲破儿童学习困境行动指南[M].北京:中国妇女出版社,2005.
[21] 高月梅.幼儿心理学[M].杭州:浙江教育出版社,1997.
[22] 刘晓莉.儿童感觉统合失调的现状及其干预实验研究[D].太原:山西医科大学,2004.
[23] 游富瑜.感觉统合训练课程开设现状及其对幼儿身体素质的影响研究[D].成都:四川师范大学,2011.
[24] 张宇.学前儿童感觉统合训练[M].上海:上海交通大学出版社,2021.
[25] 李娟.儿童感觉统合训练[M].北京:中国妇女出版社,2016.
[26] 王翠玲,吴琼,蔡文敏.学前儿童感觉统合训练[M].长沙:湖南师范大学出版社,2020.
[27] 杨霞,叶蓉.儿童感觉统合训练实用手册[M].上海:第二军医大学出版社,2006.
[28] 黄保法.感觉统合与儿童成长[M].北京:少年儿童出版社,2006.
[29] 刘娟.基于感觉统合的幼儿游戏设计研究[D].长沙:湖南师范大学出版社,2013.